THIMON VON BERLEPSCH

Der Magier in uns

GOLDMANN
Lesen erleben

Buch

Für Thimon von Berlepsch entsteht Magie, wenn die Zeit stillsteht, Und wenn wir träumen. Denn dann durchbrechen wir die Routine des Alltags und können selbst gesteckte Grenzen erweitern. In diesem Buch erzählt er, wie er selbst zum Magier wurde. Er nimmt uns mit zu den geheimnisvollen Orten seiner Lehrzeit, zu Zauberern, Experten der Hypnose, Schamanen, Sadhus und Medizinfrauen aus den verschiedensten Kulturen.

Jeder von uns kann Meister des magischen Moments werden – wenn wir das Staunen (wieder) entdecken, neugierig durchs Leben gehen und unseren Impulsen folgen. Thimon von Berlepsch bringt uns mit Hilfe von praktischen Alltagsübungen wieder in Kontakt mit unseren eigenen »magischen« Kräften. Denn wir alle verfügen über Vorstellunsgkraft. Und wenn wir sie richtig einzusetzen verstehen, können wir unsere Wahrnehmung und unsere Welt verändern.

Autor

Thimon von Berlepsch, geboren 1978, wuchs auf dem über 630 Jahre alten Familienbesitz Schloss Berlepsch auf. Schon in seiner Jugend drehte sich alles um die Zauberei. Während seiner Ausbildung zum Goldschmied verfeinerte er seine Kunst, weltweite Auftritte ließen ihn anschließend sein Hobby zum Beruf machen. Eine weitere Ausbildung zum Hypnotiseur gab seinen Vorstellungen eine neue Richtung. Heute zelebriert Thimon von Berlepsch in seinen Bühnenshows Magie als besondere Erfahrung.

Thimon von Berlepsch
Daniel Oliver Bachmann

Der Magier in uns

Wie wir mit Neugier und Vorstellungskraft unsere Welt verändern können

GOLDMANN

Sollte diese Publikation Links auf Webseiten Dritter enthalten, so übernehmen wir für deren Inhalte keine Haftung, da wir uns diese nicht zu eigen machen, sondern lediglich auf deren Stand zum Zeitpunkt der Erstveröffentlichung verweisen.

Dieses Buch ist auch als E-Book erhältlich.

MIX
Papier aus verantwortungsvollen Quellen
FSC® C014496

Verlagsgruppe Random House FSC® N001967

5. Auflage
Taschenbuchausgabe August 2016
Wilhelm Goldmann Verlag, München,
in der Verlagsgruppe Random House GmbH
Neumarkter Str. 28, 81673 München

Lektorat: Dr. Antje Korsmeier
Umschlaggestaltung: UNO Werbeagentur, München
in Anlehnung an Gestaltung der Originalausgabe (Marcel Weisheit)
unter Verwendung eines Fotos von © Bernd Brundert
KF · Herstellung: Str.
Druck und Einband: GGP Media GmbH, Pößneck
Printed in Germany
ISBN: 978-3-442-15901-7
www.goldmann-verlag.de

Dieses Buch widme ich meinen Eltern.
Sie schenkten mir bedingungslose Liebe
und unendliche Freiheit.
Weil sie den Mut hatten, unkonventionelle Wege zu gehen,
konnte ich herausfinden, wer ich wirklich bin.

Zeitweilig kommen wir um Wissenschaft, Mathematik und gelehrte Diskussion nicht herum, mit deren Hilfe sich das menschliche Bewusstsein weiterentwickelt.

Zeitweilig brauchen wir aber auch Gedichte, das Schachspiel und Geschichten, an denen unser Gemüt Freude und Erfrischung findet.

SAADI

Inhalt

Prolog

Meine Urgroßmutter Ursi Haupt von Buchenrode warf einen letzten Blick auf Schloss Sorok, dann stieg sie in eine der drei bereitstehenden Kutschen, die gefüllt waren mit Lebensmitteln, Kleidung, Decken sowie der Aussteuer meiner Großmutter Marie-Louise. Eine gefährliche Fahrt lag vor ihnen, vielleicht eine, die sie nicht überleben würden; an diesem eiskalten Morgen im Februar 1945 wusste das keiner. Vor wenigen Tagen hatte die Rote Armee Budapest eingenommen und rückte nun auf breiter Front zwischen Donau und Drau gegen Wien vor. Schloss Sorok, Sitz der Familie Haupt von Buchenrode, lag genau auf ihrem Weg. Es gab Gerüchte über das Verhalten russischer Soldaten: dass sie, wie Ursi später berichtete, »Bier aus Nachttöpfen tranken«, gehörte noch zu den harmlosesten. Vor meiner Urgroßmutter und ihren vier Hausangestellten lag eine 400 Kilometer lange Strecke von Stein am Anger – heute Szombathely in Ungarn – bis nach Salzburg. Der Weg führte über den Semmering-Pass, den man nicht umsonst »den Unwirtlichen« nennt. Schon bald war klar, dass die heftigen Schneefälle der letzten Tage den Berg unpassierbar gemacht hatten. Ursi musste eine Entscheidung treffen: Trotz Attacken russischer Kampfflugzeuge befahl sie den Männern, die Straße durchs Murtal einzuschlagen. Meine Uroma war eine geborene Bismarck, und auch wenn sie selten über den berühmtesten Sohn der Familie, Otto von Bismarck, Erster Reichskanzler des Deutschen Reiches, sprach, hatte sie die Entschlossenheit geerbt, die man den Bismarcks nachsagte. Als sie bei Tamsweg in einer Schneewehe stecken blieben, die Pferde scheuten und die verängstigten Männer umkehren wollten, brachte Ursi zehn Burschen aus der Umgebung dazu, mit Schaufeln und Eispickeln die von Schneemassen eingeschlossenen Kutschen zu befreien. Drei Wochen dauerte ihre beschwerliche Fahrt, dann erreichte sie den kleinen Ort Anif bei Salzburg, wohin sie meine Großmutter und die anderen Kinder vorgeschickt hatte. Meine Großmutter erinnert sich noch heute daran, wie Ursi auf einmal vor ihr stand und mit leuchtenden Augen von dem gerade bestandenen Abenteuer erzählte.

Obwohl das Meiste aus dem Familienbesitz verloren gegangen war – kurze Zeit nach der Flucht besetzten die Russen Schloss Sorok, und wie man sich später erzählte, tranken sie dort nicht nur Bier aus Nachttöpfen –, war Ursi guter Dinge. Schon bald ging für meine Großmutter die Fahrt weiter. Einige Jahre zuvor hatte ihr Onkel Ernst von Janotta bereits vor den Nationalsozialisten gewarnt, und weil er das in gewohnter Lautstärke getan hatte, war er kurz darauf interniert worden. Nur die Verwandtschaft mit der Bismarck-Familie rettete ihm das Leben. Nach der Haft verkaufte er seine Besitztümer in Schlesien, legte das Geld in afrikanischen Goldminen an und emigrierte mit seiner Frau Dorle nach Brasilien. Dort lebten sie in Rio de Janeiro direkt an der Copa Cabana und drängten in Briefen die Daheimgebliebenen zur raschen Flucht. Keiner hatte auf die beiden hören wollen, doch nun, in der Stunde der

Not, kam Dorle zurück nach Deutschland und nahm sich meiner Oma an. Sie schlugen den Weg in Richtung Zürcher See ein und übernachteten im Baur au Lac, das zu jener Zeit eher einer Auffangstation für Heimatvertriebene glich als Europas feudalstem Hotel. Dann überquerten sie die Alpen und fanden sich im Hafen von Genua wieder, wo sie ein Schiff bestiegen, um Wochen später in Rio einzutreffen.

Zwei Jahre später traf dort auch Großmutters Verlobter Béla ein. Dessen Mutter Carola war eine ganz besondere Frau. Durch die Verwandtschaft ihres Ehemannes mit dem Bankhaus M. L. Biedermann & Comp. verkehrte sie in einer konservativen Gesellschaftsschicht, betätigte sich aber trotzdem immer wieder als Seiltänzerin und Zauberin. Heute heißt es in der Verwandtschaft, ich sei die Inkarnation von Carola. Schau dich nur an – du hast die gleichen Augen! Gleichzeitig war Carola eine strenge Mutter, die Hausdamen aus England und Frankreich für ihre Söhne verpflichtete, damit diese möglichst viele Sprachen lernten, wovon auch später Enkel und Enkelinnen profitierten. Das war der Grund, weshalb Marie-Louise die Liebe zu Sprachen an meine Mutter weitergeben konnte. Sie hielt das für sehr wichtig. »Niemand kann sagen«, so meine Großmutter, »wohin es einen im Leben verschlägt.«

Ihre Worte haben sich mir eingeprägt. Die abenteuerliche Reise meiner Großmutter aus dem ungarischen Tiefland bis in den brasilianischen Dschungel – dorthin brach sie nach ihrer Hochzeit mit Béla auf – ist mir ein leuchtendes Beispiel geblieben. Wahrscheinlich habe ich deshalb einige Fremdsprachen gelernt, bis ich auf die eine Sprache stieß, welche zu allen Menschen spricht: die Sprache der Magie. Sie löst Wundersames in uns aus, egal ob wir alt sind oder jung, arm oder reich, in den Bergen von Laos zuhause sind oder in den futuristischen Städten am Persischen Golf, in Wuppertal-Dornap oder Berlin-Neukölln.

Was habe ich noch aus dieser Geschichte gelernt? Vor allem, dass wir unser Schicksal besser selbst in die Hand nehmen, egal in welcher Situation. Dass wir niemals in Furcht verharren, sondern mutig voranschreiten, auch wenn wir nicht wissen, was uns erwartet. Meine Urgroßmutter und meine Großmutter zeigten mir, wie wichtig es ist, die Lebensumstände so zu nehmen, wie sie sind, und nicht darüber zu grübeln, wie sie sein sollten. Durch Mut erschaffen wir uns eigene Möglichkeiten, die zu neuen Chancen führen. Dafür ist mein Leben ein gutes Beispiel. Wie die Glieder einer Kette führte ein Ereignis zum nächsten, bis ich meine Leidenschaft zum Beruf machen konnte.

Und was macht ein Magier im 21. Jahrhundert? Ich sehe meine Aufgabe darin, den Bezug zur sinnlichen Welt herzustellen. Natürlich brauchen wir die Mathematik, die Ökonomie, die Wissenschaft und die IT, aber ebenso brauchen wir die mystische Welt, wo nicht alles erklärbar ist. Dadurch stellen wir uns neue Fragen, dringen ein in die Tiefe, wecken unsere Fantasie. Es ist die Fantasie des Kindes, welches in der unbegrenzten Vorstellung lebt, »dass alles möglich ist«. Als Magier bringe ich die Menschen dazu, die Welt erneut aus der Perspektive eines Kindes zu betrachten, um spielerisch ins »Hier und Jetzt« einzutauchen. Gelingt das, so ist es mit Neugier und Vorstellungskraft tatsächlich möglich, die eigene Welt zu verändern.

Im Laufe des Buches werden Sie sehen, dass es in der Hypnose keinen kritischen Faktor gibt, der unsere Vorstellungskraft einschränkt. Es ist allein unser Bewusstsein, das uns stoppt. Manchmal ist das gut, manchmal hindert es uns daran, mehr zu erreichen. Da ich aus eigener Erfahrung weiß, welche Kräfte durch Neugier und Vorstellungskraft erweckt werden können, lade ich Sie in diesem Buch dazu ein, die positiven Wirkungen auf Ihr Leben selbst zu erfahren.

Kindheit auf dem Schloss

Der Chinese Chung Ling Soo wurde als Zauberer weltberühmt. Auf Plakaten sah man, wie er als himmlische Gabe von den Göttern an die Menschen auf der Erde überreicht wurde. Darunter war zu lesen: »Chung Ling Soo – das Geschenk der Götter zur Verzückung und Verzauberung sterblicher Erdenwesen.« So viel Selbstbewusstsein kann nicht schaden, wenn man sich vornimmt, ein erfolgreicher Magier zu werden.

Die Geschichte der Magie ist die Geschichte von Künstlern, die ihr Publikum das Wundern, manchmal das Fürchten und immer wieder das Staunen lehrten. Im Triptychon »Der Garten der Lüste« von Hieronymus Bosch, entstanden um das Jahr 1500, finden sich bereits Spielkarten und Würfel der als »Tregetour« bezeichneten Taschenspieler jener Zeit. Damals wurde eifrig die Welt der Geister beschworen, später ragten Ektoplasmahände aus dem Bauch der Magierin Margery, während sich der Erfinder des streng logischen Sherlock Holmes, Sir Arthur Conan Doyle, im Park von Cottingley persönlich von der Existenz fliegender Feen überzeugte. Howard Thurston ließ seine Prinzessin Karnac – ohne Zweifel eine Jungfrau – vor den Augen eines entzückten Publikums schweben, während ein paar Jahre später der Große Lafayette seine Jungfrauen in Löwen verwandelte. Horace Goldin ging ein Stück weiter und zerteilte sie mit riesigen Kreissägen. Da hatte Kar-Mi bereits begonnen, Schwerter zu verschlucken oder seinem Sohn mit einem aus seinem Mund ragenden Gewehr einen Apfel vom Kopf zu schießen. Lester Lake verbrannte sich selbst vor den schaurig-entsetzten Augen seines Publikums auf der Bühne, während sich Houdini von Ketten und Schlössern umschlungen in einen eiskalten Fluss werfen ließ – nichts ließen die Königinnen und Könige der magischen Zunft aus, um den Menschen fassungslose »Aaaahs!« und »Oooohs!« zu entlocken.

Diesen wunderbaren Genuss des Staunens, den die Magie in uns zu erwecken versteht, erlebte ich bereits in meiner Kindheit. Harry Potter absolvierte seine Ausbildung in einem verzauberten Schloss? Ich hatte das große Glück, in einem aufzuwachsen. Während Kenner der Szene die Lage von Potters Hogwarts noch diskutieren – irgendwo im Norden von Schottland, möglicherweise in der Nähe des kleinen Kaffs Dufftown, jedenfalls mit dem Zug in einem Tag von London aus erreichbar –, ist Schloss Berlepsch seit sechs Jahrhunderten auf den Landkarten der Menschheit verzeichnet: Von meinem Urahnen Arnold von Berlepsch 1369 auf einem Bergsporn am Rande des Werratals im nördlichsten Zipfel des heutigen Hessens errichtet, trotzte die Ritterburg im Laufe ihrer bewegten Geschichte den Belagerungen der Kriegsfürsten Tilly und Wallenstein während des Dreißigjährigen Krieges. Sie erlebte den Dichterfürsten Johann Wolfgang von Goethe in ihren zum

Renaissanceschloss umgebauten Mauern. Sie beherbergte die Gruppe 47, die wichtigste literarische Formierung Deutschlands um die beiden Nobelpreisträger Günter Grass und Heinrich Böll. Orange gekleidete Sannyasins, die ihrem Guru Bhagwan huldigten, waren genauso willkommen wie Heinz Erhardt, der hier in den sechziger Jahren seine Späße fürs Fernsehen verfilmte. Apropos Film: Selbstverständlich wurden zu dieser Zeit eine Reihe Gespenster- und Gruselfilme auf Schloss Berlepsch gedreht.

Dieser Ort, den ich barfuß und in kurzen Hosen für mich eroberte, war ein perfekter Platz zum Entdecken meiner heutigen Leidenschaft. Tatsächlich regten die dunklen Mauern, die Keller und Speicher voll geheimnisvoller Truhen, die Gemälde der Ahnen und das Durchblitzen ihrer Taten meine Fantasie zu Höhenflügen an: Urahn Hans von Berlepsch nahm als Amtmann der Wartburg Martin Luther in Schutzhaft und half auf diese Weise mit, dass Luther die Bibel übersetzte und die Welt veränderte. Eitel von Berlepsch, Schüler des weltberühmten Humanisten Philipp Melanchthon, wurde zum gefragtesten Diplomaten seiner Zeit. Franz Freiherr von Berlepsch gehörte als Lenkballonführer zu den ersten Aeronauten der Geschichte, während sich Urahn Hans Hermann Carl Ludwig Graf von Berlepsch mehr für Vögel interessierte und 60 000 selbst gesammelte Exemplare im Schloss ausstellte.

Für meinen Vater war es eine gewaltige Herausforderung gewesen, die Verantwortung für das Schloss zu übernehmen. Im ausgehenden 19. Jahrhundert hatte Kaiser Wilhelm II. ganz in der Tradition des alten Preußens – »mehr sein als scheinen« – die deutschen Adligen beauftragt, ihre Schlösser auf Vordermann zu bringen. Das hatte auch auf Schloss Berlepsch zu zahlreichen Renovierungsarbeiten geführt. Im Ahnensaal stand eine große alte Geldkiste, und wenn ich deren Deckel öffnete, konnte ich auf dem Boden einen gemalten Hund sehen: Er sollte die früheren Eigentümer daran erinnern, dass sie »auf den Hund gekommen« waren, falls sie nicht über genug Rücklagen verfügten. Die braucht man, um eine Schlossanlage zu pflegen und in Schuss zu halten, was manchmal dem Versuch von Sisyphus ähnelt, den Felsblock auf den Berg zu wälzen. Mein Vater krempelte die Ärmel hoch, als er den Familienbesitz übernahm, der nicht nur aus dem Schloss besteht, sondern auch aus einer arbeitsintensiven Land- und Forstwirtschaft. Als gelernter Landwirt wusste er, was zu tun war, und sein Talent als Möbelrestaurator sowie als Antiquitätenhändler half ihm bei der Instandhaltung und Modernisierung des Schlosses. Zum Glück verfügt mein Vater selbst über magische Fähigkeiten: Wenn es um ein Handwerk geht, gibt es nichts, was er nicht kann. Bei all diesen Arbeiten trug er weder Frack noch Zylinder und auch keinen purpurroten Adelsmantel aus Samt mit Hermelinbesatz, wie mancher Besucher erwartete. Ich erlebte meinen Vater in schlichter Arbeitskleidung, woran sich bis heute nichts geändert hat. Kürzlich erzählte er mir, wie er abends müde auf einer Bank vor dem Schloss saß, als zwei Touristen auftauchten. Sie fotografierten fast jeden Stein, so schien es, bis er das Wort an sie richtete.

»Wollen Sie mich auch mal fotografieren?«, fragte er. Die beiden sahen ihn an, dann meinte der Mann: »Und wer sind Sie?«

»Der Hausmeister. Seit 40 Jahren halte ich das Schloss in Schuss.«

Die beiden lächelten, wandten sich ab und machten sich auf den Weg in Richtung Innenhof. Mein Vater hörte den Mann sagen: »Wäre es der Graf gewesen, hätte ich ihn natürlich fotografiert!«

So kenne ich meinen Vater: immer zum Spaßen aufgelegt. Er hat das tiefsitzende Bedürfnis, Menschen zum Lachen zu bringen, zu unterhalten und zu begeistern. Diese Eigenschaft hat seiner Tätigkeit stets eine besondere Note gegeben. Er gab sie an mich weiter und brachte mich so auf die Bühne. Auch meine drei Brüder schlagen in eine ähnliche Richtung: Fabian, der Älteste, betreibt heute die touristische Vermarktung des Schlosses. Gabriel wurde Theater- und Filmschauspieler, und Lucius ist Sommelier im Hotel de Rome in Berlin.

Wie Sie sich denken können, hatte meine Mutter als einzige Frau in der Familie alle Hände voll zu tun. Wer eben noch im brasilianischen Dschungel zu Hause war und nun auf einem Schloss im kalten Deutschland lebte, brauchte viel Gelassenheit. Wie meine Großmutter in kluger Voraussicht prophezeit hatte: »Niemand kann sagen, wohin es einen im Leben verschlägt.«

Meine Mutter wollte uns eine besondere Kindheit bescheren. Ich denke heute noch an die vielen schönen Erlebnisse zurück. So ging sie vor dem Einschlafen von Bett zu Bett und gab uns regelmäßig eine Rückenmassage. Später sagte sie mir: »Ihr wart ganz schöne Wildfänge! Doch wenn ich neben euch lag, hat euch das beruhigt.« Vielleicht war das meine erste Begegnung mit einem wunderbaren Ritual. Kam Ostern, verpackte sie Schokolade in verschiedenfarbige Krepppapiere und versteckte diese nach Schwierigkeitsgrad: für meinen jüngsten Bruder so, dass er es sicher fand, wir Älteren dagegen mussten lange suchen. Daher war meine Vorfreude immer besonders groß.

Hatte einer von uns Jungs Geburtstag, organisierte sie die Spiele: Topfschlagen, Wattepusten, Schnitzeljagden im Wald. Alle kleinen Gäste bekamen von ihr individuelle Geschenke – meine Mutter machte sich enorm viel Arbeit damit, aber sie tat es aus dem tiefen Verlangen heraus, uns etwas ganz Besonderes zu schenken.

Auch glaubte ich an das »Christkind«, wie wir an Weihnachten immer sagten. Meine Mutter wollte das Fest so feiern, wie sie es aus ihrer Familie kannte, traditionell und mit viel Freude. Heute ist für mich sehr schön zu sehen, wie auch dieses Ritual ganze Generationen beeinflusst, denn meine Brüder und ich legen heute ebenfalls Wert darauf. Mittlerweile merke ich, dass diese Art von Traditionspflege sogar Auswirkungen auf meine Zauberei hat. Auch da geht es mir nicht nur um den Effekt, sondern ich will meinen Gästen ein Erlebnis schenken – ganz so, wie es meine Mutter bei uns getan hat.

Meine Mutter kam 1950 im brasilianischen Bundesstaat Paraná zur Welt. Da kaum einer weiß, wo dieser Bundesstaat liegt, frage ich dann immer zurück: »Die berühmten Wasserfälle des Iguaçu?« Meist nicken alle, denn von diesem gigantischen Naturspektakel hat fast jeder schon einmal gehört. Dabei lebte meine Mutter weit weg von den Wasserfällen, was nicht weiter erstaunlich ist, denn Brasilien ist ein riesiges Land; der Bundesstaat Paraná allein ist größer als Österreich und die Schweiz zusammen. Im Westen grenzt er an Argentinien und Paraguay, im Osten an den Atlantik. Dazwischen liegt die Kornkammer Brasiliens mit enormen Flüssen und großen Dschungelflächen. Dort hatten sich Marie-Louise und Béla eine neue Heimat geschaffen. Mein Großvater betrieb eine Sägerei und röstete Kaffee, später wandte er sich der Rinderzucht zu, seiner eigentlichen Passion. Währenddessen sorgte meine Großmutter dafür, dass meine Mutter sieben Sprachen erlernte, außerdem ging sie ihrer eigenen Karriere nach. Sie hatte bei der Lufthansa angeheuert und stieg zur PR-Chefin von Südamerika auf. Deshalb hatte sie auch einen handfesten Ratschlag parat, als Mutter eines Tages den Wunsch äußerte, sie wolle Europa besuchen: »Einfach so durch die Gegend zu reisen ist teuer«, meinte Marie-Louise. »Warum meldest du dich nicht zur Stewardessenprüfung in Frankfurt an? Dann übernimmt die Lufthansa die Kosten für den Flug. Nach der Prüfung kannst du immer noch entscheiden, ob du den Beruf ausüben möchtest.«

Das war eine clevere Idee, und so reiste meine Mutter durch den alten Kontinent, um all die Orte zu sehen, die in den Erzählungen ihrer eigenen Mutter vorgekommen waren – und wurde am Ende keine Stewardess. Da meine Großmutter ihr zudem viele Tipps gegeben hatte, wen sie aus der weitverzweigten Verwandtschaft aufsuchen sollte, war sie eines Abends zu einer Gesellschaft geladen. Dort hieß es, dass man »einen jungen Grafen« erwarte: Es war mein Vater. Dieser erzählte mir später, dass er an jenem Abend sofort wusste: Diese Frau würde er heiraten. *Il colpo di fulmine* – der Liebesblitz war in ihn gefahren, wie man es in Sizilien so schön ausdrückt. Leider gab es ein kleines Problem: »Fliegt sie erst einmal nach Brasilien zurück«, erzählte mein Vater mir später, »dann werde ich sie so schnell nicht wiedersehen.« Also mussten Nägel mit Köpfen gemacht werden, und darin ist mein Vater gut. Kurze Zeit später saß er selbst in einem Flieger nach Südamerika, um in Paraná mit meiner Mutter den Bund der Ehe einzugehen. Bald darauf kehrte das frisch verheiratete Paar nach Nürnberg zurück, um nach meiner Geburt 1978 den Familiensitz zu übernehmen.

Meine Eltern vereinbarten eine Form der Erziehung, die ihrem Naturell entsprach. Mein Vater war streng erzogen worden: Lob habe es nie gegeben, erzählte er mir, Tadel dagegen oft, sodass er schließlich glaubte, weder etwas zu können noch etwas zu sein. Natürlich wollte er bei seinen Kindern alles anders machen. Meine Mutter war im Geiste von Immigranten erzogen worden, die mit viel Disziplin aber frei im Geist weit weg von der Heimat ein neues Leben begonnen hatten. Das brachte mit sich, dass wir von unseren Eltern vor allem hörten, wie wunderbar wir seien, wie sehr sie uns lieben und dass sie uns jederzeit bei der Erfüllung unserer Träume unterstützen würden. Sie ermutigten uns, die Welt als einen Abenteuerspielplatz zu betrachten.

Ende der siebziger Jahre geisterten alle Arten von antiautoritären Erziehungsstilen durch die Landschaft, von der Reformpädagogik bis zum Laissez-faire nach Kurt Lewin. Gut möglich, dass sich meine Eltern damit beschäftigten, ganz sicher ist aber, dass sie ihren eigenen Weg gegangen sind. Mein Vater hatte eine ausgeprägte Liebe zur Natur entwickelt, die er, wie er selbst meint, von seinem Großvater Karl Graf von Berlepsch geerbt hat. Der war nicht nur Erbkämmerer von Hessen gewesen, sondern auch Dichter und Philosoph, der die Bäume über alles liebte: »So glaubensvoll, so vielgestalt, ich liebe Dich, mein Wald, mein Wald«, stand noch in den Schulbüchern der Nachkriegsgeneration. Wald gibt es reichlich rund ums Schloss. Mein Vater brachte uns zu den Bäumen, damit wir ihre Stämme betasteten und ein Gefühl für die Lebenskraft bekamen, die darin pulsierte. Wahrscheinlich rührt es daher, dass ich mich auch heute jederzeit für eine Wanderung durch Wälder begeistern kann, sei es im heimischen Forst oder in

Laos, in den Bergen von Madagaskar oder irgendwo in Kolumbien.

»The world is your oyster«, sagt ein englisches Sprichwort, die Welt steht dir offen. Das war das Credo meiner Eltern. Als wir einmal in einem Hotelrestaurant saßen, fragte mein Bruder Fabian: »Papa, was passiert, wenn ich hier vor allen Leuten auf den Tisch steige?« Die Antwort meines Vaters: »Probiere es aus, nur so wirst du es herausfinden.« Jahre später, als ich die Technomusik entdeckte und versuchte, mit meiner Anlage die Fenster des Schlosses zerspringen zu lassen, kam er und meinte: »Coole Musik. Mach mal lauter!« Wir kannten nur ein Verbot, und das war Fernsehen. Mein Vater sagte: »Wenn ihr fernschaut, seid ihr nicht kreativ«, deshalb blieb die Glotze die Woche über aus. Nur am Wochenende durften wir mal eine Sendung sehen, und die wählten meine Eltern sorgfältig aus. Natürlich ging mir das gegen den Strich, doch heute kann ich das sehr gut nachvollziehen und werde es mit meinen Kindern ähnlich halten.

Statt fernzusehen, arbeiteten wir in der väterlichen Werkstatt an der Hobelbank, gingen in den Wald, bauten »Buden«, erforschten Höhlen, waren auf der Pirsch nach Tieren – Rehen und Hasen, die in unserer Fantasie zu gefährlichen Kreaturen mutierten – und ließen mächtige Lagerfeuer prasseln. Wir streiften durch die dunklen Gänge im Schloss und stellten uns vor, wir seien Ritter von damals. Wer heute Schloss Berlepsch besucht, findet prächtige Säle vor wie den Rittersaal, den Historischen Saal, die Sommerstube oder das Gewölbe, wo regelmäßig fröhliche Gelage stattfinden.

Während meiner Kindheit war das noch etwas anders: Der Großteil des Schlosses bestand aus einzelnen Wohnungen, die alle vermietet waren, während in den größeren Sälen noch an der Renovierung gearbeitet wurde. Wir lebten damals selbst in einer der Wohnungen auf rund 120 Quadratmetern. Eine geheimnisvolle ältere Dame war mir besonders ans Herz gewachsen. Sie war Malerin, Gestalttherapeutin und Kartenlegerin. Sie lebte im Hexenhäuschen, wie wir Kinder ein kleines Haus in der Schlosseinfahrt nannten. Das hatte schiefe Treppen und Decken und einen alten Holzofen. Am Jahresende besuchte ich meistens die alte Dame, um mir die Karten legen zu lassen. Wie sie das Tarotspiel las, war für mich eine geheime Kunst, die mich sehr beeinflusst hat.

In jener Zeit des Jahres legte sich immer eine besondere Magie über das Schloss. Ein paar Tage vor dem Weihnachtsfest zog mein Vater mit uns in den Wald, um einen Baum zu schlagen. Wir stapften nachts mit Taschenlampen durch kniehohen Schnee, um ein besonders schönes Exemplar zu finden. Diesen Baum schmückte meine Mutter mit Strohfiguren und bemalten Äpfeln aus Holz. Vor der Bescherung versammelten wir uns in der Familienkapelle, die unterhalb des Schlosses liegt, neben den Gräbern der Ahnen. Wir sangen, sagten Gedichte auf, jemand spielte Flöte, und was ich als besonders schön empfand: Jeder erzählte etwas Persönliches über sich. Stand ein Jahr später Weihnachten erneut vor der Tür, freute ich mich, weil ich wusste, alles wird so sein wie letztes Mal. Damals lernte ich die Macht des Rituals kennen, das in der Lage ist, unsere Welt zu bestärken. Leider haben wir viele Rituale aus unserem Alltag verdrängt – im Laufe dieses Buches werden wir einige davon wieder zum Leben erwecken.

Kam der Sommer und mit ihm die großen Ferien, warteten die nächsten Rituale auf mich, und eines davon war eng mit Onkel

Heinrich verbunden. Streng genommen war Onkel Heinrich gar kein Onkel, doch wir Kinder nannten ihn so, weil er uns wie seine Schützlinge behandelte. Er war ein Bauer, der aus dem benachbarten Dorf Hermannrode stammte. Einige seiner Felder grenzten ans Schloss, und ich sehe ihn noch heute vor mir, wie er seinen Mähdrescher über die Felder steuerte, während ich am Waldrand saß und wartete. Mal verschwand die Maschine in einer Senke, mal tauchte sie auf einem Hügel wieder auf. Sie kam näher und näher, während mein Herz zu klopfen begann. Jetzt konnte es nicht mehr lange dauern, bis Onkel Heinrich mich entdeckte. Er hielt die Maschine an, rief mich zu sich, und ich rannte über die Stoppelfelder, so schnell ich konnte. Die nächsten Stunden durfte ich neben ihm sitzen, das Gesicht von der Hitze rot verfärbt, auf der Haut klebte aufgewirbeltes Schrot, alles juckte, doch das spielte keine Rolle, denn ich spürte den Sommer, die Natur und die endlose Freiheit, die vor mir lag.

Als ich zwei Jahre alt war, beschlossen meine Eltern, nach Indien zu reisen. Sie hatten das Buch *Ganz entspannt im Hier und Jetzt* des ehemaligen STERN-Reporters Jörg Andrees Elten gelesen. Darin berichtete er über seine Begegnungen mit dem in Indien lebenden Guru Bhagwan Shree Rajneesh, der unter dem Namen Osho auf der ganzen Welt berühmt geworden ist. Für meine Eltern war es das erste Mal, dass sie in Kontakt mit Spiritualität und Meditation kamen, und diese Welt faszinierte sie sehr. Sie wollten neue Wege beschreiten, mehr über sich und ihre eigene Partnerschaft erfahren. Heute ist das Wort »Selbsterfahrung« in aller Munde, damals war das alles noch sehr neu.

Mitte der siebziger Jahre hatte Osho in Poona einen Ashram gegründet. Das ist ein Wort aus dem Sanskrit und umschreibt ein klosterähnliches Meditationszentrum. Ich kann mich nur bruchstückhaft an diese Zeit erinnern, doch sie beeinflusste maßgeblich den freien Geist, mit dem uns unsere Eltern erzogen.

Zu Oshos Lehren gehörte der Satz: »The present moment is a present of life.« Die Gegenwart ist ein Geschenk des Lebens. Lebe also im Jetzt. Gedanken an Vergangenheit oder Zukunft entfernen dich nur von deinem Glück. Ich war damals noch jung und hatte ganz bestimmt andere Dinge im Kopf, als mit indischen Gurus zu meditieren. Trotzdem hinterließen diese Worte eine bleibende Wirkung. Die Zeit in Poona beeinflusste meine Eltern so sehr, dass sie später auf Schloss Berlepsch ein eigenes Zentrum für »Heilung, Meditation und Kreativität« gründeten. Dieses zog einige Jahre später um aufs nahe gelegene Gut Hübenthal und wird bis heute von einer Kommune in Eigenständigkeit weitergeführt.

Wir packten danach noch häufiger die Koffer. Immer wieder ging es nach Brasilien und Kolumbien. Dort hatten sich weitere Mitglieder der Thuronyi-Familie angesiedelt. Bei meiner Großmutter Marie-Louise stand ich stundenlang träumend vor ihrer »Wand der Erinnerung«, an der sie Masken, Musikinstrumente und Schmuck der Urvölker aufgehängt hatte. Großvater Béla nahm mich mit nach draußen, setzte mich auf ein Pferd und brachte mir bei, im Westernstil ohne Sattel und Zaumzeug zu reiten. Dann zeigte er mir, wie man die Hufe der Pferde reinigt und Kühe zusammentreibt. Waren wir nicht in Südamerika, zog es meine Eltern nach Fuerteventura. Damals war die kanarische Insel kein touristischer Magnet, sondern ein karger, wüstenartiger Landstrich ohne die künstlich bewässerten Palmenhaine von heute.

Statt eines Rucksacks besaß ich einen Aktenkoffer für meine wenigen Habseligkeiten, die ich auf diese Reise mitnahm.

Den hatte ich mir mal zum Geburtstag gewünscht. Er war mit Kunstleder bespannt und besaß vergoldete Zahlenschlösser. Mit ihm in der Hand kam ich mir reichlich erwachsen vor. Kaum am Flughafen angekommen zog ich los, um herrenlose Gepäckwagen aufzustöbern. Auf sie gab es Pfand, doch aus für mich unerfindlichen Gründen brachten die Leute ihren Wagen trotzdem nicht zurück. Also erledigte ich das, um kurz vor dem Abflug mit einer Tasche voller Münzen zu meinen Eltern zurückzukehren. Im Grunde war es meine unbändige Neugier, die mich alles wachsam beobachten ließ und mich ständig zu neuen Ideen und Projekten inspirierte. So habe ich auch meine Arbeiten aus einer Kinderkunstschule in Göttingen an den Mann gebracht. Dort lernten wir mit Seidenpapieren umzugehen, Falttechniken auszuprobieren, Farben in Salzwasser aufzulösen und mit Batik zu experimentieren. Zuhause angekommen steckte ich alles in mein Köfferchen, wanderte durch den Wald hinab in die Dörfer und marschierte von Haus zu Haus. »Haben Sie Lust, meine Bastelarbeiten zu kaufen?«, fragte ich. Es kam selten vor, dass jemand nichts erwerben wollte.

Meine Eltern wollten, dass wir etwas finden, das unserer Natur entspricht. Wir sollten uns in allen Dingen, die uns Freude bereiteten, ausprobieren. »Wir unterstützen die Impulse, die aus Euch kommen«, sagte mein Vater. Natürlich wurde nicht aus all unseren Ideen etwas Erfolg versprechendes. Als mein Bruder davon sprach, Skaterprofi zu werden, und mein Vater daraufhin eine Halfpipe in den Garten baute, wurde er am Ende doch kein Profi. Doch darum ging es meinen Eltern auch gar nicht. Sie wussten, dass manchmal ein Umweg nötig ist, um Klarheit zu erlangen. Auf die Erfahrungen, die wir dabei machten, konnten wir später trotzdem immer wieder zurückgreifen. Sie trugen ein tiefes Vertrauen in sich, dass Leidenschaft am Ende immer zum Erfolg führt. Das betraf auch unseren Werdegang in der Schule. »Das Abitur zu machen ist prima«, sagte Vater, »aber ich werde euch nicht dazu zwingen. Ich würde euch zwar dazu raten, doch wenn euch die Leidenschaft irgendwo anders hinführt, ist das ebenfalls in Ordnung.«

Auch heute bin ich noch immer ein Verfechter dieses »Leidenschaftsansatzes«. »Wenn Sie alles Geld dieser Welt hätten – würden Sie trotzdem Ihrer jetzigen Tätigkeit nachgehen?« Ist die Antwort »Ja!«, treibt Sie die Leidenschaft. Ich bin froh, dass das bei mir der Fall ist. Und blicke ich heute auf meine Kindheit zurück, erkenne ich, wie damals die Saat dafür gelegt wurde: Meine Eltern lehrten mich eine große Neugier auf die Welt. Ich durfte erleben, wie schön und bunt sie war, und dass es hinter dem Horizont immer weiterging. Ich durfte meine Ideen ausprobieren und eine der wichtigsten Fähigkeiten überhaupt trainieren: die Fantasie. Fantasie ist Tagträumen ohne Wertung. Gerade für Erwachsene ist die Zeit, die wir darauf verwenden, wertvoller denn je, weil wir allein durch unsere Vorstellungskraft die Welt verändern können.

Über Magie und Neugier

In der Filmkomödie »Und täglich grüßt das Murmeltier« trifft Phil Connors, Wetterfrosch beim Fernsehen, im kleinen Ort Punxsutawney ein, wo jedes Jahr am 2. Februar der Tag des Murmeltiers begangen wird. Eines der putzigen Tierchen wird dabei aus dem Bau gelockt. Kann es seinen eigenen Schatten sehen, weil an diesem Tag die Sonne scheint, dann dauert der Winter noch weitere sechs Wochen, so das Orakel. Andernfalls darf man mit dem baldigen Frühling rechnen. Phil Connors hasst das Getue der Kleinstädter um ihr Murmeltier und möchte so schnell wie möglich wieder weg. Da gerät er in eine Zeitschleife und erlebt von nun an diesen Tag immer und immer wieder. Egal was er anstellt – und er stellt einiges an –, heißt es für ihn am nächsten Morgen: »Und täglich grüßt das Murmeltier.«

Was Phil widerfährt, kann auch uns in ähnlicher Weise widerfahren. Der Mensch ist ein Gewohnheitstier, heißt es, denn er baut Routinen auf, um seinen Alltag besser bewältigen zu können. Durch die ständige Wiederholung von gewissen Abläufen wie zum Beispiel Autofahren, Zähneputzen oder Zehnfingerschreiben entwickeln sich Programme, die wie bei einem Computer im Hintergrund laufen. Wir müssen dadurch über grundlegende Verhaltensweisen nicht mehr bewusst nachdenken. Auf diese Weise steht uns mehr mentale Energie zur Verfügung, um anderes zu tun, beispielsweise um etwas Neues zu lernen. So können wir uns auch in Stresssituationen darauf verlassen, dass wir das Zähneputzen nicht vergessen oder den Weg zur Arbeit finden.

Gewohnheiten navigieren uns also durchs Leben. Ohne sie wäre unser Gehirn von den Details des Alltags überfordert. Stellen Sie sich vor, wir müssten jedes Mal neu über das Gehen oder Autofahren nachdenken! Wir würden zu nichts mehr kommen. Allerdings tendieren wir durch unsere Routinen dazu, in einen Alltagstrott zu verfallen, der durch die immer gleichen Abläufe bestimmt wird. So führen starre Gewohnheiten möglicherweise dazu, dass wir Gefangene dieser Routine werden. Man nennt das auch die Komfortzone – und der Appell vieler Therapeuten dieser Welt lautet unisono: »Wir müssen raus aus der Komfortzone« – damit wir uns nicht von der Kreativität abschneiden. Mir geht es hier allerdings noch um etwas anderes: Lassen Sie uns erfahren, wie wir auch in Gewohnheiten Faszination finden können. Was passiert eigentlich, wenn wir unsere Routine hin und wieder kurz unterbrechen?

Dazu unternahm 1975 der Physiker Nathan Myhrvold einen denkwürdigen Versuch. Er ließ auf einem Tisch, dessen Oberfläche gleichmäßig vibrierte, Bälle hüpfen. Nun sollte man annehmen, dass diese ebenfalls gleichmäßig auf und nieder sprangen. Doch das Gegenteil war der Fall: Die Bälle hüpften chaotisch auf und ab. Daraufhin wurde der vibrierenden Oberfläche des Tisches immer wieder ein zufälliger Stoß versetzt. Und siehe da: Die Bälle sprangen in wunderbarer Ordnung in die Höhe. Offenbar muss die Routine der gleichmäßigen Vibration immer mal wieder gezielt unterbrochen werden, um ein anständiges Sprungergebnis zu erzielen.

Überträgt man Myhrvolds Versuch auf den Alltag, dann entspricht unsere Neugier den zufälligen Anstößen. Neugier spielt für alle Menschen, die ihr Leben bereichern möchten, eine wesentliche Rolle. Im Wort Neugier selbst steckt schon alles: Es beschreibt unser Verlangen nach Neuem, das, einmal geweckt, zur Gier wird und nicht mehr zu zügeln ist. Die Neugier steckt in jedem von uns, was kein Wunder ist, denn sie sorgt für Weiterentwicklung. Als die Welt in der Vorstellung der Menschheit eine Scheibe war, die irgendwo ein Ende hatte, an dem Ozeane tosend in die Tiefe stürzten, bestiegen mutige Männer ihre Schiffe, um bis zu diesem vermeintlichen Rand der Erde zu segeln und, wenn möglich, darüber hinaus. In ihnen steckte die Neugier, die Grenzen ihrer Welt zu verschieben. Daran hat sich bis heute nichts geändert.

»We choose to go to the moon not because it is easy, but because it is hard«, verkündete Präsident John F. Kennedy am 12. September 1962 bei seiner Rede an der Rice-Universität in Houston, Texas: Wir fliegen zum Mond, nicht weil es einfach ist, sondern weil es schwer wird. Klar wollen wir dabei den Russen zuvorkommen, die im Wettstreit um die Vorherrschaft im All schon ein paar magische Tricks vollbracht haben. Aber wir tun es auch, weil wir neugierig sind, verdammt neugierig sogar. Schließlich hatte man erst drei Jahre zuvor die ersten unscharfen Bilder von der Rückseite des Mondes gesehen, und auch sonst wusste man wenig vom Himmelsnachbarn. Es war an der Zeit aufzubrechen, um die Grenzen der Welt zu verschieben. Es war an der Zeit, Skepsis abzulegen und ein Risiko einzugehen.

Diese beiden Begriffe stehen unserer Neugier gegenüber: Wird die Skepsis zu groß, weil wir das Risiko scheuen, schlagen wir keine neuen Wege ein. Manchmal ist das sinnvoll, weil wir noch nicht genügend vorbereitet sind. Man kann nicht in Richtung Mond aufbrechen, wenn die Technik noch nicht so weit ist – man muss allerdings auch bereit sein, ein Risiko einzugehen, schließlich hat es vorher noch keiner getan. Dass wir vor einer Entscheidung das Für und Wider abwägen, ist daher völlig in Ordnung. Wir müssen nur aufpassen, vor lauter Abwägen die Routine nicht übermächtig werden zu lassen.

Deshalb versuchen Sie Folgendes:

Morgen früh duschen Sie nicht warm, sondern kalt! Putzen Sie sich die Zähne mit der anderen Hand als der gewohnten. Sind Sie Kaffeetrinker? Dann probieren Sie es mit Tee – am besten den ganzen Tag. Falls Sie täglich mit dem Auto zur Arbeit fahren, nehmen Sie einfach einen anderen Weg. Oder benutzen Sie gleich die öffentlichen Verkehrsmittel. Wenn Sie zu Fuß unterwegs sind, gehen Sie ganz … besonders … laaaangsam.

Unterbrechen Sie immer wieder Ihre Routine, indem Sie gewisse Dinge absichtlich anders tun. Denn in diesen Momenten schaltet sich Ihr Bewusstsein wieder ein, die roten Lampen der Aufmerksamkeit fangen an zu blinken, und Sie nehmen Ihre Umwelt und Ihre Handlungen neu wahr. Wo befinden Sie sich? Was passiert um Sie herum? Können Sie etwas Schönes entdecken, das Sie bisher übersehen haben? Vielleicht etwas, das Sie inspiriert? Was machen Ihre Hände, Ihre Füße gerade? Dadurch kann eine neue Freude an gewohnheitsmäßigen Abläufen entstehen, wie zum Beispiel die Erkenntnis, wie gut Sie etwas können. Mit welcher Leichtigkeit Ihnen gewisse Tätigkeiten von der Hand gehen. Diese Übung transportiert Sie in die Gegenwart und bringt Sie in Kontakt mit Ihrer Gefühlswelt. Wie sagte Osho so schön: »The present moment is a present of life.«

Mir gefällt in diesem Zusammenhang auch seine sogenannte Stopp-Meditation: Wann immer Ihnen das Wort »Stopp« in den Sinn kommt, halten Sie inne. Plötzlich und unvermittelt, mitten in der Bewegung – der Körper will sich weiterbewegen, doch Sie verhindern das in der Position, in der Sie sich gerade befinden. Egal wo, egal wann. Spüren Sie, wie sich dieser Moment anfühlt: das Äußere, die Luft, Ihre Umgebung, Ihr Innerstes, Ihre Gefühlswelt. Verharren Sie einen einzigen Moment lang in diesem Stillstand, und Sie werden merken, dass Sie plötzlich, mit Raketengeschwindigkeit, bis in Ihr Zentrum vorgedrungen sind. Und davon ist schon der leiseste Schimmer wunderbar.

Ich selbst unterbreche jedes Jahr meinen Alltag mit einer Rucksackreise. Für sechs bis acht Wochen erkunde ich ein Land, in dem ich noch nie zuvor gewesen bin. Es ist für mich ein Ritual, das die Routine meines Arbeitslebens aufbricht. Und damit es nicht selbst zu einer starren Gewohnheit wird, breche ich jedes Mal ganz ohne Plan auf. Nur mit einem Reiseführer in der Tasche lasse ich mich durch das Land treiben. Meine Reiseroute wird bestimmt von Ereignissen im Land, dem Wetter, den Verkehrsverhältnissen und von den Empfehlungen der Menschen, die ich auf meinem Weg kennenlerne. Dadurch bin ich aufmerksamer und nehme Dinge wahr, die ich sonst verpasst hätte. Eine außergewöhnliche Landschaft, eine lustige Situation auf dem Marktplatz oder ein merkwürdiges Tier, das ich zu Gesicht bekomme. Besonders liebe ich natürlich die Menschen, die ich treffe. Sie haben in der Regel nichts mit meiner Welt zu tun, und genau deswegen empfinde ich sie als ganz besonders inspirierend.

Auf diese Art und Weise zu reisen ist nicht immer bequem, denn häufig müssen Entscheidungen getroffen und Pläne wieder umgeworfen werden – all das hat nichts mit einem erholsamen Strandurlaub zu tun. Doch die Mühen lohnen sich. Ich werde reich beschenkt durch Momente, die ich mir niemals hätte träumen lassen. Einige dieser Augenblicke konnte ich mit meiner Kamera festhalten. Eine Auswahl der Fotos finden Sie über den Internetlink, der im letzten Kapitel »Zugabe!« aufgeführt ist.

Selbstverständlich brauchen Sie mir in alldem nicht nacheifern, um Ihren Tag bewusster wahrzunehmen. Schließlich lassen sich auch hier in Deutschland wunderbare Momente der Magie erleben, wenn wir uns nur darauf einlassen.

Phil Connors ist jemand, der sich dafür bewusst entscheidet. Da er aus seiner täglichen Murmeltierroutine nicht ausbrechen kann, fängt er an, die Magie des Alltags zu entdecken. Er lernt die Menschen von Punxsutawney kennen, ihre Schrulligkeit und auch ihre Güte. Er findet heraus, wo zu welcher Zeit ein Unfall passiert, und macht sich am nächsten Tag daran, diesen zu verhindern. Kurzum: Er findet Freude an seinem Leben und seinem Alltag. Dadurch verändert er sich und wird vom arroganten Widerling zu einem liebenswerten Menschen.

Wie verändern Sie sich, wenn Sie Ihre Gewohnheiten unterbrechen? Vielleicht ergeben sich bei Ihnen dadurch sogar neue Optionen, die Ihrem Leben eine andere Richtung geben. Dann haben auch Sie bald keine »Und täglich grüßt das Murmeltier«-Augenblicke mehr, sondern erleben Momente neuer Impulse. Über die Bedeutung dieser Impulse werden wir in den folgenden Kapiteln sprechen.

Das magische Buch

Im Sommer 1910 bestieg der Zauberer und Entfesselungskünstler Harry Houdini in der Central Station von New York City einen Zug. Sein Ziel war Lake Chautauqua, wo er hoffte, einen der mysteriösesten Männer auf dem Planeten zu treffen: Ira Eratus Davenport. Diesem sagte man nach, mit den Geistern selbst zusammenzuarbeiten – auf einer Tour durch die Metropolen Europas mit seinem Bruder William musste die Polizei das fassungslose Publikum in Schach halten. Iras Tochter Zellie berichtete später, wie sich ihr Vater bei einem Glas Limonade leise mit Houdini unterhielt. Erst als dieser sich verabschiedete,. konnte sie ein paar Wortfetzen auffangen. »Houdini«, sagte der alte Zauberer, »we started it, you finish it.« Mein Bruder und ich haben es begonnen, du bringst es zu Ende. So geschah es: Als Houdini sechzehn Jahre später auf tragische Weise sein Leben verlor, war er zum größten Star seiner Epoche geworden.

Eine Zeit lang hatten meine Eltern immer wieder beruflich in London zu tun. Waren sie dort, ging meine Mutter in das berühmte Kaufhaus Harrods an der Brompton Road. Dort kaufte sie nicht etwa Luxusartikel, sondern marschierte in die Abteilung für Zauberwaren. Sie wusste, dass ich der Welt des Zirkus verfallen war. Wenn hin und wieder eine Truppe nach Kassel oder Göttingen kam, lag ich allen damit in den Ohren und drängte auf einen baldigen Besuch. Ich mochte den Geruch der Manege, die Musik des Orchesters, die Akrobaten, Artisten und Clowns. In Witzenhausen öffnete einmal im Jahr ein Rummel seine Pforten, und auch dort verbrachte ich ganze Tage, obwohl es außer den Autoscootern, einem Kettenkarussell, einem Schießstand und einer Wurfbude keine weiteren Attraktionen gab. Getreu dem Motto »probiert euch aus« brachte mir meine Mutter also von Harrods kleine Zauberkunststücke mit. Dann wartete sie ab. Entweder würden diese bald in einer Ecke landen – oder ihr Zweitältester hatte ein Hobby gefunden. Danach sah es aus. Tagelang, wochenlang beschäftigte ich mich mit nichts anderem. Bald beherrschte ich das eine oder andere kleinere Kunststück und gab sogar eine Vorstellung vor meiner Grundschulklasse. Leider hielt die Begeisterung nicht lange an, denn an dieser Stelle hätte eine wichtige Sache hinzukommen müssen: ein Mentor, der uns an die Hand nimmt und neue Dinge lehrt. Auf ihn musste ich noch einige Zeit warten.

Ein paar Jahre später schenkte mir mein Vater ein Buch über Kartentricks. Es ließ meine frühere Leidenschaft wieder aufleben, doch nach einer Weile beschlich mich wieder das Gefühl, in einer Sackgasse gelandet zu sein: Wenn du das mit den Karten so anstellst, danach das und das und das, kommt am Ende das heraus. Das Ergebnis mag zwar überraschend sein, doch ist es auch Magie? Tief in mir fühlte ich, dass die Kartentricks nicht alles sein konnten und nur der Anfang von etwas Größerem waren – doch was das war, konnte ich nicht sagen. Zu jener Zeit sah man mich mit entschlossener Miene durchs Schloss stapfen. Ich spürte, was Sie sicher auch schon mal gespürt haben: Irgendwo gibt es einen Weg, doch er bleibt unseren Blicken verborgen. Erst viel später lernte ich, dass genau dieser Moment einer der wertvollsten magischen Augenblicke ist.

Wenn wir bereit sind, die ausgetretenen Pfade zu verlassen, zu einem Abenteuer aufzubrechen und neue Welten zu erobern – dann tun sich zwangsläufig Hindernisse vor uns auf. Der amerikanische Märchen- und Mythenerforscher Joseph Campbell spricht in seinem Hauptwerk *Der Heros in tausend Gestalten* von der »road of obstacles«, der »Straße der Hindernisse«. Sie kennen dieses Motiv aus unzähligen Märchen, Filmen und Romanen: Die Heldin oder der Held treten zu einer Reise an, und natürlich verläuft diese alles andere als ereignislos. Ganz im Gegenteil, ständig müssen sie neue Abenteuer bestehen, Mutproben ablegen, sich beweisen. Im *Herr der Ringe*, dem mystischen Roman von J.R.R Tolkien, brechen die Gefährten um Hobbit Frodo auf, um Saurons Ring der Macht zu vernichten. Als sie auf den Berg Caradhras im Nebelgebirge steigen, zwingt sie ein Schneesturm zur Umkehr. Daher versuchen sie, durch die Minen von Moria an ihr Ziel zu gelangen, doch erneut gibt es ernstzunehmende Hindernisse, denn Orks tauchen auf, Bergtrolle, und schließlich der mächtigste Dämon von allen, der Balrog, über den Tolkien schrieb: »Er verbarg sich an den Wurzeln der Erde, war im Herzen von Feuer, doch in einen Mantel von Finsternis gehüllt, das Entsetzen ging ihm voraus.« Keine einfache Situation für die Gefährten! Ihre Aufgabe ist, wie jeder Mythos, eine Metapher für den geneigten Leser, was ihm bevorsteht, wenn er selbst ins Abenteuer aufbricht. Was also ist zu tun? Zuhause bleiben und die Hände in den Schoß legen? Das ist meist unmöglich. Wen das Abenteuer ruft – es kann die Sehnsucht nach der Ferne sein, der Wunsch, einen neuen Beruf zu ergreifen, die Liebe zu einem Menschen, oder eben als Dreizehnjähriger die unbekannte Macht der Magie zu erspüren –, für den gibt es kein Halten mehr. Dann schlagen sich kleine Hobbits mit mächtigen Dämonen herum, dann steigt ein Junge auf den Dachboden des väterlichen Schlosses hinauf, weil die Intuition ihm einflüstert, dass es da oben etwas gibt, das es zu finden gilt. Was immer es ist. Wo immer es verborgen liegt.

Wie ich Ihnen erzählt habe, war Schloss Berlepsch einst eine Ritterburg. Später wurde angebaut und aufgestockt. Zu jener Zeit entstand der Turm mit seiner steinernen Wendeltreppe, die mich an diesem magischen Tag auf ihren ausgetretenen Stufen höher und höher trug. Es war nicht das erste Mal, dass ich bis unters Dach stieg, und trotzdem beschlich mich ein eigenartiges Gefühl. Draußen wallten Nebel vom Werratal auf, und ein Wind brauste durch den angrenzenden Wald. Es war kalt im Schloss, doch ich spürte die Kälte nicht. Am Morgen war ich mit dem Gedanken aufgewacht, die Schatzkammer zu durchstöbern. So nannten wir unseren Dachboden. Das war kein einzelner Raum, sondern eine unüberschaubare Anzahl von Kammern und Kämmerchen, die mit Treppen oder langgestreckten Fluren miteinander verbunden sind. Als ich dort oben ankam, fiel hier und da ein Lichtstrahl durchs Dach und ließ den Staub der Jahrhunderte wie ein Luftballett vor meinen Augen tanzen. Überall standen antike Möbel, Schränke, Truhen, Stühle. Es gab Regale mit dicken, in Leder gebundenen

Büchern: *Die Entstehung der Arten* las ich auf einem Einband, *Feuerbrände im Jahr 1807* auf einem anderen. Ich räumte alte Kronleuchter zur Seite und entdeckte seltsam geformte medizinische Instrumente aus längst vergangenen Epochen. Da waren Rüstungen, alte Säbel und Schwerter.

Und auf einmal sah ich sie vor mir: eine Truhe, die sich auf den ersten Blick nicht von all den anderen Truhen und Kisten unterschied. Trotzdem wurde ich geradezu von ihr angezogen. Sie schien gröber verarbeitet, war weder mit Ornamenten noch mit goldenen Beschlägen überzogen, sie wirkte schlicht und einfach. Langsam näherte ich mich ihr, stand lange Zeit davor, wagte nicht, sie zu berühren, bis meine Neugier über dieses diffuse Gefühl von Furcht, das sich in mir breitgemacht hatte, siegte. Meine Finger suchten einen Spalt, um den Deckel anzuheben, doch sie fanden keinen. Jetzt bemerkte ich, dass die Truhe keineswegs grobschlächtig gezimmert worden war, sondern im Gegenteil filigranes Handwerk aufwies. Es war, als hätte sie sich eine Art Camouflage zugelegt, einen Tarnmantel, der dafür sorgte, dass man sie nicht weiter wahrnahm. Meine Finger tasteten an ihr herum, und ich spürte eine kleine Erhebung. Ich drückte darauf und hörte ein leises Knacken. Plötzlich war es ein Leichtes, den Deckel anzuheben. Ich blickte in die Truhe und sah einen Haufen staubiger Utensilien, ein paar Bücher und einen alten Fotoapparat. Enttäuscht klappte ich ihn wieder zu. Dann öffnete ich ihn nochmals, denn mir war, als hätte ich etwas übersehen. In der Tat. Dort in der Ecke, wo kaum Licht hinfiel, lag ein weiteres Buch. Behutsam nahm ich es heraus und blies den Staub vom Einband. Mühsam entzifferte ich die Schriftzeichen des Titels, die Bögen der Buchstaben erschienen seltsam gebrochen.

»Die Moderne Salonmagie«, entzifferte ich. »Von Carl Willmann. Aus Otto Spamer's Magischer Bibliothek. 1891.«

Unglaublich! Ich hatte ein Zauberbuch gefunden, das genau hundert Jahre alt war! Langsam begann ich, die ersten Sätze zu lesen.

»Die Magie und der mit ihr verbundene Glaube an wunderbare Erscheinungen, welcher sich auf die innere Anlage der Menschennatur gründet, ist so alt wie das Menschengeschlecht selbst«, stand da geschrieben.

Es kostete mich viel Zeit, die Buchstaben voneinander zu unterscheiden, denn sie waren anders als gewohnt. In dieser seltsamen Schrift unterschied sich ein kleines s von einem f durch einen ausgesparten kurzen Querbalken auf der rechten Seite. Das k hatte rechts oben eine kleine Schaufel und war deshalb kein t. Das x ähnelte dem r, hatte aber eine offene Schleife am Zeichenfuß. Die Großbuchstaben bereiteten ebenfalls Schwierigkeit. Ich zog mich in eine verborgene Ecke der Schatzkammer zurück, schlang die Jacke eng um mich und vergrub mich in das geheimnisvolle Buch. Da war von mechanischen Klappen die Rede, von Fallen und Pedalen. Unsichtbare Mechaniken wurden beschrieben, ein Münzenzylinder erwähnt, und ein Caché, was immer das war. Aus irgendeinem Grund, den ich nicht verstand, widmete sich ein ganzes Kapitel einer Haarschleife. Ein weiteres beschäftigte sich mit magischen Zitronen, ein anderes mit dem Eskamotierteller – auch ein Ausdruck, von dem ich noch nie gehört hatte. Und was um alles in der Welt war ein siebenfaches Kouvert? Was ein wanderndes Ei? Ein verkehrter Schneider?

»Die Verwandlung eines Würfels in einen lebenden Vogel«, buchstabierte ich Wort für Wort, und spätestens jetzt war es um mich geschehen. Ein Vogel, der aus einem Würfel entsteht – ich war wie vor den Kopf gestoßen. Wie konnte das sein?

»Der Wahn über das Vorkommen gewisser Wundergeschöpfe«, las ich weiter, »soll noch von Aristoteles und Plinius dem Älteren nicht ausgeschlossen gewesen sein.«

Damals wusste ich nichts über Aristoteles, den wahrscheinlich einflussreichsten Philosophen der Menschheitsgeschichte. Auch vom römischen Gelehrten und Naturforscher Plinius hatte ich noch nie gehört. Doch das alles spielte jetzt keine Rolle mehr, denn ich würde es herausfinden. Ich würde herausfinden, wer Aristoteles war und weshalb er an Wundergeschöpfe glaubte, und ich würde alles über Klappen, Fallen und Pedale lernen, über wandernde Eier und verkehrte Schneider. Irgendwann würde ich einen Würfel in einen Vogel verwandeln, in einen lebenden Vogel, wohlgemerkt. Ich klappte das Buch zu und wollte mich auf den Weg zur Wendeltreppe machen, als ich einen letzten Blick auf die Truhe warf. Der Deckel war geschlossen, dabei konnte ich mich nicht daran erinnern, ihn zugeklappt zu haben. So unscheinbar wie zuvor stand sie im hintersten Teil der Schatzkammer. Für einen Augenblick war ich versucht, sie ein weiteres Mal zu öffnen. Dann fiel mir eine Geschichte ein, die mir meine Mutter erzählt hatte. Sie stammte aus dem *Alten Testament* und handelte davon, wie Lots Ehefrau während der Flucht aus der Stadt Sodom entgegen dem Verbot der Engel zurückblickte und zur Salzsäule erstarrte. Wie hätte ich wissen können, dass dieser Befehl der Engel nichts anderes als eine magische Anweisung gewesen ist, der es zu folgen gilt? Ich wusste nur, dass ich keinerlei Lust hatte, mein künftiges Dasein als Salzsäule zu verbringen. Ganz im Gegenteil spürte ich auf einmal neuen Lebensmut, spürte ich eine Aufgabe, der ich mich mit Haut und Haaren widmen wollte. Von nun an hatte ich nur noch eines im Sinn: herauszufinden, was ein Eskamotierteller war und ein siebenfaches Kouvert und ein Caché und all die anderen Geheimnisse aus dem Buch. Ich folgte der Lebenseinstellung meiner Eltern: Finde deinen Weg, und wenn du ihn gefunden hast, weiche nicht von ihm ab. Genau das habe ich von jenem Tag an getan.

Über Magie und Schicksal

Sie können sich vorstellen, wie dankbar ich heute meinem Schicksal bin, Carl Willmanns Buch auf dem Dachboden gefunden zu haben, und das unter wahrlich magischen Umständen. Dieser Fund veränderte mein Leben oder – angesichts des jugendlichen Alters, in dem mir *Die Moderne Salonmagie* in die Hände fiel – er setzte mein Leben aufs richtige Gleis. Doch was heißt hier »mein Schicksal«? Für viele Menschen bedeutet dieser Begriff etwas, das sie nicht beeinflussen können. Jemand wie ich, der sich der Magie verschrieben hat, versteht darunter etwas anderes: Schicksal bezeichnet einen Zustand, der, ähnlich der Tagträumerei, von uns aktiv mitgestaltet werden kann. Zwar schrieb der Philosoph Arthur Schopenhauer: »Das Schicksal mischt die Karten, und wir spielen sie«, doch weiß ich als Magier nur zu gut, wie sehr sich das Mischen der Karten beeinflussen lässt. So gesehen sind wir auch in der Lage, dem Schicksal kräftig unter die Arme zu greifen. Wir können es ermuntern, Wege einzuschlagen, an die wir vorher nicht gedacht hatten.

Ich mag die Vorstellung, dass etwas auf uns aufpasst: Dieses »Etwas« können wir Quelle, Gott oder Schicksal nennen. Um zu empfinden, was uns leitet, müssen wir unsere Aufmerksamkeit schulen, um die nötigen magischen Zeichen wahrzunehmen. Daher ist es wichtig, unsere Routine immer wieder zu unterbrechen, wie im vorigen Kapitel beschrieben. Die Zeichen sind oft subtil und versteckt, so wie das magische Buch, das ich inmitten anderer verstaubter Bücher fand. Aber genau diese Zeichen geben uns die Möglichkeit, unser Leben zu verändern. Das Lächeln einer uns entgegenkommenden Person kann natürlich nur ein Lächeln sein. Aber vielleicht ist es auch ein Zeichen, das uns zu unserem Traumpartner führen will. Wir müssen nur mutig sein und auf diesen Menschen zugehen.

Manchmal sind die Zeichen sogar sehr deutlich. Dazu erzähle ich in meinen Shows gern den folgenden Witz:

Ein Mann wandert durch die Wüste. Auf einmal versinkt er bis zu den Knöcheln im Treibsand. Kurz darauf kommt eine Karawane vorbei, und die Menschen fragen: »Sollen wir dir helfen?« »Nein danke«, antwortet der Mann. »Gott wird mir schon helfen!«

Kurz darauf versinkt er bis zur Hüfte im Treibsand. Da kommt eine Gruppe Touristen im Jeep angefahren und fragt: »Sollen wir helfen?« »Nein, nicht nötig«, gibt der Mann zurück. »Gott wird mir helfen!«

Doch schon Augenblicke später versinkt er bis zum Hals im Treibsand. Da fliegt ein Hubschrauber über ihm, und der Pilot ruft herab: »Sollen wir helfen?« Wieder ist die Antwort: »Nein, Gott wird mir helfen!«

So versinkt er ganz im Treibsand und stirbt. Im Himmel angekommen, fragt er Gott: »Warum hast du mir nicht geholfen?«

Darauf antwortet Gott: »Ich hab dir eine Karawane, einen Jeep und einen Hubschrauber geschickt! Was willst du denn noch?«

Die Zeichen zu sehen ist das eine – in Aktion zu treten das andere. Nehmen wir an, das Schicksal möchte, dass Sie Millionär werden. Wenn Sie zu Hause auf der Couch sitzen bleiben, hat das Schicksal keine Chance. Die Wahrscheinlichkeit ist gering, dass sich das Fenster öffnet und der erhoffte Geldsegen hereinflattert. Wenn Sie sich aber die Jacke überwerfen, zum nächsten Kiosk gehen und einen Lottoschein ausfüllen, geben Sie dem Schicksal eine Chance, sich zu entfalten. Vielleicht ist es noch nicht das Richtige, vielleicht hat das Schicksal für Sie etwas anderes in petto. Also müssen Sie Ihre Möglichkeiten streuen. Ein erfolgreicher Erfinder sagte einmal zu mir: »Von zehn meiner Erfindungen setzt sich nur eine durch. Doch um am Ende den Gewinn einzufahren, muss ich mich allen zehn widmen.«

Ein Umweg ist also manchmal nötig, um ans Ziel zu gelangen, das wussten schon meine Eltern. Probieren Sie also vieles aus, machen Sie Ihrem Schicksal die nötigen Angebote. Dann kann es sich das Beste für Sie aussuchen.

Nun kennen Sie schon zwei der Geheimnisse, das Schicksal zu steuern. Das dritte Geheimnis lautet: Folgen Sie Ihren Impulsen.

Magie schätzt die Strategie der kleinen Schritte, und diese Schritte basieren auf Impulsen. Für mich begann das magische Leben mit einem Impuls: Wie bei einem Kugelstoßpendel sorgte er dafür, dass ich den Dachboden aufsuchte, wo ich die Truhe fand, worin das Buch lag, welches mich verzauberte, was am Ende einen Magier aus mir machte. Impuls um Impuls um Impuls, die ich alle nicht unterbrochen habe. Unterbrechungen hätten beispielsweise sein können: Nein, ich gehe nicht auf den Dachboden; nein, ich öffne die Truhe nicht; nein, ich schaue mir das Buch nicht an. Stattdessen gab ich allen Impulsen nach, indem ich nicht lange überlegte, sondern meinem Bauchgefühl folgte. Das fällt einem dreizehnjährigen Jungen noch etwas leichter als einem erwachsenen Menschen. Bei uns dominieren Bewusstsein und Nachdenken das Unterbewusstsein und die Intuition. Wenn Sie Magie in Ihr Leben einladen wollen, um mit Neugier und Vorstellungskraft Ihre Welt zu verändern, sollte Sie den intuitiven Kräften eine Chance geben.

Tatsächlich kann man Intuition üben. Ich bin im Laufe meines Lebens auf Menschen gestoßen, die das auf ganz unterschiedliche Art und Weise tun, vom Intuitiven Bogenschießen bis zur écriture automatique, dem sogenannten automatischen Schreiben, bei dem Texte ohne Zensur des eigenen Bewusstseins verfasst werden. Wenn ein Impuls eine Idee gebiert, dürfen wir nicht darüber nachdenken. Das Geheimnis liegt im »Machen«. Später können Sie immer noch überprüfen, was es gebracht hat. Wir dürfen keinesfalls schon vorher urteilen, auch wenn die Idee verrückt erscheint. Was kann schon passieren? Stellen Sie sich diese Frage ernsthaft. Wenn das Schlimmste, was geschehen kann, nicht wirklich schlimm ist, können Sie die Sache getrost angehen.

Und was tut der Magier selbst, um seine Intuition zu entwickeln?

Ich tanze unter anderem Tango, denn dabei überlasse ich mich ganz dem Takt der Musik, ohne den nächsten Tanzschritt zu planen. Besonders beim Tango Argentino habe ich gelernt, auf die feinen Hinweise »aus dem Bauch« zu reagieren. Denn dieser Tanz erfordert Improvisationstalent: Es wird keine feste Abfolge von Schritten und Figuren abgespult, die Choreografie ergibt sich während des Tanzens. Selbst wenn Sie bisher noch nie daran gedacht haben, einen Tango auszuprobieren: Hiermit gebe ich Ihnen den Impuls dazu – und bin gespannt, was Sie daraus machen.

Ein Magier in der Schule

Der englische Naturforscher Sir Isaac Newton zählt zu den bedeutendsten Wissenschaftlern aller Zeiten. Auf dem Gebiet der Physik beschrieb er die Gravitations- und Bewegungsgesetze, in der Optik erklärte er die Teilchentheorie und das Spektrum des Lichts, in der Mathematik und Astronomie gelangen ihm bahnbrechende Entwicklungen. Fünfzig Jahre nach Newton, am Ende des 18. Jahrhunderts, präsentierte Samuel Bisset in London sein »Schwein des Wissens«: Es konnte buchstabieren, die Uhr lesen und die Gedanken des Publikums erraten. Die englische Presse war sich einig: »Dieses Zauberschwein genießt in unserer Nation mehr Ansehen, als es Sir Isaac Newton vergönnt gewesen ist.«

Ich gebe zu: Die Kapitelüberschrift ist etwas dick aufgetragen, denn ich war während meiner Schulzeit keineswegs ein Magier, aber immerhin ein Magier in Ausbildung. Diese nahm ich selbst in die Hand, wie ich es mir von meinem Vater abgeschaut hatte, der sich so viele Dinge selbst beigebracht hat. Es fiel mir nicht schwer, da ich alle Bücher und Informationen, die mit Zauberkunst zu tun hatten, geradezu leidenschaftlich verschlang. Damit fuhr ich gut, während die Schule nicht wirklich nach meinem Geschmack war. Nach meiner Grundschulzeit ging ich nach Göttingen aufs Gymnasium. Damit begann für mich die schulische Misere. Das frühe Aufstehen morgens um 6 Uhr, um rechtzeitig den Bus im Nachbardorf zu erreichen, war bereits eine Qual. Danach saß ich müde im Klassenzimmer und musste mir stundenlang Dinge anhören, die mich nicht im Geringsten interessierten. Zu Fächern wie Geschichte, Erdkunde, Biologie, Chemie, Physik und Mathe bekam ich einfach keinen Zugang. Ich glaube, es lag daran, dass ich mir nicht vorstellen konnte, wozu man dieses Wissen im Leben braucht. Ich empfand es als ungerecht, dass ich gezwungen wurde, in meinen Augen so viel nutzloses Zeug zu lernen. Natürlich stimmt das nicht ganz, doch damals fehlte mir die praktische Anwendung. Ganz anders war es mit den Sprachen. Ich habe früh erlebt, wie wir durch die Sprachkenntnisse meiner Mutter überall auf der Welt zurechtkamen, daher hatte ich gleich in der 7. Klasse eine dritte Wahlsprache gewählt. Begeisterung für naturwissenschaftliche Fächer konnte aber bis zum Ende meiner Schulzeit nicht geweckt werden, was ich heute schade finde. Das Wissen darum könnte ich jetzt gut gebrauchen. Doch im Gegensatz zu meinen Eltern hatte die Schule kein Interesse daran herausfinden, wer ich wirklich war und was meinen Lernneigungen entsprechen würde. Ich bekam wie alle anderen Schüler auch ein Potpourri vorgesetzt – das nennen wir heute noch »Allgemeinbildung«.

Zu diesem Thema fällt mir die schöne Parabel »Die Schule der Tiere« ein:

Eines Tages versammelten sich im Wald ein Vogel, ein Eichhörnchen und ein Maulwurf. Sie beschlossen, eine Schule zu gründen, und bildeten einen Schulrat. Der Vogel bestand darauf, dass Fliegen in den Lehrplan aufgenommen werden müsse, das Eichhörnchen sagte, dass senkrechtes Bäumeklettern ein absolut notwendiger Bestandteil des Lehrplanes sein müsse, und der Maulwurf bestand auf »Löcher-in-die-Erde-Graben«.

Sie nahmen alle Fächer in den Lehrplan auf und erklärten es zur Regel, dass jedes Tier sie belegen müsse. Obwohl der Maulwurf hervorragend beim »Löcher-in-die-Erde-graben« war, stellte sich heraus, dass er beim »Senkrecht-auf-die-Bäume-Klettern« ernsthafte Probleme hatte. Er fiel immer herunter. Auch beim Fliegen sah es nicht besser aus. Er bekam eine Eins im Löchergraben und jeweils eine Sechs in den beiden anderen Fächern. Der Vogel war ausgezeichnet im Fliegen, aber wenn es darum ging, Löcher in die Erde zu graben oder senkrecht Bäume hochzuklettern, war er schlecht. Am Ende war das Eichhörnchen Klassenbester. Zwar bekam es eine Sechs im Fliegen, jedoch eine Eins im Bäumeklettern und eine Vier im Löchergraben.

Wie passend ist doch das Zitat von Albert Einstein: »Jeder ist ein Genie, aber wenn du einen Maulwurf danach beurteilst, wie gut er fliegen kann, wird er sein Leben lang glauben, dass er dumm ist.«

Kinder wollen lernen, daran gibt es keinen Zweifel. Man muss jedoch ihre Talente entdecken und ihre Neugier entfachen. Der britische Autor und Berater für Gesellschaftsentwicklung Sir Ken Robinson hat diese Problematik auf den Punkt gebracht und erfolgreiche Bücher darüber geschrieben. Ich kann Ihnen diesen Mann und seine beiden Vorträge zum Thema Schule und Kreativität auf dem Videoportal TED nur ans Herz legen. Er ist ein großartiger Redner, der mit tiefer

Wahrheit und feinem Humor seine Zuhörer in den Bann zieht. Sie finden die Links zu seinen Kurzvorträgen im Kapitel »Zugabe!« am Ende dieses Buches.

Es gibt bereits Schulsysteme, die all das erkannt haben: dass es darum geht, die Natur eines Kindes zu erkennen und zu fördern; dass es wichtig ist, nicht allen das Gleiche auf die gleiche Art und Weise einzutrichtern. Eine solche Schule habe ich jedoch nicht besucht, und so kam es, dass ich sehr unglücklich war. Ich erinnere mich an eine Geschichtsstunde, in der wieder einmal endlose Zahlenreihen an der Tafel erschienen:

1806: Preußen kämpft gegen Frankreich.
1807: Frieden von Tilsit.
1812: Napoleons Russlandfeldzug.
1813: Völkerschlacht bei Leipzig.
1814: Verbannung Napoleons.
1814/15: Wiener Kongress.

Ich kritzelte alles in mein Schulheft, gleichzeitig versuchte ich, dem Lehrer zuzuhören. Es gelang mir nicht. Ich sah, wie sich seine Lippen bewegten, aber ich konnte seine Worte nicht verstehen. Sie klangen wie Chinesisch für mich. Heute, mit meinen Kenntnissen der Hypnose, ist mir klar, dass sich mein Unterbewusstsein gegen das Wiederkäuen historischer Jahreszahlen sträubte. Dabei wäre es ein Leichtes gewesen, meine Leidenschaft für Geschichte zu wecken, schließlich lebte ich an einem geschichtsträchtigen Ort. Der Frieden von Tilsit etwa? Einer meiner Vorfahren wehrte sich vehement gegen die Steuererhöhungen, mit denen Jerôme Bonaparte, der Bruder Napoleons, das Volk ausblutete, um seine Kriegskasse zu füllen. Das konnte Bonaparte tun, weil nach dem Frieden von Tilsit das Kurfürstentum Hessen dem neu geschaffenen Königreich Westphalen einverleibt worden war. Meinem Ahnen bekam seine Aufmüpfigkeit schlecht – solche Geschichten waren für mich gelebte Historie. Ich halte sie für wichtig, weil man nur weiß, wohin man gehen soll, wenn man weiß, woher man kommt.

Die Begeisterung, mit der ich heute solchen Geschichten lausche, fehlte mir in jener Zeit. Sicher haben alle Lehrer ihr Bestes gegeben und konnten auch nicht einfach aus dem Schulsystem ausbrechen. Vielleicht mag ich deshalb den Film *Der Club der toten Dichter* so gern – auch dort werden einem engagierten Lehrer seine Grenzen aufgezeigt.

Ganz anders erging es mir bei meiner Leidenschaft für die Magie: Kaum war ich von der Schule nach Hause gekommen, stürzte ich mich aufs Üben. Ich verschlang englische Zauberbücher, und die Vokabeln, die ich nicht kannte, lernte ich im Handumdrehen. Ich hatte schließlich ein Ziel: Ich wollte diese Bücher verstehen. Ich wollte in englischer Sprache auftreten. Heute weiß ich, wie sehr ein größeres Wissen über Physik und Chemie meine Zauberkunst bereichern würde.

Irgendwo habe ich gelesen, wer ein ausgezeichneter Musiker werden möchte, ein Pianist oder Geigenspieler, sollte im zarten Alter von vier bis fünf Jahren damit beginnen, sonst wird es nichts. In der Welt des Sports gilt Ähnliches: Die Nachwuchsakademie La Masia des FC Barcelona kann ein Team von Elfjährigen aufbieten, das es locker mit älteren Spielern aufnimmt. Und wie ist es in der Zauberei? Samuel Bisset hatte seinem »Schwein des Wissens« bereits als Ferkel die ersten Kunststücke beigebracht, doch ein Schwein – so intelligent es sein mag – soll nicht unser Maßstab sein. Tatsächlich gehört zum Zaubermetier eine gründliche Ausbildung, die man am besten so früh wie möglich beginnt. Die Gebrüder Davenport wurden von ihrem Vater trainiert. Sie wiederum brachten später dem jungen Harry Houdini entscheidende Tricks bei. Ähnlich verhielt es sich bei den Schwestern Magarete und Kate Fox, deren Geisterbeschwörungen Mitte des 19. Jahrhunderts den Spiritismus ins Leben riefen, eine Bewegung, der sich Jahrzehnte später Millionen Menschen anschlossen. Ein älterer Magier, der einem jungen Zauberer Ratschläge erteilt, kann also nützlich sein. Es muss sich ja nicht gleich um den Teufel handeln, wie es zu Beginn des 20. Jahrhunderts Alexander Herrmann – Der Große Herrmann – auf den Werbeplakaten seiner Zaubershow suggerierte.

Ich war 15 Jahre alt, als ich meinen Mentor Carlhorst Meier kennenlernte. In Dresden fanden die Deutschen Meisterschaften der Zauberkunst statt, an denen ich vorerst nur als Zuschauer teilnahm. Ich steckte ja noch in den Anfängen meines magischen Studiums. Beim Zusammentreffen von Zauberern ist es üblich, dass sich nach den Wettbewerbsdarbietungen überall kleine Gruppen bilden, in denen man sich gegenseitig Kunststücke vorführt, sich berät oder über die Entwicklung der Zauberkunst philosophiert. Wo sich die größte Menschentraube bildet, sitzt meistens ein internationaler Star, der mit seinem Repertoire die eigenen Kollegen täuscht. Ich liebe diese kleinen Shows, denn wenn ich dort mit offenem Mund stehe, erlebe ich selbst wieder das Gefühl, das mein Publikum bei meinen Shows hat.

Einmal gesellte ich mich zu einer Gruppe, die so groß war, dass ich mich auf einen Stuhl stellen musste, um sehen zu können, wer in der Mitte dieser Traube seine Magie vorführte. Und da saß er: ein älterer Herr mit gutmütigem Gesicht, krächzender Stimme und schlanken Armen und Händen. Er zog mich mit seinem Charisma in seinen Bann. Es war überwältigend. Zum ersten Mal sah ich einen Magier, der nicht vorgab, einer zu sein, sondern einer *war*. Seine Geschichten füllte er mit so viel Leben, dass ich vergaß, wo ich mich befand, und vollkommen in seine Erzählungen eintauchte. Seine Geschichten waren absolut real für mich, was nicht zuletzt an seinem besonderen Schauspieltalent lag.

Bis heute nehme ich mir Carlhorst Meier zum Vorbild, wenn es um das Geschichtenerzählen geht. Wobei mir bewusst ist, dass man diese Wahrhaftigkeit erst mit einem gewissen Alter und ausreichend Lebenserfahrung erreicht.

Carlhorst war damals schon weit in seinen Sechzigern, ein Zauberer der alten Schule. Er hatte sein Handwerk von der Pike auf gelernt: Im Weltkriegsjahr 1942 begann er mit der Zauberei, gerade einmal zwölf Jahre alt. Später trat er dem »Magischen Zirkel« bei und befasste sich mehr und mehr mit Kartenkunst und Mentalmagie. Er hatte selbst einen Mentor, den Kanadier Dai Vernon, der vorzugsweise in den Nachtclubs von New York auftrat und sich wie ein Jazzmusiker ein riesiges Repertoire erarbeitet hatte, das er, von Tisch zu Tisch gehend, spielend leicht zu variieren verstand. Dai Vernon wurde 98 Jahre alt und arbeitete bis zum Ende seines Lebens an der Perfektionierung seiner Kunst. Das bedeutete, alle Kunststücke völlig natürlich wirken zu lassen, indem er selbst die kleinste verdächtige Bewegung ausmerzte. Wer sich so einen Menschen zum Vorbild nimmt, hat selbst einen Drang nach Perfektion, und das war bei Carlhorst Meier der Fall.

Nach seiner Vorführung sprach ich ihn an, was sich im Nachhinein als wichtigster Impuls meines Lebens erwies. Ich unterhielt mich eine ganze Weile mit ihm, bis sich plötzlich herausstellte, dass er in Nürnberg lebte und meinen Vater von früher her kannte. Damals hatte er eine Kommode von meinem Vater renovieren lassen und war in der Werkstatt meines Vaters und bei uns zu Hause gewesen. Ich bekam eine Gänsehaut. War das Zufall oder ein Zeichen des Schicksals?

»Komm mich doch mal besuchen. Dann haben wir mehr Ruhe, und wenn du magst, schau ich mir mal deine Nummern an.«

Ich konnte es kaum glauben und fühlte mich plötzlich wie der Junge aus dem Animationsfilm *Der Zauberer und die Banditen*. Darin begibt sich der kleine Sasuke auf eine beschwerliche Reise, um einen als Einsiedler getarnten Zaubermeister zu finden und bei ihm in die Lehre zu gehen. Denn nur mit Zauberkräften kann er seine geraubte Schwester aus den Fängen einer bösen Hexe retten. Ich hatte zwar keine Schwester, und Hexen sah man auf unserem Schloss eher selten, dennoch erkannte ich die Chance, meine Zauberkräfte auf das nächste Level zu heben. Mit Begeisterung sagte ich zu.

Ich erinnere mich noch genau an meinen ersten Besuch bei Carlhorst und seiner Frau Moll in Nürnberg. Wir saßen auf dem Balkon, und er sagte zu mir: »Also gut. Dann lass mal eine Münze verschwinden.«

Ich tat wie geheißen. Carlhorst schüttelte schmunzelnd den Kopf. »Vergiss mal alles, was du weißt. Ich zeige dir, was in der Zauberei wirklich zählt.«

Und das tat er. Ich lauschte mit glühenden Ohren. Hätte mich in dieser Situation einer meiner Lehrer vom Gymnasium sehen können, hätte er vermutlich nicht geglaubt, wie aufmerksam dieser ansonsten so unaufmerksame Schüler sein konnte! Noch am gleichen Tag zeigte mir Carlhorst, wie er eine Billardkugel mühelos zwischen seinen Fingern gleiten ließ. Wie man Kartenfächer schlägt und zerrissene Papierservietten wieder ganz macht. Nie zuvor hatte ich eine derartige Magie gesehen! Dann schickte er mich mit dem Rat nach Hause, Bewegungsstudien zu betreiben.

»Damit dein Auftreten natürlich und unaffektiert wird«, sagte Carlhorst, »musst du erst einmal dein Körpergefühl trainieren.«

Da war es, das Wort »Körpergefühl«, das uns am Ende zur Intuition führt. Bisher hatte ich Kartentricks geübt und die *Moderne Salonmagie* studiert. Jetzt war mir, als ob sich eine Tür öffnete und ich einen neuen Raum betrat. Von nun an sah man mich scheinbar ziellos durchs Schloss wandeln. Wenn mich einer meiner Brüder damit aufzog, was ich denn die ganze Zeit treibe, lautete meine Antwort: »Ich übe.«

»Wie, du übst?«, kam als Replik. »Du läufst doch nur in der Gegend herum.«

Ich freute mich über die Entgegnung, denn sie zeigte mir, dass ich Fortschritte machte. Unbemerkt vor allen Augen hielt ich nämlich eine Spielkarte in der Hand, eine Münze oder eine Zitrone. Das Geheimnis, in welches mich Carlhorst Meier eingeweiht hatte, ein Vermächtnis seines eigenen Mentors, spielt mit einer besonderen Eigenart des menschlichen Körpers: Sobald wir etwas in der Hand halten, und sei es noch so leicht, bewirkt das Zusammenwirken von Muskeln und Sehnen, dass wir uns anders bewegen. Es sind nur minimale Körperänderungen, um die es da geht, und doch sind sie für jedermann erkennbar. Diesen Job übernimmt unser Unterbewusstsein, wenn es signalisiert: »Obacht! Der Kerl könnte etwas in der Hand halten.« Dieser Instinkt rührt aus Urzeiten her, als es lebensentscheidend sein konnte, eine versteckte Waffe schnell zu erkennen. Heute ist es die Spielkarte, die Münze oder die Zitrone in der Hand des Magiers, doch unser Instinkt hat die Lektion nie vergessen: Da geht einer anders, als es die Norm ist, Achtung, Alarm! Ich musste also lernen, diese minimalen Körperveränderungen auszugleichen. Die Zauberei so zu lernen, von der Pike auf, bedeutet unzählige Stunden des Übens und Trainierens. Vielleicht haben Sie schon einmal von der 10 000-Stunden-Regel gehört? Der Wissenschaftsjournalist Malcolm Gladwell hat sie in seinem Buch *Überflieger – Warum manche Menschen erfolgreich sind und andere nicht* anschaulich beschrieben. Darin bezieht er sich auf zahlreiche Studien, die alle nachweisen, dass die sogenannten Überflieger keineswegs als Wunderkinder zu Welt kommen, sondern ihren Erfolg dem Fleiß und der Disziplin verdanken. Heute weiß man, dass es rund 10 000 Trainingsstunden braucht, bis man als Pianist, Geiger, Schriftsteller, Handballspieler, Turner oder Schachspieler seine Kunst perfektioniert hat. Zehntausend Stunden klingt nach einer Menge Holz – und das ist es auch. Auf der anderen Seite sind sie zu schaffen, wenn man von einer Sache begeistert ist. An diesem Wort – Begeisterung – trennt sich die Spreu vom Weizen. Wer sein Metier täglich vier Stunden lang begeistert betreibt – für einen ehrgeizigen Pianisten, Schachspieler oder Magier ist das nicht viel – hat in 2500 Tagen das Soll erfüllt. Das bedeutet, seine Ausbildung ist nach sieben Jahre vorbei. Interessanterweise absolvieren die besten Sushi-Köche der Welt ebenfalls eine Lehrzeit von sieben Jahren, wobei in den ersten beiden Jahren die Kunst des Reiskochens erlernt wird. Das erfuhr ich, als ich später einmal als Zauberer in einem Berliner Sushi-Restaurant auftrat.

Heute lässt sich nicht mehr sagen, wie viele Stunden ich mit einer versteckten Zitrone in der Hand durchs Schloss gewandert bin. Fragen Sie allerdings meine Brüder, werden Sie zu hören bekommen: »Zehntausend Stunden? Das ist noch viel zu wenig! Thimon marschierte Tag und Nacht durchs Schloss!«

Trotzdem war mir zu jener Zeit nicht klar, dass die Kunst der Zauberei und Magie mein Beruf werden sollte. Mit fünfzehn denkt man weder an Beruf noch an Berufung, zumindest ich tat das nicht. Außerdem hatte ich mich soeben in eine neue Affäre gestürzt, die mir ebenso viel Freude bereitete: das Tanzen. Wie erwähnt, bin ich heute ein *aficionado al tango argentino*, ein Liebhaber argentinischen Tangos. Damals fing ich in einer Tanzschule in Göttingen ganz klassisch mit Foxtrott, Walzer, Rumba und ein wenig Samba an. Tanzen passte perfekt in meinen Trainingsplan, denn auch dabei zählt die elegante Bewegung mehr als alle Effekthascherei. Jungs in meinem Alter zog es nicht zuletzt deshalb in die Tanzschule, weil sie Mädchen kennenlernen wollten. Doch was passierte mir? Ich lernte jemand kennen, der dieselbe Leidenschaft für die Zauberei hatte! Michael Herbst kam auch wegen der Mädchen, aber bald entdeckten wir unser gemeinsames Interesse und wurden Freunde. Vor, nach und manchmal auch während des Tanzens tauschten wir uns über die neuesten Kunststücke aus. Michael pflegte Kontakte zum Magischen Zirkel, der Internationalen Vereinigung der Magier in Deutschland. Den Zirkel gibt es seit 1912, er unterhält zahlreiche Ortsgruppen, und die für uns am nächsten gelegene befand sich in Kassel. Mir gefiel die Vorstellung, dort mit anderen Zauberern über Magie, Illusionen und wandernde Eier zu sprechen, wobei ich mittlerweile wusste, was diese zum Wandern brachte. Das war vielleicht die beste Erkenntnis, die ich später im Magischen Zirkel gewann: Ich hatte schon größere Fortschritte gemacht, als ich geglaubt hatte. Es ist ja immer so eine Sache mit dem Fremdbild und dem Eigenbild. Häufig decken sie sich nicht. Das war auch bei mir der Fall. Meine Selbstwahrnehmung in Sachen Zauberkunst war bescheiden, bis im Magischen Viertel einer der anwesenden Zauberer sagte: »Du könntest glatt bei den Deutschen Jugendmeisterschaften mitmachen.«

Tatsächlich? Ich fragte Carlhorst Meier um Rat. Mein Mentor neigte bedächtig den Kopf, dann rief er seine Frau Moll: »Moll, bring doch mal das – na, du weißt schon.«

Schalk blitzte aus seinen Augen, als Moll einen in rotes Tuch gehüllten Gegenstand auf den Tisch stellte. Langsam schlug Carlhorst das Tuch zurück. Jede seiner Bewegungen war so fließend und elegant, wie ich es mir nur erträumen konnte.

»Sieh mal an, was wir hier haben«, sagte er und lachte leise. Zum Vorschein kam ein Tableau, eine kleine mobile Bühne für die Tischzauberei. Es war besonders aufwändig gearbeitet und hatte einen schönen Rahmen, der mit Intarsien ausgelegt war. Auf einmal lief es mir kalt den Rücken hinab – war da Magie im Spiel? Die Intarsien ergaben ein Bild, das mir bekannt vorkam!

»Das ist unser Wappen!«, entfuhr es mir. »Ein Halsbandsittich und drei Sparren.«

»Na sowas? Weißt du denn, was diese Symbole bedeuten?«

»Natürlich! Drei Sparren sind das Zeichen für eine Burg auf einem Berg an einem Fluss. Schloss Berlepsch auf dem Feldberg an der Werra. Das kann nur heißen …«

»… dass die Welt manchmal doch ziemlich klein ist. Ja, es stimmt. Dein Vater hat mir das Tableau gebaut. Zu einer Zeit, als es noch gar keinen Thimon von Berlepsch gab.«

Er lachte, und ich stimmte mit ein. War das nicht ein schöner Zufall – einer von denen, die die Frage aufwerfen, ob es

Zufälle überhaupt gibt? Da hatte mein Vater vor vielen Jahren ein Tableau für den vielleicht erfahrensten Magier Deutschlands gebaut, und ausgerechnet ihn wählte ich später als meinen Mentor!

»Wenn ich mal sterben sollte«, fuhr Carlhorst fort, »und ich befürchte, irgendwann trifft es auch uns Magier, schenke ich dir das Tableau.«

Mein Mund war auf einmal trocken. »We started it, you finish it«, flüsterte ich.

Jetzt senkte auch Carlhorst seine Stimme. »Davenport und Houdini. Du kennst die Geschichte? Wunderbar. So soll es auch bei uns sein. Wenn ich nicht mehr da bin, wirst du unsere Kunst in neue Höhen erheben.« Er räusperte sich. »Aber der Weg dahin ist noch weit. Du brauchst nicht nur technische Fähigkeiten, sondern auch Erfahrung und Geduld. Was uns zu dieser Deutschen Jugendmeisterschaft bringt. An dem Tag, an dem du das Kartenspiel beherrschst – und ich meine *jedes* Kartenspiel, auch eines, das dir ein Zuschauer in die Hand drückt –, bist du dafür bereit.«

Schreibe ich das heute nieder, spüre ich eine Welle von Dankbarkeit in mir aufsteigen. Nicht nur, weil mir Carlhorst tatsächlich kurz vor seinem Tod das Tableau vermachte. Er sorgte auch dafür, dass ich mit 17 Jahren erfolgreich an der Deutschen Jugendmeisterschaft der Kartenmagie teilnahm und gewann. Am wertvollsten aber blieb für mich sein Rat: »Mach weiter.« Das hieß: »Werde besser, bleib niemals stehen.« Genau das tat ich.

Von nun an verschrieb ich mich der Close-up-Zauberkunst. Davon spricht man, wenn der Zauberer nahe am Publikum spielt. Bei mir konnte das der Schulbus sein, eine Geburtstagsfeier oder in der Tanzschule an einem Tisch sitzend, umringt von den Mädchen. Da es so gut wie keinen Abstand zwischen mir und den Zuschauern gab, war dabei ein ausgeprägtes Körpergefühl gefragt. Schummeln, täuschen, mogeln – das geht beim Close-up nicht, wenn einem alle auf die Finger schauen. Oder sieht der Zuschauer doch nicht alles? Darin liegt der Reiz der Sache!

Die nächste Zeit ging ich völlig in meinem neuen Close-up-Abenteuer auf, bis mich meine Eltern mit einer Nachricht überraschten: Sie planten einen Umzug. Nicht auf einen der anderen Gutshöfe von Schloss Berlepsch, auch nicht nach Göttingen, um uns Brüdern den Schulweg zu erleichtern, oder nach Kassel, damit ich es einfacher hätte, den Magischen Zirkel aufzusuchen.

Nachdem ich die zehnte Klasse beendet hatte, kamen meine Eltern auf die Idee, eine Zeitlang auf den Philippinen zu leben. Ich wusste trotz der Zauberei nicht, was ich mit mir anfangen wollte. Es war eine Zeit der Unsicherheit und der Suche, und meine Eltern spürten, dass es sich um etwas Grundlegendes handelte. Meinen Brüdern ging es in der Schule kaum anders als mir. So reifte in meinen Eltern die Idee auszuwandern; einfach weg von allem, etwas Neues ausprobieren, auf neue Gedanken kommen und schauen, was passiert. Es war ein Experiment. Und natürlich war es ein Risiko, doch ohne Risiken gibt es keine Bewusstseinserweiterung und damit auch keinen Erfolg. Ich konnte also gespannt sein, was mich am anderen Ende der Welt erwarten würde.

Über Magie und Staunen

Kürzlich habe ich mir einmal den Spaß gemacht, habe Papier und Bleistift zur Hand genommen und mich zuhause an den Küchentisch gesetzt. Ich wollte mein bisheriges Leben einmal in den Blick nehmen und vor allem sehen, bei welchen Gelegenheiten ich ins Staunen gekommen bin. Ich begann bei meinen frühesten Erinnerungen, und, Sie können es sich denken, damals bewirkte einfach alles ein großes Staunen: die Blumen auf der Wiese, die Tiere im Zoo, das erste Mal, als ich im Flugzeug saß – da bin ich aus dem Staunen gar nicht mehr herausgekommen. Auch in meiner Jugend gab es die süßen Augenblicke des Staunens: meinen ersten Kuss, was für eine wunderbare Erinnerung! Manchmal war es auch das Staunen, die Klassenarbeit doch geschafft zu haben, obwohl ich gar nicht mehr daran geglaubt hatte. Und die Besuche bei meiner Großmutter in Brasilien! Oder wenn mein Vater eine uralte Truhe mit Geduld und Spucke in ein wahres Schmuckstück verwandelte. Und natürlich der Moment, als ich das magische Buch fand. Nicht zu vergessen das Staunen über das Staunen meiner Familie bei meinen ersten gelungenen Zauberkunststücken.

Wie ist es heute als Erwachsener? Ich staune auf meinen Reisen in ferne Länder über mythische Rituale und alte Weisheiten der Einheimischen. Ich staune, wie mich die Liebe zu einer Frau geführt hat, die heute der Mittelpunkt meines Lebens ist. Ich staune über die Freude, die ich meinem Publikum schenken darf.

Am Ende hatte ich dort am Küchentisch eine ewig lange Liste vor mir. Mir war klar geworden, dass Staunen ganz wesentlich für mein Leben ist. Meine Lebensfreude basiert darauf, dass ich noch immer staunen kann.

In seinem Buch *The Age of Wonder* beschreibt der britische Autor Richard Holmes die großen wissenschaftlichen Entdeckungen des 18. Jahrhunderts: In der Astronomie, der Chemie, der Physik, aber auch der Philosophie wurden in jener Epoche viele Fortschritte gemacht. Der aus Deutschland stammende Komponist und Musiker Wilhelm Herschel konstruierte in mühseliger Kleinarbeit Spiegelteleskope, welche die Geräte der führenden Astronomen wie Kinderspielzeug aussehen ließen. Bis dahin kannten die Menschen lediglich die Planeten Merkur, Venus, Mars, Jupiter und Saturn, doch Herschel entdeckte in systematischen Erkundungen des Nachthimmels den Uranus. Damit wuchs der Umfang unseres Sonnensystems auf das Doppelte an, und die Welt staunte.

Ich liebe das Wort »staunen«. Es stammt aus der alemannischen Schweiz, wo der Ausdruck *stūnen* »träumend vor sich hin starren« bedeutet. Genau das tat Herschel: Er starrte träumend ins All und erweiterte durch seine Entdeckungen den Horizont der Menschheit um eine ganz neue Dimension. Das Staunen folgt der Neugier auf dem Fuß und ändert unsere Wahrnehmung der Welt – was kann es Schöneres geben?

Häufig kommen wir dann ins Staunen, wenn wir Dinge zum ersten Mal sehen: zum Beispiel als die Zuschauer den afrikanischen Elefanten namens Jennie sahen, den Houdini im Jahr 1918 im New Yorker Hippodrom verschwinden und wieder auftauchen ließ – die Menschen rissen staunend die Augen auf. Oder ein Vierteljahrhundert zuvor, als die Brüder Auguste und Louis Jean Lumière im Grand Café am Boulevard des Capucines in Paris eine der ersten öffentlichen Filmvorführungen zeigten. Ihr Werk hieß *Die Ankunft eines Zuges auf dem Bahnhof in La Ciotat*, und es zeigte die Ankunft eines Zuges auf dem Bahnhof in La Ciotat. Langweilig, meinen Sie? Stellen Sie sich vor, Sie lebten im Jahr 1895: Sie haben noch nie einen Film gesehen. Jetzt befinden Sie sich mit über hundert Menschen in einem geschlossenen Raum. Auf einmal sehen Sie eine mächtige Dampflok. Sie kommt näher und näher und näher, sie fährt direkt auf Sie zu … Wie man berichtet, brach Panik aus, das Publikum rannte schreiend auf die Straße. Die Gebrüder Lumière hatten ihre Mission, »die Leute zum Staunen zu bringen«, mit Bravour gemeistert.

Auch heute leben wir in einer Zeit des Wunders, und irgendwann wird es einen neuen Richard Holmes geben, der über die Wilhelm Herschels unserer Epoche schreibt. Die heißen dann vielleicht Christiaan Barnard und Mark Zuckerberg – Menschen, die dafür gesorgt haben, dass Herzen verpflanzt werden und wir uns mit jedem Menschen auf dieser Erde in Sekundenbruchteilen austauschen können.

Ich staune da. Und Sie?

Weil wir als Erwachsene schon so viel erlebt haben und so vieles wissen, wird es natürlich immer schwieriger, aufrichtig zu staunen. Das war als Kind anders, denn jeden Tag haben wir Neues entdeckt, Dinge zum ersten Mal erlebt. Später wurden diese Dinge alltäglicher, und wir hörten auf, uns darüber zu wundern. Zu einer bestimmten Zeit war ein Mobiltelefon etwas Außergewöhnliches, heute gehört es zur Grundausstattung.

Das ist auch einer der Gründe, warum ich Magier geworden bin. Durch die Kunst der Zauberei erleben wir als Erwachsene wieder das Gefühl, wie es ist, nichts zu wissen. In diesen wertvollen Augenblicken hält die Zeit an, und Vergangenheit und Zukunft lösen sich auf. Unser Verstand ist überwältigt und steht für einen kurzen Augenblick still. Das ist der einzigartige Moment des Staunens. Das ist unser Urzustand. In ihm erwachen unsere Fantasie und Kreativität. Wir stellen Fragen und fangen an zu forschen. Wie kann das sein? Wie ist das möglich? Erst dieser Prozess hat uns dorthin gebracht, wo wir heute sind.

Wir staunen und wachsen also, wenn wir fantasieren. Wenn wir ein Buch lesen, ins Theater gehen oder einen Film schauen. Wenn wir künstlerisch tätig sind oder eine neue Fähigkeit erlernen. Oder einfach, wenn wir etwas zum allerersten Mal erleben. Die Philosophin Kay Hoffman meint, Staunen sei ein Erwachen aus dem hypnotischen Effekt, den die Gewohnheit auf uns ausübt. Lassen Sie daher Ihrer Fantasie freien Lauf. Hören Sie nie auf zu spielen, Neues auszuprobieren – und dabei zu staunen.

Immer wieder kommen Gäste aus dem Publikum nach der Show zu mir, weil sie sich dafür bedanken wollen, dass ich sie zum Staunen gebracht habe. Ich merke dann, in was für einer zufriedenen und harmonischen Stimmung sie sich befinden. Das ist für mich das größte Glück, denn ich sehe, was für eine Kraft das Staunen hat und dass ich für mich das Richtige im Leben gefunden habe.

In Laos lernte ich in einem Bus einen Rucksackreisenden kennen. Wir hatten eine wunderbare Fahrt zusammen und unterhielten uns über inspirierende Themen. Als er an seinem Ziel aussteigen musste, sagte er: »Gibt es etwas, das du schon einmal gemacht hast oder machen möchtest, von dem du glaubst, dass ich es auch unbedingt tun sollte? Es kann etwas ganz Schlichtes sein oder etwas richtig Herausforderndes. Solange du mir den Rest meines Lebens Zeit dafür gibst, verspreche ich dir, diese Aufgabe zu erfüllen.«

Was für eine großartige Idee! Sich von einem fremden Menschen zu neuen Taten inspirieren lassen. Ich gab ihm folgende Aufgabe: »Lies das schönste Buch, das ich je über das Leben gelesen habe. Meine persönliche Bibel. Das Buch *Gespräche mit Gott* von Neale Donald Walsch.«

Er bedankte sich dafür und fragte, ob er mir auch etwas mitgeben solle.

»Schreibe ein Buch«, sagte er zu mir.

»Ein Buch schreiben? Was soll das heißen?«

Er grinste und stieg aus dem Bus. Ich sah ihm nach, bis er in der Menschenmenge verschwand.

Was für ein wundervolles Spiel. Zwei Menschen, die sich zufällig begegnen und beim Scheiden dem anderen etwas mitgeben. Seit diesem Erlebnis habe ich die Sache immer wieder aufgegriffen und dabei schöne Aufgaben erhalten, deren Erfüllung mir mal leichter, mal schwerer fiel. Beispielsweise sollte ich mit Delphinen schwimmen oder einer hilfsbedürftigen Person 50 Euro schenken. Ein kleines Mädchen trug mir auf, einer schönen Frau zu sagen, dass ich sie liebe. Das fiel mir nicht schwer. Ein anderer wollte, dass ich zehn Tage lang schweigend an einer Vipassana-Meditation teilnehme, während ein Dritter wünschte, dass ich irgendwann in diesem Leben heilerisch tätig werde. Diese Aufgaben habe ich noch nicht erfüllt, aber das kommt noch. Sie alle stehen auf meiner persönlichen Wunderliste, die ich mir immer wieder vornehme und die stetig wächst. Auch Sie können eine solche Wunderliste führen. So werden Sie auf Ideen gebracht, wie Sie das Leben voll auskosten können. Und Sie werden staunen über die vielen magischen Momente, die daraus entstehen.

Vielleicht haben Sie sich schon einmal gefragt: Warum sagt man eigentlich, dass wir »Bauklötze staunen«? Selbst dahinter steckt eine Geschichte, die mich staunen ließ. Aus der alemannischen Schweiz machte sich der Ausdruck »stünen« auf nach Norden. Im süddeutschen Raum wurde aus »träumend vor sich hin starren« »glotzen«, denn Augen sind dort »Glotzböbbel«. Noch weiter nördlich wurde aus diesem »glotzen« dann »klotzen«. Von da an war es nicht mehr weit, bis die Menschen Klötze staunten. Als der Ursprung des Wortes im Nebel der Erinnerung verschwand, stellte ein findiger Mensch – wahrscheinlich ein Zauberer – fest, dass man nicht nur Klötze, sondern auch Bauklötze staunen kann.

Genau das sollten wir tun, und zwar so viele wie möglich. Bis wir uns mit den vom Staunen gesammelten Bauklötzen wahre Himmelsschlösser errichten können.

Auf den Philippinen

Ende des 18. Jahrhunderts bewältigten Zauberkünstler ihre Tourneen in Pferdewagen, Ochsenkarren, auf Segelschiffen und zu Fuß. Der Schotte John Henry Anderson, der »Hexenmeister des Nordens«, gehörte zu den ersten Magiern, die rund um die Welt reisten. Mit dem Siegeszug von Dampfschifffahrt und Eisenbahn – wahrlich magischen Erfindungen – begann die Epoche der Welttourneen. Charles Joseph Carter, genannt »Carter The Great«, umrundete siebenmal den Globus und widerstand Wirbelstürmen, Epidemien, Zugunglücken und Überschwemmungen. Er hatte dennoch Glück: Sein Zaubererkollege Will Nicola lief mit dem Dampfer Sirdhana vor Singapur auf eine Seemine und konnte sich mit anderen Passagieren nur in letzter Sekunde in die Rettungsboote flüchten. Seine magischen Koffer ruhen noch heute auf dem Grund des Indischen Ozeans.

Die Philippinen sind schön, mystisch, bunt, exotisch. Bereits bei unserer Ankunft am Flughafen in Manila zeigte das Thermometer 35 Grad an, und ich kann mich an keinen Tag erinnern, an dem es unter die 25°-Grad-Marke fiel. Zum Glück war ich als Junge bereits in heißen Ländern gewesen, denn das Leben auf einem zugigen Schloss bereitet einen nicht auf diese Hitze vor.

Bald hatte ich gelernt, dass die Philippinen eher ein Kontinent als ein Staat sind: Auf über 7000 Inseln leben noch zahlreiche traditionelle Stämme wie die Cebuanos und Sugboanons aus dem Tiefland oder die Bergvölker Apayao, Tingguian, Kalinga und Bontok. Die Sprachvielfalt ist enorm, 171 Sprachen wurden zuletzt gezählt, wobei heute Filipino als Landessprache gilt.

Von Manila ging es weiter nach Cebu City. Diese Stadt hatten meine Eltern als neue Heimat auserkoren. Wir zogen in ein Barangay mit dem hübschen Namen »Bonbon« – Barangay stammt vom spanischen Wort »barrio« ab und bedeutet Stadtviertel – und quartierten uns dort in einem Hotel ein. Zwei Erwachsene, drei Jungs, es war ziemlich eng. Draußen herrschte eine Bullenhitze, im Hotel war es eiskalt, weil die Klimaanlage auf Hochtouren lief. Nach ein paar Tagen waren wir alle erkältet.

Wenn ich heute auf jene Zeit zurückblicke, erscheint sie mir wie ein Traum. Ich war 16 Jahre alt, hatte in Deutschland gerade die zehnte Klasse abgeschlossen und angesichts meiner Schulerfahrungen nicht die geringste Lust, die Oberstufe anzugehen und mein Abitur zu machen. Andererseits hatte ich auch keine Vorstellung, was ich mit meinem Leben anfangen wollte. Kurz vor unserem Abflug kam jemand von der Berufsberatung in die Schule, doch jeder Job, der vorgestellt wurde, klang für mich nach »Kann man machen – muss man aber nicht«. Der Beruf »Magier« war in der Beratung nicht aufgetaucht, und ich war noch lange nicht so weit, diese Möglichkeit in Betracht zu ziehen. Eine Auszeit auf den Philippinen war das Beste, was mir passieren konnte.

In den ersten Wochen verbrachte ich viel Zeit mit Nichtstun. Meine jüngeren Brüder waren aus der Schule genommen worden, sie wurden jetzt mittels der entsprechenden Fernunterrichts-Unterlagen von meiner Mutter unterrichtet. Wahrscheinlich beneideten sie mich, weil ich nicht teilnehmen musste. Heute kann ich es nicht mit entschiedener Sicherheit sagen, aber wer weiß, vielleicht hätte ich meine ganze Zeit mit *la dolce vita* verbracht, wäre nicht etwas Entscheidendes geschehen.

Ich folgte einem Zeichen.

Dabei war es zunächst so unscheinbar wie viele Zeichen in unserem Leben. Man kann sie glatt übersehen, und ich befürchte, das geschieht auch allzu oft. Folgendes geschah: Meine Eltern trafen Bekannte und sprachen mit ihnen über die Bekannten anderer Bekannten. Also nichts Ungewöhnliches. Irgendwann hieß es: »Ihr Sohn ist Zauberer? Haben Sie schon vom berühmten Great Garciani gehört? Der ist ein bekannter Illusionist und lebt hier in Cebu City.« Die Worte ließen meinen Vater aufhorchen; er folgte selbst einem Zeichen. Zu Hause erzählte er mir von diesem Gespräch, und nun folgte ich dem meinen: Ich griff zum Telefonbuch und suchte nach der Nummer von Nemesio Garcia. Der Rest war reine Magie.

Bisher hatte ich meine Zeit im Hotel verbracht, auf den Straßen von Cebu City und auf dem Carbon Market, dem größten Markt der Stadt. Schon damals liebte ich Märkte, was sich in meinem weiteren Leben noch verstärken sollte. Ich konnte und kann noch heute stundenlang über einen exotischen Markt bummeln, um mich an all den Dingen zu erfreuen, die ich noch nie gesehen habe: seltsam geformtes Obst oder Gemüse, scharf duftende Gewürze und all diese bizarren

Objekte, die für irgendwelche Handlungen notwendig sind, ohne dass sich mir der Zweck erschließt. Damit füllte ich meine Zeit aus, doch nach dem Anruf bei Nemesio Garcia wurde alles anders. Er lud mich zu sich ein.

Zauberer und Magier erkennen sich, als seien sie durch einen geheimnisvollen Code miteinander verbunden – und wer kann schon sagen, dass es nicht so ist? Nemesio Garcia war für einen Chinesen ungewöhnlich groß. Sein Name wies darauf hin, dass es in seiner Familie spanische Vorfahren gegeben haben musste, und wer weiß, vielleicht war er ein legitimer Erbe von Christopher Kolumbus? Jedenfalls legte er wie jener genuesisch-spanische Seefahrer große Abenteuerlust an den Tag. Dass auch seine Geschäfte gut gingen, zeigte sich an der schönen Villa, in der er mich empfing. Sie war von einem prächtigen Garten voller Orchideen und Bougainvilleen umgeben. Nemesio führte mich herum, und in seinem Wohnzimmer entdeckte ich ein überdimensionales Foto, auf dem er zusammen mit meinem damaligen Idol, dem Zauberer Michael Ammar, abgebildet war. Ich betrachtete Nemesio mit Ehrfurcht. Irgendwie spürte ich, dass er und ich uns hatten finden müssen. Das konnte – einmal mehr – kein Zufall sein.

Sie kennen das vielleicht auch: Irgendwo da draußen gibt es einen Menschen, dessen Werk oder die Art und Weise seines Lebens oder eine Kombination aus beidem sie zu Leistungssprüngen motiviert. Das kann ein Sportler sein, ein Fußballspieler vielleicht, oder ein Sänger, eine Sängerin, Stars aus dem Fernsehen oder aus dem Kino. Für mich war es Michael Ammar. Damals war dieser Amerikaner bereits ein Star in der Szene, Weltmeister der Close-up-Zauberei, meiner Leidenschaft. Als Meisterschüler und offizieller Nachfolger von Dai Vernon schloss sich der Kreis zu meinem Mentor Carlhorst Meier.

»Michael Ammar«, flüsterte ich, und der Chinese nickte in schweigender Zustimmung. Dann zupfte er mich sanft am Ärmel. »Come with me. I will show you something.«

Ich folgte ihm in den hinteren Teil der Villa. Dort befand sich eine Flügeltür, die Nemesio mit großer Geste aufstieß, schließlich war er ein Illusionist – The Great Garciani auf der Bühne – und ein geborener Showman. »Dein Auftreten soll natürlich und unaffektiert sein«, hatte ich noch Carlhorst Meiers Stimme im Ohr. Hinter der Flügeltür verbarg sich eine weitere Schatzkammer, ein magisches Wunderland, wie damals auf unserem Dachboden. Ein Eldorado für alle, die sich der Zauberei verschrieben haben.

Wenn ich heute auf Tour bin, begleitet mich die Truhe, in der ich einst das für mich so wichtige Buch über die Salonmagie gefunden habe. Mein Vater hat sie etwas auf Vordermann gebracht, denn so eine Tour kann ganz schön anstrengend werden, auch für eine Zaubertruhe. In ihr befindet sich alles, was ich zur Ausübung meiner Kunst benötige. Das ist recht viel, aber noch wenig im Vergleich zu dem, was viele Zauberkollegen mit sich führen. Wenn David Seth Kotkin alias David Copperfield unterwegs ist, folgt ihm eine Lastwagenkolonne allein für die Ausrüstung. Wer die Freiheitsstatue verschwinden lässt, braucht eben mehr als nur ein Kartenspiel in der Tasche. Was immer es an zauberhaftem Spielzeug gab und an Tricks, um Illusionen zu erschaffen – Nemesio hatte es in seiner Villa gebunkert. So etwas hatte ich noch nie gesehen. Von Copperfield sagt man, er besäße bei Las Vegas ein geheimes Zaubermuseum, genannt »The Secret Warehouse«. Dort soll sich neben Tausenden Requisiten auch der legendäre Zauberkoffer von Harry Houdini befinden sowie das Gewehr, mit dem sich Chung Ling Soo – Sie erinnern sich, das Geschenk der Götter zur Verzückung und Verzauberung sterblicher Erdenwesen – auf der Bühne versehentlich erschoss. Mir war, als besäße Nemesio die philippinische Fassung des »Secret Warehouse«. Andächtig wandelte ich durch die Räume. Ganz klar, hier gab es nichts, was es nicht gibt.

»Now I will show you a trick!«, sagte Nemesio. Natürlich erwartete ich Großes, bei so einer Ausrüstung. Doch rasch zeigte sich, dass The Great Garciani im Sammeln von Zauberrequisiten zwar der Meister aller Klassen war, beim Ausüben seiner Kunst hingegen eine bescheidene Rolle einnahm. Das war jedoch unerheblich, denn Nemesio war von der Sache begeistert. Und Begeisterung hat stets eine ansteckende Wirkung.

»It's a mess, you see«, meinte er. Ich lachte, denn er hatte Recht. Hier sah es wirklich aus, als hätte gerade eine Bombe eingeschlagen. Das traf sich gut, denn eine meiner Leidenschaften ist das Aufräumen und Ordnungschaffen. Blitzschnell kam mir die Idee, mich als königlichen Schatzmeister anzubieten. Es würde mir die Gelegenheit verschaffen, diesen Raum zu erkunden und die ganzen magischen Kostbarkeiten persönlich zu inspizieren. Ich ließ mir meine Aufregung allerdings nicht anmerken und fragte in beiläufigem Ton: »Was hältst du davon, wenn ich hier etwas aufräume? Ich könnte eine Inventur durchführen.«

»Das würdest du tun?« The Great Garciani war hocherfreut! Von jenem Tag an fuhr ich mit der Disziplin eines Buchhalters frühmorgens hinaus zu Nemesios Villa. Dort öffnete ich die Flügeltüren und machte mich an die Arbeit. Häufig war der Hausherr gar nicht da, längst hatte er mir sein Vertrauen geschenkt. Ich begann damit, alle Regale auszuräumen. Dort lagerten Zaubertücher, Zauberseile, Zauberblumen, selbst Zaubervasen, aus denen auf Knopfdruck Holzenten sprangen, neben unzähligen ernstzunehmenden Requisiten: von Sägen für die Jungfrauennummer bis zu aufwändiger Pyrotechnik. Ich kam mir vor wie Alice im Wunderland, während ich liebevoll Zylinder abstaubte, aus denen irgendwann der eine oder andere Hase gezaubert worden war. Dann stieß ich auf einen verschlossenen Schrank, und als ich ihn endlich aufbekommen hatte, war er voller Bücher und uralter Videofilme der alten Meister, darunter Cardini, Fred Kaps und Channing Pollock. Das Ganze spielte sich in der ersten Hälfte der neunziger Jahre ab, da waren Videos noch *state of the art*. Was allerdings fehlte, war ein Rekorder, doch den konnte ich auf dem Carbon Market auftreiben. Ab jetzt verbrachte ich meine Nächte vor dem Fernseher. Ich sah Michael Ammar und alle anderen Großen der Szene in einem Endlos-Loop: Hatte ich die Kassetten durch – und es waren viele –, fing ich einfach wieder von vorne an.

Eines Tages kam Nemesio gegen Mittag nach Hause. Ich hatte mir gerade eine schmale Kiste in der Form eines Sarkophags vorgenommen und polierte die innenliegenden Metallblätter auf Hochglanz. Damit lässt sich eine Dame – natürlich muss es eine Jungfrau sein – wunderbar in mehrere Teile zerlegen. Es ist eine Illusion, die Carl Owen vor gut hundert Jahren erfunden hatte.

»Was machst du am Sonntag?«, fragte Nemesio.

Meine Antwort war klar: Da nehme ich mir das Menschliche Nadelkissen vor, eine komplizierte Apparatur mit Ketten, Zahnrädern und polierten Stahlnägeln, mit der man gruselige Illusionen hervorrufen kann. Der Mechanismus wurde von einem Skelett ausgelöst, dem mal wieder die Zähne geputzt gehörten. Ich hatte also zu tun.

»Das geht nicht«, sagte Nemesio. »Ich gebe eine Gartenparty. Es kommen ein paar Hundert Leute. Warum führst du denen nicht etwas vor?«

Ich war überrascht. Ich hatte Nemesio zwar schon etwas gezeigt, mich dabei aber eher zurückgehalten. Er konnte nicht wissen, ob ich gut genug war, um vor so vielen Menschen aufzutreten. Offenbar führte er etwas im Schilde.

»Wenn das klappt«, fuhr er fort, »können wir ab und zu mal zusammen auftreten.« Er machte eine passende Kunstpause. »Einmal im Jahr präsentiert sich The Great Garciani nämlich im Cebu Provincial Detention and Rehabilitation Center.«

Ich runzelte überrascht die Stirn, und Nemesio genoss den Moment: »Da gehen wir hin, Thimon! 1500 Häftlinge und du und ich. Wie findest du das?«

Es war ein Zeichen, und ich fand es gut. Doch vor die Kür hatte der schlaue Chinese die Pflicht gesetzt: Zunächst sollte ich am Sonntag seine Gäste in Staunen versetzen. Von da an tat ich nachts kein Auge mehr zu. Ich hatte noch nie vor vielen Menschen gezaubert, ich hatte meine Auftritte noch nie in einer anderen Sprache als Deutsch absolviert, und ich hatte auch noch nie ein ganzes Programm bestritten. Hier ging es nicht um »ich zeig euch mal einen Trick«, sondern darum, eine Dramaturgie zu entwickeln und die Nummern miteinander zu verbinden. Zum ersten Mal in meinem Leben beschäftigte ich mich ernsthaft mit dem Einstudieren einer Bühnenshow – und das Ganze sollte bereits in wenigen Tagen stattfinden! Zum Glück geht die Jugend forsch ans Werk. Heute würde ich mir viel mehr den Kopf zerbrechen, wann ich wo die richtige Pointe setze. Damals musste meine Familie als Probepublikum herhalten. Und dann war auch schon der Sonntag da, und die Party konnte beginnen. Eine Party, bei der ein Nachwuchszauberer aus Deutschland alles gab, um auf Englisch, gewürzt mit einigen Brocken Filipino, sein Publikum zu verzaubern. Was soll ich sagen? Alles klappte bestens, und so stand meinem nächsten Auftritt nichts mehr im Wege.

Zusammen mit The Great Garciani machte ich mich auf ins Gefängnis von Cebu City. Etwas mulmig war mir schon zumute. Vor meinem inneren Auge liefen alle Kinofilme ab, die zeigen, wie es an solchen Orten zugeht. Was, wenn die Insassen lieber Gewichte stemmen als einem jungen Zauberkünstler zuzuschauen? Was werden sie tun, wenn meine Kunststücke schiefgehen? Stecken sie mich dann in eine ihrer Zellen? Ich beschloss, auf meine Fähigkeiten zu vertrauen und keine weiteren dunklen Gedanken zu hegen. Denn so entsteht Angst, wenn man seiner Fantasie die Möglichkeit gibt, sich alle nur erdenklichen Horrorszenarien auszumalen. Und wenn wir Angst haben, sind wir in der Zukunft statt im Hier und Jetzt. Versuchen Sie einmal, in genau diesem Augenblick Angst zu empfinden, ohne jegliche Gedanken an die Zukunft. Das kann nicht gelingen.

Wenn Sie das nächste Mal vor etwas Angst haben, vielleicht einer Prüfung, einem Flug oder einem klärenden Gespräch, verlassen Sie den Gedankenstrudel negativer Resultate. Bleiben Sie in der Gegenwart und damit präsent. Vertrauen Sie darauf, dass Sie alles in sich tragen, was Sie brauchen, um die kommende Situation zu meistern. Und darauf, dass zu gegebener Zeit stets das Richtige in Ihr Leben tritt.

So vertraute auch ich im Gefängnis auf meine Fähigkeiten, die Insassen mit Magie zu begeistern. Trotzdem steckte ich mir noch einen Dietrich ein. Ein Magier muss schließlich auf alles gefasst sein.

Über Magie und Rituale

Als meine Großmutter Marie-Louise ein junges Mädchen war, gab es viele Rituale in ihrem Leben. Einige hatten mit dem Kirchenjahr zu tun, andere mit dem Lauf der Jahreszeiten. Am liebsten mochte sie das Erntedankfest. Das fand – dem warmen Klima der Region rund um Stein am Anger angepasst – meist in der letzten Septemberwoche statt. Bei uns in Deutschland ist Erntedank am ersten Sonntag im Oktober, seit das die Bischofskonferenz im Jahr 1972 so festgelegt hat.

Das Wort »festgelegt« ist wichtig, wenn es um Rituale geht. Im Ritual stecken immer feste Regeln. Wie das Erntedankfest, in der katholischen Kirche seit dem 3. Jahrhundert bekannt, sind Rituale uralte Mittel, um die Welt zu vereinfachen und zu erklären. Damit Früchte auf einem Feld wachsen, bedarf es komplexer Vorgänge: Der Boden muss bereitet werden, die Saat soll aufgehen, sie muss geschützt sein gegen Wind, Hagel, Tiere und Krankheiten. Das Wetter spielt eine wesentliche Rolle, das kann der Mensch nicht beeinflussen. Er kann nur darum beten, dass alles gut wird. Die Ernte findet in einem kurzen Zeitraum statt. Klappt nicht alles, dann war die Arbeit eines ganzen Jahres umsonst. Ein Bauernsprichwort lautet:

»Wenn der Himmel nicht gibt, gibt die Erde auch nicht.« Der Mensch kann vieles beitragen, um Nahrung aus der Erde zu gewinnen, doch am Ende sind ihm die Hände gebunden, wenn der Himmel nicht gibt. Um all das zu begreifen und positiv zu beeinflussen, braucht es Rituale.

Nun leben wir in einer Welt, die sich schneller dreht denn je. Das tut sie natürlich nicht wirklich, aber es kommt uns so vor. Rituale bringen uns dazu, innezuhalten und den Moment wertzuschätzen. Sie richten den Blick nach innen statt nach außen. Gerade in Krisensituationen sind ritualisierte Handlungen wichtig. Angst und Stress sorgen für Unruhe in den neuronalen Netzwerken des Gehirns. Das ungeordnete Feuern der Nervenzellen ruft somatische Reaktionen hervor: Unsere Knie werden weich, der Atem stockt, die Hände zittern. Wiederkehrende Abläufe helfen in solchen Situationen. Rituale synchronisieren die Nervenzellen, Information fließt wieder in geordneten Bahnen.

Jede Form von Magie wird durch Rituale ausgelöst. Zwar glauben manche Menschen, dass wir in den westlichen Ländern kaum noch Rituale haben – doch stimmt das? Um das herauszufinden, habe ich eine Liste von Ritualen erstellt, die in unserem Alltag vertreten sind. Da kam einiges zusammen. Falls Sie einer Religionsgemeinschaft angehören und Ihren Glauben aktiv praktizieren, sind Rituale Teil Ihres Lebens. Es gibt die Taufe, die Kommunion, die Konfirmation, Weihnachten, Ostern, das Laubhüttenfest. Ich könnte auch hinduistische Rituale oder buddhistische hinzufügen, Rituale aus dem Islam oder aus Naturreligionen.

Daneben gibt es die Alltagsrituale, die wir manchmal mit dem Wort »Aberglauben« kennzeichnen: Es gibt Menschen, die immer mit dem rechten Fuß aufstehen, während manche Fußballspieler den Rasen immer mit dem linken Fuß betreten. Ihr Trainer trägt seit Wochen denselben Pulli, denn das ist sein »Gewinner-Pullover«. Manche Musiker packen vor einem Konzert ihre Instrumente nach einem strengen Ritual aus. Beim Urlaub wiederum, bevor wir ein fremdes Land betreten, gibt es an der Grenze einige Rituale zu absolvieren: Wir müssen Formulare ausfüllen, Pässe zeigen, manchmal lästige Fragen beantworten und Geld eintauschen. Ritualforscher – die gibt es tatsächlich – nennen diese Handlungen »Vorbereitung auf die Schwelle«. Was damit gemeint ist, ist ganz einfach – und sehr magisch: Die Einreise in ein neues Land stellt eine Schwelle dar, die wir überschreiten, und so etwas ist seit alters her ohne Ritual nicht möglich. Wenn Sie Ihren Nachbarn besuchen, und er öffnet Ihnen die Tür, stürmen Sie in der Regel auch nicht einfach in seine Wohnung hinein. Bevor Sie seine Schwelle übertreten, absolvieren Sie ein paar kleinere Rituale: Sie treten die Schuhe ab, Sie reichen ihm die Hand, vielleicht haben Sie ein Geschenk dabei, je nachdem, in welcher Kultur Sie zu Hause sind. Wenn wir in die Vergangenheit reisen, in die Zeiten der Mythen und Märchen, können wir feststellen, dass solche Schwellen immer zwei Welten voneinander trennten: die der Unterwelt mit all ihren Dämonen von der Welt der Menschen. Und die Welt der Menschen von der der Götter. Brach ein Sterblicher auf, um in die Unterwelt zu gelangen, musste er an der Schwelle strenge Prüfungen ablegen. Orpheus wählte diesen Weg, um den Gott Hades davon zu überzeugen, ihm seine verstorbene Geliebte Eurydike wiederzugeben. Das gelang ihm unter der Bedingung, dass er sich beim Aufstieg in die Oberwelt – also beim Übertreten der Schwelle, welche die Unterwelt von der der Menschen trennt – nicht umsehen werde. Da Orpheus jedoch Eurydikes Schritte hinter sich nicht vernahm, tat er es trotzdem, und prompt verschwand die Geliebte wieder in den Schatten.

Rituale, das lernen wir aus Mythen und Märchen, können nur dann ihre magischen Kräfte entfalten, wenn wir uns an die Regeln halten – selbst wenn wir sie nicht verstehen. Als ich mich mit den indigenen Völkern Nordamerikas befasste, weil mich ihre Medizinmänner und Schamanen faszinierten, stieß ich auf folgende Geschichte: Bis die spanischen Eroberer Pferde ins Land brachten, lebten auf dem Gebiet der heutigen USA Ackerbauern und Halbnomaden. Erst die Geschwindigkeit der Pferde sorgte dafür, dass einige von ihnen mit den riesigen Büffelherden mitziehen konnten. So entstanden Pferdenationen wie die Lakotas, dessen Häuptling Tasunke Witko unter dem englischen Namen Crazy Horse bekannt wurde. Sie galten als kriegerisch, wobei viele ihrer kämpferischen Handlungen Mutproben waren oder aber aus Notwehr gegen die weiße Invasion geschahen. Kam es zu kämpferischen Auseinandersetzungen, gab es eine strenge rituelle Regel: Hatten die Männer das Kriegsbeil ausgegraben und waren in den Krieg gezogen, durften sie nicht ohne weiteres nach Hause zurückkehren. An ihren Händen klebte Blut, ihr Geist war vom Kampf verwirrt. Heimkehrende Krieger mussten außerhalb des Dorfes Friedensrituale durchführen, zu denen auch die Schwitzhütte gehörte, in der sie Aggressionen im wahrsten Sinne des Wortes ausschwitzten. Erst danach war ein Leben im Kreise der Familien wieder möglich.

Heute spricht man bei Kriegsheimkehrern vom posttraumatischen Belastungssyndrom. Zur Zeit des Ersten Weltkriegs wurden deutsche Soldaten als »Kriegszitterer« bezeichnet, weil sie unkontrolliert am ganzen Körper zitterten. Nach dem

Vietnamkrieg kam die Formulierung »Post-Vietnam Syndrome« auf, und seit dem Afghanistan-Konflikt ist die Erkrankung in aller Munde. Betroffene Menschen reagieren oft ungewöhnlich schwach auf physischen Schmerz und rasten bei der kleinsten psychischen Belastung aus. Sie werden so zur Gefahr für die Bevölkerung in der Heimat. Wir können davon ausgehen, dass kaum einer von ihnen nach dem Kriegsdienst ein Friedensritual durchlaufen hat. Das Volk der Lakota kannte den Sinn und Zweck dieses Rituals – wir haben es vergessen.

Dafür schafft sich unsere moderne Gesellschaft neue Rituale: Wenn 80 000 Menschen in ein Fußballstadion pilgern, um ihre Mannschaft mit Gesängen und Rufen anzufeuern, ist das ein Ritual. Wenn junge Leute nach Mallorca reisen, um am Ballermann um einen mit Sangria gefüllten Plastikeimer zu hocken und diesen mit Röhrchen auszusaugen, ist das ein Ritual, auch wenn es nicht gerade ein gesundes ist.

In den siebziger Jahren des letzten Jahrhunderts machte weltweit ein schönes Ritual von sich reden: Es waren die *tree hugger*, also die Baum-Umarmer. Mein Urgroßvater Karl Graf von Berlepsch hätte an ihnen sicherlich seine Freude gehabt. Wie viele Rituale reicht auch das Baum-Umarmen weit in die Historie zurück, in diesem Fall sogar bis zum indischen *Satyagraha*, der Praxis des nicht gewaltsamen Widerstandes durch Seelenstärke. Mahatma Ghandi entwickelte die Rituale des Satyagraha weiter, Martin Luther King nutzte sie ebenso wie Nelson Mandela oder die Umweltorganisation Chipko im nordindischen Bundesstaat Uttarakhand, wo Bäume umarmen zum allgegenwärtigen Symbol gegen die Umweltzerstörung wurde. Von dort aus verbreitete sich das Ritual über die ganze Welt.

Rituale kommen und gehen, wie die Menschheit sie braucht. Wir können uns selbst welche schaffen, denn Rituale sind dazu da, unser Bewusstsein zu erweitern. Für mich bedeutet das unter anderem, dass ich mich vor jeder Vorstellung auf einen Stuhl auf die Bühne setze und den Theaterraum einige Minuten lang auf mich wirken lasse. Ich freunde mich mit dieser Welt an, in der ich die nächsten zwei Stunden verbringe, und lasse die Energie in mich eindringen. So mache ich mir das Überschreiten der berühmten Schwelle von der »normalen Welt« in die »Show-Welt« einfacher.

Auch in fremden Ländern habe ich ein Ritual: Nachdem ich angekommen bin und meinen Rucksack im Hostel abgegeben habe, schlendere ich als Erstes über den nächstgelegenen Markt. Ich kaufe mir eine größere Menge exotischer Früchte, die ich anschließend auf der Veranda meiner Unterkunft genüsslich verspeise.

Erst dann weiß ich: Nun bin ich angekommen. Für die nächsten Wochen gehöre ich in diese Welt. Mein Alltag ist jetzt weit weg, und ich kann meinen Impulsen und meiner Fantasie freien Lauf lassen.

Rituale können uns zudem fremde Kulturen näherbringen und uns für ihre Sichtweisen öffnen. Als ich durch Südafrika reiste, bot sich mir die Gelegenheit, an einer *Kutfwasa* teilzunehmen. Bei diesem Ritual tritt eine neue *Sangoma* in die Gemeinschaft der traditionellen Heiler und Heilerinnen ein. Sangomas genießen einen hohen Stellenwert in der südafrikanischen Gesellschaft, weil sie dem Glauben nach mit der Welt der verstorbenen Ahnen in Verbindung stehen. Sangomas kennen sich gut mit Kräutern und Heilpflanzen aus, wecken Selbstheilungskräfte bei Patienten und arbeiten mit Knochenorakeln, um die Zusammenhänge der Ahnenkonstellation sichtbar zu machen – im Westen tun wir bei Familienaufstellungen der systemischen Psychologie Ähnliches.

Während der Zeremonie zog eine der Medizinfrauen eine hauchdünne Faser aus einem Bananenblatt, steckte sie in den Mund und schluckte. Gleich darauf griff sie an ihr Auge und zog die Faser wieder aus ihrem Auge heraus. Ich war gebannt von diesem Anblick.

Heute bin ich mir sicher, dass die Demonstration dazu bestimmt war, die Glaubwürdigkeit der Sangoma zu erhöhen. Das haben Schamanen und Medizinmänner in der Geschichte häufig praktiziert. So waren die Stammesmitglieder von den übersinnlichen Kräften des Vermittlers zur Anderswelt überzeugt und begaben sich uneingeschränkt in seine Hände. Heilrituale können dadurch besser wirken, weil Erwartung und Glaube an die Heilung maßgeblich an der Aktivierung der Selbstheilungskräfte beteiligt sind.

Nach der Zeremonie sprach ich die Medizinfrau an. Ich erklärte ihr, dass ich Magier aus Deutschland sei und gerne ihre Magie lernen und in mein Land bringen würde. Erst zögerte sie, doch nachdem ich ihren Namen mit Asche auf meinem Arm hatte erscheinen lassen, war sie beeindruckt und ließ sich darauf ein – unter einer Bedingung: Jedes Mal, wenn ich es vorführe, sollte ich von ihr erzählen. Denn sie glaubte, dass wir allein durch die Geschichten, die man sich über uns erzählt, unsterblich werden.

Wenn Sie meine Show »SecretCircle« besuchen, können Sie das Ritual live erleben. Ich bringe es in meine Darbietung ein, nicht weil ich meine Zuschauer schockieren oder aus ihnen neue Mitglieder des Sangoma-Zirkels schaffen möchte, sondern um ihnen eine andere Welt näherzubringen. Ich bin davon überzeugt, je mehr wir von anderen Kulturen und deren Bräuchen erfahren, desto größer wird unser eigenes Repertoire an Denkmodellen, Konzepten und Werten. Dadurch können wir besser mit neuen Situationen umgehen, die nicht dem Alltag oder unserer »Komfortzone« entsprechen. Anders gesagt: Je mehr wir erlebt haben, desto gelassener reagieren wir auf die Umstände des Lebens.

Auch die folgende kleine Geschichte erzählt, wie uns Rituale ans Unbekannte heranführen und dafür öffnen können. Ich trat bei einer Geburtstagsfeier auf und sprach dabei über Hypnose und ihre wunderbare Wirkung auf unseren Körper. Das Geburtstagskind, das an diesem Tag ihren 35. Geburtstag feierte, meinte: »Ich würde mich niemals hypnotisieren lassen. Es ist gefährlich, und ich will die Kontrolle nicht abgeben.«

Wie schade – sie hatte sich noch nie mit dem Thema beschäftigt und war trotzdem schon davon überzeugt, es sei gefährlich. Vielleicht, dachte ich, könnte ich ihr über ein Ritual die wunderbaren Möglichkeiten der Hypnose eröffnen.

»Haben Sie Lust, an einen Menschen zu denken, den Sie ganz besonders lieb haben?«, fragte ich.

Natürlich hatte sie dazu Lust – wer hat das nicht?

»Wollen wir daraus ein Ritual machen?«

Das Geburtstagskind wog ab. In ihren Ohren klang das nicht nach »Hypnose durch die Hintertür«, daher antwortete sie: »Okay.«

»Dann schreiben Sie bitte den Namen dieses Menschen auf einen Zettel, falten ihn mehrfach zusammen und nehmen ihn in die rechte Faust. Jetzt strecken Sie den rechten Arm aus. Stellen Sie sich vor, dieser Mensch, dessen Namen Sie notiert haben, schickt Ihnen durch den Arm zu Ihrem Herzen seine ganze Liebe, und Sie selbst schicken ihm durch den Arm zur Faust Ihre ganze Liebe. Das macht Ihren Arm stark. So stark und hart, dass niemand diesen Bann brechen kann. Wenn jemand versucht, diese Liebe zu unterbrechen, indem er Ihren

Arm anbeugt, wird es ihm nicht gelingen. Denn dieser Arm ist zu stark, um ihn anzubeugen. Die Liebe ist zu stark. Verrückterweise können Sie selbst jetzt diesen Arm nicht mehr beugen. Denn er ist stärker als Ihr Verstand. Versuchen Sie es doch mal, nur um zu sehen, dass es nicht mehr geht!«

Das Geburtstagskind hielt den Arm gestreckt, die Faust war fest um den Namenszettel geschlossen. In der Tat war es ihr nicht möglich, den Arm zu beugen. Er war so fest und stark wie die Liebe, die sie spürte. Ist das nun ein Ritual? Nein, dafür fehlt noch etwas. Momentan wird einfach ein Gefühlszustand muskulär ausgedrückt. Also fuhr ich fort: »Vielleicht haben Sie mit diesem geliebten Menschen schon einmal eine Auseinandersetzung gehabt? So etwas kommt vor, das geht nicht anders. Können Sie das Gefühl wachrufen, als Sie Streit hatten?«

Ihr muskuläres Gedächtnis hatte damit kein Problem. Sofort wurde der Arm schwach. Sie konnte ihn spielend leicht beugen.

»Heilen wir die Situation«, sagte ich. »Legen Sie die Hand mit dem Namen auf Ihr Herz und schenken Sie dem geliebten Menschen Ihre ganze Liebe. Wann immer Sie nicht einer Meinung sind, denken Sie an diesen Augenblick und wie stark Ihre Liebe den Arm gemacht hat.«

Nun haben wir das Ritual: Indem wir die Hand aufs Herz legen, finden wir einen geeigneten Abschluss, um die Energie des starken Armes für die Zukunft zu speichern. Ein Ritual ist in der Regel einfach und leicht wiederholbar. Es hilft, komplexe Situationen zu verstehen, zum Beispiel, wenn eine große Liebe durch einen Streit ein paar Dellen abbekommen hat.

Dem Geburtstagskind standen Tränen in den Augen. »Hatte das etwas mit Hypnose zu tun?«, fragte sie.

»Es war ein Anfang«, antwortete ich. »Bei Hypnose sprengen wir die Bewusstseinsgrenzen.«

Sie wischte sich über die Augen. »Ich habe mir etwas anderes darunter vorgestellt«, sagte sie.

Ich nickte. Die meisten Menschen stellen sich unter Hypnose etwas anderes vor. »Wollen wir noch eine Frage lösen?« Rasch schrieb ich einen Namen auf ein Papier und reichte ihn ihr. »Ist das der Mensch, an den Sie gedacht haben?«

Es war der richtige Name. Das Geburtstagskind schüttelte nachdenklich den Kopf. Dann sagte sie mit einem Lächeln: »Hypnose, also. Ich glaube, ich möchte mehr davon.«

Wenn Sie nicht nur lesen, sondern auch sehen möchten, wie dieses Kunststück abläuft, finden Sie in dem Kapitel »Zugabe!« einen Link, der zeigt, wie ich es beim »Kölner Treff« des WDR mit der Tagesschausprecherin Linda Zervakis durchführe.

Rituale können körperlich oder seelisch heilend wirken. Welchen Einfluss wir durch Rituale auf unser Leben nehmen können, zeigt ein Blick auf Kinder. Sie sind noch nicht so stark vom kritischen Verstand beeinflusst wie wir Erwachsenen. Vor einiger Zeit durfte ich wieder einmal diese wunderbare Erfahrung machen, als ich im Haus von meinem Freund Felix die Klogeister beschwor. Tags zuvor hatte er mich angerufen.

»Ich habe da ein Problem«, sagte er. »Es geht um Leander, meinen Sohn.«

»Was ist mit ihm?«

»Wie soll ich sagen? Er spült nicht.«

Ich konnte nicht folgen. »Was soll das heißen, er spült nicht?«

»Naja, Thimon«, druckste Felix herum. »Wenn Leander auf dem Klo war, spült er nicht. Weil er sagt, dass dann Klogeister das Rohr hochkommen.«

Ich musste schmunzeln. Die Fantasie eines Kindes kann Fluch und Segen sein. Aber warum rief er mich an?

»Ich habe Leander erzählt, dass ich einen echten Magier kenne und dass ich ihn um Rat fragen werde.«

Ich war etwas irritiert. Glaubte Felix, ich könnte Klogeister wegzaubern? Ich dachte kurz nach, dann antwortete ich: »Sag Leander, ich komme morgen vorbei und löse das Problem.«

»Echt? Super, vielen Dank! Wie willst du das machen?«

»Mit Magie natürlich.«

Jetzt hatte ich den Mund mächtig vollgenommen. Ich musste mir schnell etwas einfallen lassen.

Am nächsten Tag stand ich bei Felix vor der Tür. Leander war sieben, sein Bruder Mauritz zehn, und für Jungs ihres Alters waren beide nicht so rasch zu beeindrucken, Klogeister hin oder her.

»Ey«, rief Mauritz, »was bist denn du für ’n Zauberer? Zauber mal die Uhrzeit um!«

Er deutete auf die Uhr über der Küchentür. Ich grinste. Er hatte Recht. Da kann ja jeder kommen und behaupten, er sei ein Magier. Erst muss der Schamane beweisen, dass er die entsprechenden Fähigkeiten besitzt. Das war vormals in den mongolischen Steppen so und ist im Berlin von heute nicht anders. Zum Glück verstehe ich etwas davon, wie man die Zeit beeinflusst. Ich zauberte den Jungs und ihrem Papa ein Staunen ins Gesicht, als die Uhr kurz darauf ohne sichtbare Berührung eine andere Zeit anzeigte. »Krass!«, riefen alle im Chor.

Danach verbog ich den Teelöffel in Leanders Hand nur durch einen Fingerstreich in ein lustiges »U«.

»Du bist wirklich ein Zauberer!«, murmelte der Junge. Nun war er bereit, und ich sprach das Problem an.

»Felix hat mir erzählt, dass du dich vor Klogeistern fürchtest. Was sind denn das für Typen?«

»Die leben unten im Klo. Sie kommen hoch, wenn man spült.«

»Interessant. Wie sehen sie aus?«

»Ihr Kopf ist ganz grün. Und daraus wachsen Arme und Hände.«

»Ach, die! Da weiß ich, von welchen Geistern du sprichst. Stimmt, die gibt es tatsächlich. Was aber die meisten Leute nicht wissen: Sie kommen nur und holen jemand, der böse ist. Die anständigen Menschen lassen sie in Ruhe. Wie ist das bei dir, bist du anständig?«

»Natürlich!« Leander warf einen Seitenblick auf Felix, und sein Papa konnte nur bestätigen: »Leander ist ein feiner Kerl«, lächelte er und streichelte seinem Sohn über den Kopf.

»Gut«, sagte ich. »Allerdings wissen das die Klogeister nicht. Wir müssen dich deshalb markieren, damit sie erkennen, wenn du auf dem Klo bist: Es ist einer der Guten. Den holen wir nicht. Verstehst du?«

Leander nickte. »Und wie machen wir das?«

»Durch ein Ritual. Dafür habe ich dieses Pulver aus Indien mitgebracht. Ich habe es von einen Ek-Bahu Baba bekommen, in Vārānasi, der ältesten Stadt der Welt. Der Ek-Bahu Baba ist ein heiliger Mann, der seit 35 Jahren seinen rechten Arm in die Luft streckt, doch mit dem anderen gab er mir dieses Pulver.«

Ich zog das Pulver hervor, das tatsächlich aus Indien stammte, wie auch die alte Emailschüssel, die ich für das Ritual mitgebracht hatte. Das Pulver war ungefährliches *Gulal* auf Blütenbasis, wie es beim *Holi* verwendet wird, dem indischen Frühlingsfest, auch bekannt als Fest der Farben.

»Bitte leg deine rechte Hand auf den Rücken und mach eine Faust.«

Leander folgte der Aufforderung. Ich rührte Gulal in die Schüssel, sprach einen Zauberspruch und streute mir ein wenig Pulver in die rechte Hand. Dann schloss ich sie zur Faust und sah Leander in die Augen.

»Dieses Pulver verbindet alle anständigen Menschen miteinander. Deshalb wandert es jetzt von meiner Hand in deine Hand. Du wirst wahrscheinlich ein kleines Kribbeln verspüren, aber das ist nicht schlimm. Wenn du es spürst, sagst du: Jetzt!«

»Jetzt.« Die Stimme von Leander war angespannt. Wann wird einem schon im Leben auf geheimnisvolle Weise Anti-Klogeisterpulver in die Hand gezaubert? Selbst beim Holi wird man damit nur beworfen.

Ich öffnete meine Hand, und das Pulver war verschwunden.

»Nimm deine Hand nach vorne und öffne sie langsam! Wenn du wirklich anständig bist, bist du jetzt markiert.«

Es waren drei neugierige Köpfe, die auf Leanders Hand starrten. Der Junge bewegte seine Finger einen nach dem anderen, sodass selbst bei mir, dem ausübenden Zeremonienmeister, Spannung aufkam. Dann hörte ich drei Stimmen: »Whooow!« In seiner Hand war ein großer roter Fleck. »Das gibt's doch nicht!«

Damit war das Ritual noch nicht beendet.

»Jetzt gehen wir gemeinsam ins Bad. Du musst drei Mal eine Prise vom Pulver aus der Schale ins Klo werfen und jedes Mal spülen«.

Leander führte das Ritual aus.

»Nun wissen die Klogeister Bescheid, wer du bist, und lassen dich in Ruhe. Wenn du morgen das erste Mal alleine gespült hast, rufst du mich an.«

Am nächsten Morgen war eine Nachricht auf meiner Mailbox. »Hallo, hier ist Leander. Ich wollte dir sagen … ich habe gespült!«

Seitdem war der Toilettengang für ihn kein Problem mehr – und sein Papa war zufrieden. Natürlich schmunzeln wir darüber, doch im Leben eines siebenjährigen Jungen können Klogeister allgegenwärtige Gefahren sein. Erinnern Sie sich noch an das Monster unter Ihrem Bett? Bei mir waren es Gestalten in der Dunkelheit des Kellers. Jedes Mal rannte ich schreiend die Kellertreppe hoch, nachdem ich unten das Licht gelöscht hatte. Ich war mir sicher, dass sie hinter mir her waren. Rituale helfen uns, Klogeister, Monster oder reale Gefahren wie Blitz und Donner zu bannen. Die Bauern meiner Heimat setzten gegen mannigfaltiges Unglück auf die Kraft des Hufeisens. Wie komplex alter Volksglaube sein kann, erkennen Sie an der Anleitung zur richtigen Verwendung von Hufeisen aus einem meiner alten Zauberbücher:

»Ein Hufeisen darf niemals gesucht werden, es will gefunden sein. Seine Wirksamkeit wird erhöht, wenn im vollständigen Eisen noch die Nägel stecken. Am besten, ein zum ersten Male beschlagenes Fohlen hat es verloren. Auf keinen Fall darf man an einem Hufeisen vorbeigehen, denn dann bewirkt es das Gegenteil. Kann man es nicht mitnehmen, soll man darauf treten, aber wenigstens drei Male. Trägt man es nach Hause, tut man das stillschweigend und ohne das Hufeisen mit der Hand zu berühren. Man nagelt es über die Schwelle an der Haustüre, am Stall, am Scheunentor, auch am Giebel oder an Bäume im Hof oder ans Gefährt. Dazu eignen sich die Johannisnacht oder der Karsamstag oder die Silvesternacht. Das Hufeisen soll senkrecht mit der offenen Seite nach unten hängen, dann ist Eheglück beschieden, ein voller Brotkorb, Gewinn beim Verkauf und Schutz gegen Unholde aller Art sowie bei Wetterschlag und Feuersbrunst. Man gibt Hufeisen männlichen Leichen mit in den Sarg oder legt es in die Wiege, um Kinderkrämpfe zu verhindern. Im Schweinefutter gibt es den Tieren Gedeih, in die Tranktonne getan, verwahrt es die Sau vor dem Brünstigsein. Tropfe man Blut auf ein heißes Hufeisen, stillt es Nasenbluten. Tropfe man Milch, wird eine behexte Kuh wieder melk. Ein glühendes Hufeisen wird im Bade abgelöscht, wer darin badet, ist vor Zauber aller Art gefeit. Ein Hufeisen, das stillschweigend vor Sonnenaufgang mit der ungleichen Zahl von Löchern geschmiedet wird, steckt man in die Butterkarne zum Schutz vor Butterdiebstahl.«

Man lernt so einiges aus alten Büchern, und wenn es nur die Tatsache ist, dass Butterdiebstahl ein weit verbreitetes Problem war. Wir erkennen an der Vielfalt an Möglichkeiten – neben der eigentlichen Hauptaufgabe des Hufeisens, nämlich dem Schutz der Hufe –, wie der Volksglaube sich darüber einig war, dass ein Stück Eisen magische Kräfte entfalten konnte, wenn zuvor die richtigen Rituale vollzogen wurden.

Welche Rituale haben Sie sich in Ihrem Leben bewahrt? Haben Sie abergläubische Rituale, Rituale der Tradition oder Alltagsrituale wie den Kaffee am Morgen, den täglichen Spaziergang am Mittag oder die Lektüre kurz vor dem Einschlafen? Jedes dieser einfachen, scheinbar unbedeutenden Rituale kann zu kleinen Glücksmomenten führen.

Überlegen Sie, ob es Rituale zum Innehalten gibt, die Sie dazunehmen könnten? Gibt es etwas, das in Ihrem Leben gerade zu kurz kommt, woraus Sie aber Kraft und Freude schöpfen würden? Dann machen Sie ein Ritual mit festen Regeln daraus. Vor allem die zeitliche Verpflichtung ist wichtig. Dadurch erliegen Sie nicht der Versuchung, Ihr Bedürfnis durch den Job oder andere »unaufschiebbare Dinge« zu vernachlässigen. Wie wäre es zum Beispiel, wenn Sie ab jetzt einen Abend in der Woche fest einplanen, um Zeit mit einem Menschen zu verbringen, der Ihnen wichtig ist? Das kann Ihr Partner sein, ein Freund oder eine Freundin, ein Familienmitglied oder sogar Sie selbst! Verbringen Sie doch mal Zeit mit sich alleine. Sie werden bestimmt eine Menge Spaß zusammen haben.

Im Gefängnis von Cebu City

1903 entkam der gefesselte Harry Houdini in nur fünf Minuten aus einer Zelle des Amsterdamer Polizeipostens Halvemaansteeg, was den Chef der niederländischen Polizei van Raalte sichtlich beschämte. Im selben Jahr musste der russische Geheimdienst bekennen, dass Houdini auf unerklärliche Weise aus einem als ausbruchsicher geltenden Gefangenentransport entkommen war. 1906 sperrte man ihn in die sicherste Zelle von New York City. Den anwesenden Polizisten und Reportern erschien es wie Zauberei, als Houdini Minuten später vor ihnen auftauchte. Danach brachte man ihn nach Washington in das sicherste Gefängnis im Land, in dieselbe Zelle, in der Charles Guitea, der Mörder von US-Präsident Garfield, eingesessen hatte. Trotz zusätzlicher fantasievoller Fesseln aller Art brauchte Houdini nur ein paar Minuten, um zu entkommen.

Ob die Gefangenen im Cebu Provincial Detention and Rehabilitation Center, dem Gefängnis von Cebu City, jemals von Harry Houdini gehört hatten? Und davon, dass es keine Fesseln, keine Handschellen, keine Ketten und vergitterten Zellen gegeben hatte, die ihm das Handwerk legen konnten? Er habe eben mit dem Teufel selbst paktiert, so vermutete mancher Reporter seiner Zeit. Vielleicht hatte ja auch so mancher Insasse des Gefängnisses von Cebu City mit dem Teufel paktiert? The Great Garciani und ich beobachteten, wie die Gefangenen Bierbänke herbeischleppten und sich darauf wie Kinder vor einem Kasperletheater niederließen. Ich musste an Jonny Cash denken, der im Folsom Prison ein Konzert gegeben und daraus ein Live-Album gemacht hatte. Die Show konnte beginnen.

Es waren keine großen Illusionen, die wir an diesem Tag vorführten, denn wir hatten alles, was die Zauberkammer von Nemesio zu bieten hatte, zuhause gelassen. Stattdessen ließen wir Münzen hinter den Ohren der Zuschauer erscheinen, klauten dem Gefängnisdirektor die Krawatte vom Hals und verketteten beim chinesischen Ringspiel massive Metallringe auf wundersame Weise miteinander. Von den Close-up-Kunststücken gefiel den Zuschauern besonders gut unsere Version des Hütchenspiels; wahrscheinlich, weil es in seiner Originalform auf den Philippinen sehr beliebt ist. Sie jubelten und klatschten, und wohin ich auch blickte, sah ich in begeisterte Gesichter mit dem Ausdruck kindlicher Verwunderung. Vom Gefängnisdirektor wusste ich, dass ein paar wirklich schwere Jungs im Publikum waren – doch auch sie tauchten für ein paar kostbare Augenblicke in die Wunderwelt der Kindheit ein, als Staunen noch an der Tagesordnung war. In jenem Augenblick kam mir ein Gedanke, der meinen weiteren Weg geprägt hat und mich seither nicht mehr loslässt: »Magie ist die universale Sprache des Lebens« – keiner kann sich ihr entziehen. Durch sie kann ich entdecken, wie die Menschen wirklich sind; die Art, wie sie reagieren, ist ein Teil ihres Wesens. Diese Lektion habe ich erstmals im Gefängnis von Cebu City gelernt.

Wenn man später einmal – zum Beispiel beim Schreiben eines Buches über sich selbst – auf sein Leben zurückblickt, stößt man immer wieder auf besonders prägende Momente. *Plot point* oder Wendepunkt nennen Geschichtenerzähler diese Augenblicke, in denen das Leben eine neue Richtung einschlägt. Mein Auftritt im Cebu Provincial Detention and Rehabilitation Center war ein solcher Wendepunkt. Vielleicht schlug ich danach nicht eine ganz neue Richtung ein, aber eines war sicher: Nachdem ich gesehen hatte, wie universal die Sprache der Magie wirkte und dass selbst Verbrecher die Maske fallen lassen konnten, um noch einmal in geradezu kindliche Unschuld einzutauchen, wollte ich auf diesem Weg weitergehen. Und zwar nicht als ambitionierter Hobbyzauberer, sondern als Magier mit einem umfassenden Wissen über alles, was diese Kunst ausmacht. Ich parkte die Erfahrung in meinem Gedächtnis – ich stelle mir diesen Ort im Gehirn als eine Art Warmhalteplatte vor, von der wir uns zur gegebenen Zeit wichtige Erkenntnisse unseres Lebens mundgerecht nehmen können.

Haben wir erst einmal eine Entscheidung getroffen, passiert Wundersames. Vorher, in der manchmal endlos erscheinenden Zeit des Lavierens – soll ich, soll ich nicht? – scheint die Welt stillzustehen, geradezu gelähmt zu sein. Dann geben wir unserem Herzen einen Stoß, und schwupps: Es ist, als ob ein Damm bricht. Auf einmal prasseln die Möglichkeiten auf uns herab. Kaum hatte ich entschieden, dass der professionellen Magie meine Zukunft gehörte, begann das Telefon zu klingeln – als ob die Entscheidung der Welt bereits mitgeteilt worden war. Einer der Bekannten meiner Eltern war am Apparat.

»Thimon, ich fand das so verrückt, was du bei uns neulich gezeigt hast. Würdest du das auch auf einer Hochzeit vorführen? Ich zahle dir den Flug, die Unterkunft, und lege noch 50 Mark drauf.«

The First Time I Got Paid For It ist ein amüsantes Buch, in dem sich Künstler der schreibenden Zunft daran erinnern, wann und unter welchen Umständen sie das erste Mal für ihre Profession bezahlt worden sind. Bei mir passierte es in dem Moment, als ich mit mir selbst darin übereingekommen war, Profi zu werden. Zum Profitum gehört, bezahlt zu werden. Es ist ein Gesetz des Universums – oder nennen wir es einfach Magie –, dass Impulse dann kommen, wenn wir uns über das Ziel unseres Lebens klar geworden sind.

So geschah es, dass ich am Tag meines 17. Geburtstag einen Auftritt in Manila absolvierte. Das Thermometer zeigte 38 Grad an, das Publikum war international, ich spielte nicht auf einer Bühne, sondern in einem exotischen Garten gleich neben dem Pool, und ich sprach Deutsch, Englisch und Spanisch. Davon abgesehen war dieser Auftritt ähnlich wie alle Auftritte davor. Trotzdem hatte sich etwas Entscheidendes verändert, denn ich hatte mich verändert. Ich war nicht mehr nur der sympathische Junge von nebenan, der ein paar Tricks auf Lager hat, sondern ein Künstler, den man durch das Bezahlen einer Gage wertschätzt. An diesem Tag gab ich alles, was ich zu bieten hatte, und tue seither nichts anderes: Ich werfe mein ganzes Können in die Waagschale, um mein Publikum zum Staunen zu bringen.

Erinnern Sie sich an die 10 000-Stunden-Regel? Die Zeit, die es braucht, um in einer Sache perfekt zu werden? Eine amerikanische Studie fand heraus, dass Profimusiker der besten Orchester dieser Welt im Alter von 20 Jahren ihre 10 000 Übungsstunden auf dem Buckel haben. Musiker, die es nicht in solche Orchester schaffen, aber in durchaus renommierten Formationen spielen, kommen auf 8000 Stunden Übungspraxis. Musiker, die einst ebenfalls den Königsweg einschlugen, sich dann aber umorientieren, um zum Beispiel als Musiklehrer zu arbeiten, schaffen 4000 Übungsstunden. Was lernen wir daraus? Es gibt keine Naturtalente, nur Übung macht den Meister.

Als ich das erste Mal von der 10000-Stunden-Regel hörte, wurde ich neugierig. Wie sah die Sache bei mir aus? Ich ließ mein Übungsleben Revue passieren, mit dem Taschenrechner in der Hand. Natürlich wusste ich nicht mehr genau, wie viele Stunden ich mit einer Zitrone in der Hand durchs Schloss gewandelt war, wie lange ich Kartengriffe geübt habe – Tag und Nacht, nach Ansicht meiner Brüder –, doch an die Zeit nach meinem ersten Profiauftritt kann ich mich gut erinnern. Zuvor hatte ich die Schatzkammer des Großen Garciani als persönliche Zauberschule genutzt. Nach dem Auftritt in Manila brannte mein Herz noch stärker für die Zauberkunst. Ich strebte nach Perfektion, nahm mir Illusion für Illusion vor, studierte die Zauberbücher, schaute mir Videoaufnahmen der alten Meister an, um herauszufinden, welcher Magier sich von wem hatte beeinflussen lassen: Davenport, Houdini – *we started it, you finish it.* Dai Vernon, Michael Ammar und Carlhorst Meier: Die Liste der Zauberkünstler, die sich wie in der Malerei oder Musik von einem Vorgänger hatten inspirieren lassen, wurde länger und länger. Irgendwann hatte ich das Gefühl, die nächste Stufe genommen zu haben. Und tatsächlich bestätigte mir das später auch der Taschenrechner, denn zu jenem Zeitpunkt war ich auf dem besten Wege, die 10000-Stunden-Marke zu knacken. Ich erinnerte mich an die Worte meines Mentors Carlhorst Meier: »Am Tag, an dem du das Kartenspiel beherrschst ...« Endlich fühlte ich mich bereit für die Deutschen Jugendmeisterschaften der Zauberkunst.

Über Magie und Vergleiche

Als ich kürzlich bei einem Zauberkongress war, sah ich einen Jungen, der ein wunderbares Kartenkunststück vorführte. Die älteren Kollegen waren begeistert, und als ich ihn später dazu beglückwünschte, sagte er: »Danke, aber ich wünschte, ich wäre schon so gut wie David Copperfield. Der zeigt einfach krassere Kunststücke!«

David Copperfield zeigt krassere Kunststücke? Der Junge war zwölf Jahre alt und verglich sich mit einem Zauberkünstler, der seit über 40 Jahren auf allen Bühnen der Welt zuhause ist. Das ist, als wenn ein D-Jugendspieler seine Fußballschuhe an den Nagel hängt, weil er mit Thomas Müller nicht mithalten kann.

Wir reden vom Vergleichen, einem der größten Hindernisse auf dem Weg zum eigenen Fortschritt. Das Internet erweist sich dabei als Segen und als Fluch. Als ich vor vielen Jahren *Die Moderne Salonmagie* aus der Truhe zog, schlug mich das Buch sofort in seinen Bann. Ich zog mich in eine Ecke zurück und las alles über mechanische Klappen, Fallen, Pedale, magische Zitronen und Eskamotierteller. Das Lesen weckte Bilder in meinem Kopf: Ich sah mich bereits als großen Magier. Was wäre passiert, wenn es damals das Internet gegeben hätte? Wenn ich auf Youtube Carl Willmann hätte sehen können, wie er geschickt wie kein anderer alle Kunststücke aus der *Modernen Salonmagie* vorführt? Hätte mir das Mut gemacht, oder wäre eher das Gegenteil der Fall gewesen?

Ich beobachte häufig, wie sich Menschen durch Vergleiche entmutigen lassen, der zwölfjährige Zauberlehrling ist nur ein Beispiel dafür. Dabei »hinkt der Vergleich«, wie auch der Volksmund weiß, weil wir »Äpfel mit Birnen vergleichen«. Wenn wir das tun, gibt es irgendwo da draußen in der Welt immer einen, der besser ist als wir. Die Sache erinnert an das Märchen von Schneewittchen. Da tritt die Königin vor ihren Zauberspiegel – die damalige Form des Internets – und fragt: »Spieglein, Spieglein an der Wand, wer ist die Schönste im ganzen Land?« Der Spiegel antwortet: »Frau Königin, Ihr seid die Schönste hier, aber Schneewittchen über den Bergen bei den sieben Zwergen ist tausendmal schöner als Ihr.« Was tut die Königin? Anstatt die Sache auf sich beruhen zu lassen – was kümmert mich ein Gör über den Bergen bei den sieben Zwergen? –, wird sie gelb und grün vor Neid, und »das Herz kehrte sich ihr im Leibe herum, so hasste sie das Mädchen«.

Wer sich vergleicht, schadet sich selbst. Er entzieht der Magie jeglichen Nährboden, weil Neugier und Vorstellungskraft auf der Strecke bleiben. Dabei sind wir einzigartige Individuen, und genau das schafft auch einzigartige Ergebnisse. Was wir alle häufig unterschlagen, ist unsere persönliche Art und Weise, die wir an den Tag legen. Das Publikum war von dem Jungen begeistert, weil er war, wie er war. Wie wir die Dinge angehen, ist das Ergebnis unseres Werdeganges. David Copperfield wurde 1956 im amerikanischen Bundesstaat New Jersey geboren.

Ich bin mir sicher, dass es keine Parallelen zwischen seinem Leben und dem des zwölfjährigen Jungen auf der Bühne des Zauberkongresses gibt – außer der Neigung zur Zauberkunst.

Der Vorgang des Vergleichs ist ein natürlicher Vorgang. Wir vergleichen uns, weil wir wissen wollen, an welchem Punkt unserer Entwicklung wir stehen. Natürlich liegt dabei als Bezugspunkt ein anderer Mensch nahe. Auch mir passiert das immer wieder. Dabei kann ein Vergleich auch als Antrieb dienen: Wenn der das kann, will ich es auch können. Das wiederum führt zur Tat. Dabei sollten wir allerdings niemals in »gut« oder »schlecht« kategorisieren. Wir sind nun einmal der Mensch, der wir sind. Mir gefällt, wie die Schriftstellerin Gertrude Stein es ausdrückte: »Eine Rose ist eine Rose ist eine Rose.«

Durch unser Urteilen, Einschätzen, Klassifizieren und Etikettieren erzeugen wir in uns eine Menge Unruhe. Dazu gibt es eine schöne Übung, die ich immer wieder selbst durchführe. Sagen Sie zu sich: »Heute werde ich den ganzen Tag über nichts, was mir zustößt, ein Urteil fällen.« Erinnern Sie sich in den folgenden Stunden immer wieder daran. Seien Sie sanft zu sich selbst, wenn Sie es mal vergessen haben. Sie können langsam damit anfangen: »In der nächsten Stunde werde ich über nichts urteilen.« Steigern Sie sich. Am besten ist es, wenn Sie jeden Morgen mit diesem Mantra in den Tag starten.

Kommen wir noch einmal zurück aufs Vergleichen. Wenn Sie sich vergleichen möchten, tun Sie es mit sich selbst. Genauer gesagt, mit Ihrer Vergangenheit. Wo befinde ich mich im Vergleich zu früher? Was habe ich erreicht, welche Ziele habe ich umgesetzt? Auf diese Weise richten Sie Ihre Aufmerksamkeit auf sich selbst, und Ihnen wird bewusst, welche Entwicklung Sie bereits durchgemacht haben.

Goldschmied in spe

Eine englische Urkunde vom 29. April 1724 preist den Magier Matthias Buchinger: Ein 74 Zentimeter großer Zwerg, der im deutschen Ansbach ohne Arme und Beine geboren worden war, avancierte in London zur größten Attraktion seiner Zeit: Er beherrschte ein Dutzend Musikinstrumente, verblüffte mit Zaubertricks, die nie ein Mensch zuvor gesehen hatte, war ein geschickter Kunstschütze und ein Schriftkünstler mit einer Liebe zur Miniaturschrift. Dabei balancierte er einen Stift zwischen den Armstümpfen und brachte so Psalmentexte auf engstem Raum aufs Pergament. Niemand hatte ihm eine Karriere zugetraut, außer ihm selbst. »Alle Glieder, die ich habe, funktionieren«, soll er gesagt haben. »Warum mache ich nicht das Beste daraus?« Ganz diesem Motto entsprechend heiratete er vier Mal und zeugte – da auch dieses Glied funktionierte – vierzehn Kinder.

Obwohl mein Vater als Land- und Forstwirt, Kaufmann und Restaurateur bereits mehrere Berufe ausübte, packte er noch eine Ausbildung als Goldschmied drauf. Seit Mitte der achtziger Jahre handelte er bereits mit Schmuck aus der Art-déco-Zeit. Da musste manches repariert und restauriert werden, und weil ihm die Arbeit vieler Goldschmiedemeister missfiel, entschloss er sich, die Sache selbst in die Hand zu nehmen. Er scheute sich also nicht davor, in einem Alter, in dem mancher Zeitgenosse sagt, »lernen kann ich nichts mehr«, bei einem Goldschmied in Göttingen in die Lehre zu gehen. Juwelier Schormann gehört zu den Besten seines Fachs, und bei ihm lernte mein Vater alles über Löten, Fassen, Walzen, Mugeln, Feilen, Schleifen und Galvanisieren – Begriffe, die mich an die Sprache der Salonmagie erinnerten mit ihren Cachés, Kouverts und Haarschleifen.

»Feine Juwelen«, betonte mein Vater, »verzaubern durch ihren Glanz, bewirken strahlende Gesichter und glückliche Herzen.« Auch bei diesen Worten fühlte ich mich an meine Profession erinnert. Schließlich gehört die Goldschmiederei zu den ältesten Metallhandwerken der Menschheit, wo die Alchemie mit ihrem Ziel der Transmutation, also der Umwandlung unedler Metalle in Gold und Silber, nie weit entfernt war.

Als ich von den Philippinen nach Deutschland zurückkehrte, dachte ich darüber nach, ebenfalls das Handwerk des Goldschmieds zu erlernen. Ich könnte später das Geschäft meines Vaters übernehmen, so die Überlegung. In seiner Goldschmiedewerkstatt im Schloss hatte ich immer wieder die Gelegenheit gehabt, mich auszuprobieren, und das hatte mir stets Spaß gemacht. Als es an der Zeit war, Nägel mit Köpfen zu machen, oder, um im Jargon des Goldschmiedes zu bleiben, Schließköpfe auf Setzköpfe, landete ich bei Juwelier Lüttge, einem Geschäftspartner meines Vaters. Ich erinnere mich, wie dieser von Anfang an exaktes Arbeiten forderte. Durch die Zauberei war ich gewohnt, akkurat zu sein, doch hier konnte ich noch einiges lernen. Obwohl ich später kein Goldschmied geworden bin, habe ich nie vergessen, wie sehr mich diese Lehrzeit in Sachen Präzision und Akribie persönlich weiterbrachte. Meiner Liebe zur Perfektion hätte nichts Besseres passieren können. Aber gleichzeitig fehlte auch etwas. Selbst das lehrt uns die 10000-Stunden-Regel: Der Generalist, der vieles tut, gelangt selten zur Meisterschaft, weil der Spezialist, der sich auf eine Sache konzentriert, ihm den Rang abläuft. Während meiner Lehre kam die Zauberkunst zu kurz. Zwar absolvierte ich hin und wieder ein paar Auftritte, aber mir fehlte die Zeit zum Üben. Und mir fehlte der Kontakt zu den Menschen: Acht Stunden am Tag in der Werkstatt zu sitzen und an Ringen zu feilen, war zwar kreativ und machte Freude, doch wenn ich auf der Bühne stand, ging mein Herz erst richtig auf. In diesen Momenten kommt es zu dem mir so wichtigen Energieaustausch. Ich gebe etwas von mir, und das Publikum gibt etwas zurück. Je mehr die Zuschauer in das Spiel eintauchen und ihre Emotionen ausdrücken, desto mehr kann ich geben und desto magischer wird der Moment. Doch dieser Austausch fehlte mir, und irgendwann beschloss ich, die Ausbildung zu beenden. Natürlich wollte ich das mit meinem Vater besprechen. Ich traf ihn am Goldschmiedetisch, wo er den Altschliff eines Diamanten überprüfte.

»Ich breche die Lehre ab!«, platzte ich heraus.

Was würden andere Väter sagen, wenn Sohnemann mit dieser Nachricht kommt? Mein Vater legte die Juwelierlupe beiseite und musterte mich interessiert.

»Und ich gehe nach Berlin«, setzte ich nach. Das war die zweite Idee, die mir gekommen war. Berlin – allein der Name wirkte magisch auf mich, was daran liegen mag, dass ich in der Einsamkeit des nördlichsten Zipfels Hessens aufgewachsen war.

»Ich muss ja eh den Zivildienst machen, dann bin ich schon mal dort und bekomme sicher Gelegenheiten, aufzutreten und besser zu werden und dann …«

Alles, was sich seit der Rückkehr von den Philippinen aufgestaut hatte, sprudelte aus mir heraus. Es war reinste Herzensenergie, und sie allein kann Menschen begeistern. Begeistert zu sein ist schon einmal die halbe Miete. Mein Vater lächelte, dann sprach er den Zaubersatz, für den ich ihn so liebe: »Wenn das so ist – probiere es aus.«

Über Magie und Kraft

Als ich einmal in Myanmar unterwegs war, fiel mir das satte Grün ausgedehnter Reisfelder ins Auge. Die Menschen, die dort arbeiteten, trugen große Strohhüte und bewegten sich langsam und anmutig. Was sich mir darbot, war die reinste Idylle.

Bis sich in meinem Kopf ein Gedanke meldete: Moment mal! Das Thermometer zeigt 36 Grad Celsius. Bei diesen Temperaturen stehen die Leute den ganzen Tag gebückt im Wasser, umschwärmt von Hundertausenden Moskitos. In die Idylle schlich sich ein Misston, der zu einem Impuls wurde. Auf einmal bekam ich Lust, mein Wissen über den Reisanbau zu erweitern. Was ich erfuhr, war für mich wegweisend: Das Kultivieren von Reis ist zwanzig Mal so arbeitsintensiv wie der Anbau von Weizen oder Mais. Daher kommt ein Reisbauer in Südostasien auf rund 3000 Arbeitsstunden im Jahr. Er führt ein kleines Unternehmen. Er entscheidet über die Auswahl des Saatgutes, baut Dämme, managt ein ausgeklügeltes Bewässerungssystem. Er plant die Ernte und führt sie aus, während die nächste Aussaat schon vorbereitet wird. Er ist rund um die Uhr beschäftigt. Ich war beeindruckt.

In Deutschland gehen wir von 5 Arbeitstagen pro Woche und 52 Arbeitswochen im Jahr aus. Im Durchschnitt fallen 10 Feiertage weg, außerdem 30 Tage Urlaub, 5 Tage Krankheit und drei zur Weiterbildung. Am Ende bleiben 1696 Arbeitsstunden übrig, also rund die Hälfte der Arbeitszeit des Reisbauern. Trotzdem steigt bei uns die Anzahl der vom Burnout betroffenen Menschen rasant an. Der Begriff ist zum Schreckgespenst geworden: Keiner weiß, wie viele sich ausgebrannt fühlen, unter emotionaler Erschöpfung leiden oder Angst davor haben, die geforderte Leistung nicht länger erbringen zu können. Die Europäische Agentur für Sicherheit und Gesundheitsschutz am Arbeitsplatz schätzt die volkswirtschaftlichen Folgekosten des Burnout-Syndroms in der Europäischen Union auf mehr als 20 Milliarden Euro jährlich.

Warum beschäftigt sich ein Magier mit diesen Dingen? Weil ich mich mit Kraft beschäftige – woher sie kommt und wie wir sie in uns erwecken können. Wir sind darauf geeicht, viel zu leisten und stets zu funktionieren, und kommen gar nicht mehr dazu, die wichtigste aller Fragen zu stellen: Was gibt mir Kraft? Als ich von der enormen Leistung der Reisbauern erfuhr, kam ich der Lösung ein Stück näher. Sie arbeiten nahezu doppelt so viel wie wir, und was sie tun, ist ein schwieriges Unternehmen. Trotzdem kennt man bei ihnen keine Burnout-Kranken.

Offenbar liegt im Wort »Unternehmen« ein Teil der Lösung: Etwas zu unternehmen heißt, Entscheidungen selbst zu treffen, in vielerlei Hinsicht selbstbestimmt handeln zu dürfen. Hier kommt unser alter Freund, die Neugier, ins Spiel, sowie Gelegenheiten, um eigenen Impulsen folgen zu können. Wer in unserer Arbeitswelt den Raum dazu hat, scheint fein raus zu sein. Doch nicht jedem ist das möglich. Was dazu führt, dass Burnout-Patienten über permanenten Zeitdruck klagen, über die häufige Unterbrechung ihrer Arbeit, steigende Anforderungen, Streit mit Vorgesetzten und Mitarbeitern, unfaire Behandlung und das Gefühl einer unsicheren Zukunft. Schon beim Aufschreiben dieser Begriffe – die alle etwas mit Fremdbestimmtheit zu tun haben – fühle ich die Beklemmung, die sie auslösen. Reisbauern arbeiten unter ähnlichen Voraussetzungen: Ihre Arbeit steht unter starkem Zeitdruck, weil sie witterungsabhängig ist. Ungeziefer, krankes Saatgut oder Dammbrüche führen zu ständigen Störungen des Arbeitsablaufes. Der Klimawandel sorgt für steigende Anforderungen. Was es nicht gibt, sind Mangel an Respekt, unfaire Behandlung oder eine unsichere Zukunft. Diese drei Faktoren gehören zu den größten Krafträubern, denen wir ausgesetzt sind.

Ein Magier und Zauberer kann die Gesetze der Welt nicht aus den Angeln heben. Wenn Houdini sich von Ketten und Schlössern umwickelt in einen Fluss werfen ließ, durfte er keinesfalls vergessen, wie schnell Stahl und Eisen ihn unter Wasser ziehen, in dem auch ein Meister wie er ertrinken kann. Magier und Zauberer finden aber im Rahmen geltender Gesetze Mittel und Wege, um möglich zu machen, was unmöglich erscheint. Ich nenne es einen Blick über den Tellerrand zu werfen, der am Ende dafür sorgt, dass Zauberer Gegenstände verwandeln können. Sie lassen sie verschwinden und wieder erscheinen, sich gegenseitig durchdringen, schweben, zerstören und wiederherstellen. Auf dem Gebiet der Mentalmagie lesen sie Gedanken, beherrschen das Feld der Suggestion und der Telekinese, treffen Prophezeiungen und widmen sich der Telepathie. Trotz all dieser Künste kann sich der Magier nicht den Gesetzen der Arbeitswelt verweigern. Aber der Blick über den Tellerrand zeigt ihm, wie wir Ressourcen auffrischen können.

Eine Möglichkeit liegt darin, von den Reisbauern zu lernen und sich eine autonome Arbeit mit Freiraum für eigene Entscheidungen zu schaffen. So können selbst 3000 Jahresarbeitsstunden möglich werden.

Natürlich hat ein Magier immer einen Plan B in der Tasche. Ich schaffe mir Ruhepole, um Kraft zu schöpfen. Dazu hilft mir eine Übung von Deepak Chopra, die ich mit Hilfe seines Buchs *Die sieben geistigen Gesetze des Erfolgs* praktiziere. Sie handelt vom Schweigen: »Die tägliche Praxis des Schweigens eröffnet uns Zugang zu innerer Ruhe. Schweigen bedeutet, sich zu verpflichten, sich täglich eine bestimmte Zeitspanne zu gönnen, um einfach nur zu sein. Schweigen erleben bedeutet, sich vorübergehend von der Aktivität des Redens zurückzuziehen. Es bedeutet auch den vorübergehenden Rückzug von Aktivitäten wie Fernsehen, Radiohören oder Lesen. Wenn man sich nie die Gelegenheit gönnt, Schweigen zu erleben, herrscht Aufruhr im inneren Dialog. Man kann sich auch einfach verpflichten, jeden Tag eine gewisse Zeit Schweigen zu bewahren. Das könnte zwei Stunden dauern; wenn das zu viel erscheint, vielleicht eine Stunde. Was geschieht nun bei dieser Schweige-Erfahrung? Anfangs wird der innere Dialog noch turbulenter. Man spürt den intensiven Drang, etwas zu sagen. Manche Menschen werden am ersten Tag fast verrückt, wenn sie sich auf eine ausgedehntere Schweigephase eingelassen haben. Sie überkommt ein Gefühl von Dringlichkeit und Angst. Aber wenn sie bei ihrer Verpflichtung bleiben, beruhigt sich der innere Dialog allmählich, und bald wird das Schweigen sehr profund. Denn nach einer Weile gibt der Verstand auf. Er erkennt, dass es keinen Sinn hat, sich weiter im Kreis zu drehen, wenn das Du – das Selbst, der Geist, der Entscheidungsträger – nicht sprechen will.«

Zudem halte ich mich gern in der Natur auf – nicht nur auf meinen Reisen, sondern auch in Berlin: im Park, in den Wäldern, an einem See. Dort spüre ich Freiheit und Glückseligkeit am besten. Der regelmäßige Kontakt mit der Natur bringt große Harmonie in den turbulenten Verstand. Vielleicht gibt es deswegen auch keinen Burnout bei Reisbauern. Das scheint wohl ein Phänomen der Stadt zu sein.

In dieser Ruhe spüre ich immer sehr deutlich, was meine Prioritäten sind. Was mich im Leben wirklich glücklich macht und wo ich zu neuer Energie finde. Wenn wir uns darüber bewusst werden, können wir diesen Dingen den nötigen Raum geben, und zwar möglichst bedingungslos. Eine Möglichkeit ist, wie Sie ja bereits gelesen haben, das Ritual.

Abschließend will ich Ihnen eine kleine Geschichte erzählen, die mir dieses Thema nahegebracht hat: Es ist die »Anekdote zur Senkung der Arbeitsmoral« des Literaturnobelpreisträgers Heinrich Böll, hier in leicht abgewandelter Form:

Ein Investmentbanker stand in einem mexikanischen Fischerdorf am Pier und beobachtete, wie ein kleiner Kutter mit einem Fischer an Bord anlegte. Er hatte einige große Thunfische geladen. Der Banker gratulierte dem Fischer zu seinem prächtigen Fang und fragte, wie lange er dazu gebraucht hätte.

Der Fischer antwortete: »Ein paar Stunden nur. Nicht lange.«

Daraufhin fragte der Banker, warum er denn nicht länger auf See geblieben sei, um noch mehr zu fangen.

Der Fischer sagte, die Fische reichten, um sich und seine Familie die nächsten Tage zu versorgen.

Der Banker wiederum fragte: »Aber was tun Sie mit dem Rest des Tages?«

Der Fischer erklärte: »Ich schlafe morgens aus, gehe ein bisschen fischen, spiele mit meinen Kindern, mache mit meiner Frau nach dem Mittagessen eine Siesta, spaziere ins Dorf, trinke dort ein Gläschen Wein und spiele Gitarre mit meinen Freunden. Sie sehen, ich habe ein ausgefülltes Leben.«

Der Banker erklärte: »Ich bin ein Harvard-Absolvent und könnte Ihnen helfen. Sie sollten mehr Zeit mit Fischen verbringen und von dem Erlös ein größeres Boot kaufen. Mit dem Erlös könnten Sie weitere Boote kaufen, bis Sie eine ganze Flotte haben. Statt den Fang an einen Händler zu verkaufen, sollten Sie direkt an eine Fischfabrik verkaufen und schließlich eine eigene Fischverarbeitungsfabrik eröffnen. Sie könnten Produktion, Verarbeitung und Vertrieb selbst kontrollieren, dieses kleine Fischerdorf verlassen und nach Mexiko City oder Los Angeles, ja vielleicht sogar nach New York City umziehen, von wo aus Sie Ihr florierendes Unternehmen dann leiten.«

Der Fischer fragte: »Und wie lange wird dies alles dauern?«

Der Banker antwortete: »So etwa 15 bis 20 Jahre.«

Der Fischer fragte: »Und was dann?«

Der Banker lachte und sagte: »Dann kommt das Beste. Wenn die Zeit reif ist, könnten Sie mit Ihrem Unternehmen an die Börse gehen, Ihre Unternehmensanteile verkaufen und sehr reich werden. Sie könnten Millionen verdienen.«

Der Fischer sagte: »Millionen, aha. Und dann?«

Der Banker erwiderte: »Dann könnten Sie aufhören zu arbeiten. Sie könnten in ein kleines Fischerdorf an der Küste ziehen, morgens lange ausschlafen, ein bisschen fischen gehen, mit Ihren Kindern spielen, eine Siesta mit Ihrer Frau machen, in das Dorf spazieren, am Abend ein Gläschen Wein genießen und mit Ihren Freunden Gitarre spielen.«

Ich steh auf Berlin

In der Ära der Nachtclubs zu Beginn des 20. Jahrhunderts traten die besten Magier im Kit Kat Klub in New York auf, im Pariser Lido, im Stardust Hotel Las Vegas oder im Palladium in London. Der Belgier Servais Le Roy galt als der vollkommenste Zauberer dieser Epoche. Seine berühmte Schwebeillusion schien mehr als ein Trick zu sein: Er bedeckte seine hübsche Frau Mercedes Talma mit einem silbernen Tuch und ließ sie langsam in die Luft hochsteigen. Dort schwebte sie, bis Servais Le Roy das Tuch mit einem Ruck wegzog – Talma war spurlos verschwunden. Da hörte man aus dem Publikum die ersten Rufe, denn die junge Frau stand mitten im Saal und verteilte Kusshändchen. Nach Ende der Show waren sich die Zuschauer einig: »Das war keine Täuschung. Das war echt!«

Es war Liebe auf den ersten Blick, als ich im Sommer 1999 in Berlin eintraf. Vor knapp 20 Jahren hatte Annette Humpe das Lied mit dem Ohrwurmrefrain gesungen, und auch wenn die Geschichte seither einige Zeilen ausradierte – »dahinten fängt die Mauer an« –, sind andere für die Ewigkeit geschrieben: »Musik ist heiß, das Neonlicht strahlt« oder »Zweiter Stock, vierter Hinterhof, neben mir wohnt ein Philosoph«. Genauso lernte ich die Hauptstadt kennen und lieben, mit heißer Musik, aufgeschlossenen Menschen und dieser einzigartigen Energie, die Wunder erst möglich macht. Ich war nicht der Einzige, der in dem Sommer mit dem Umzugskoffer in der Hand in Berlin aufkreuzte, denn in jenen Monaten wurde der Parlaments- und Regierungssitz von Bonn nach Berlin verlegt. Ganz klar: Meiner neuen Heimat gehörte die Zukunft.

Ich fand eine kleine Wohnung am Volkspark Friedrichshain. Dort pinnte ich einen Zettel an die Kühlschranktür, der mich an meine Aufgaben der kommenden Wochen erinnerte:

1. Zivildienstelle finden!
2. Auftrittsmöglichkeiten finden!

In einer Berliner Stadtzeitung versuchte man, den vielen neuen Künstlern der Stadt den Schneid abzukaufen: In Berlin leben schon 5000 bildende Künstlerinnen und Künstler, las ich da, außerdem weitere 1200 Schriftstellerinnen und Schriftsteller. Es gab mehr als 1500 Pop- und Rockgruppen sowie 500 Jazzmusiker. 103 professionelle Orchester und Musikensembles, 1500 Chöre und 300 Theatergruppen buhlten um die Gunst des Publikums. 1000 Tänzerinnen und Tänzer traten sich gegenseitig auf die Füße. Von Zauberern und Magiern war nichts zu lesen, also nahm ich einen Stift und kritzelte unter den Artikel: Ab heute gibt es 1 Magier. Wahrscheinlich gab es weitaus mehr, denn von 10000 Einwohnern Berlins gingen 80 einem künstlerischen Beruf nach, während es in Göttingen bloß 35 waren. Natürlich wurde auch über Geld gesprochen: Der Künstler ist arm, war zu lesen, er verdient – in heutiger Währung –12 000 Euro im Jahr. Das alles schreckte mich nicht ab, und das war auch gut so. Der Zweifel hat nichts verloren, wenn Neuland betreten wird.

Zauberei, sagen manche, besteht nur aus Ablenkung. Ich würde es anders ausdrücken: Die Aufmerksamkeit des Publikums wird in die Richtung der Magie gelenkt. So wie ein Filmregisseur weiß, was er tun muss, damit ein Film spannend wird. Er weiß, welche Kameraeinstellung optimal ist, wie der Schnitt den Rhythmus beeinflusst, wann er Musik einsetzen sollte, damit wir der Handlung folgen, und wie er die Schauspieler dirigiert. Dazu gehört ein optimales Gespür für Zeit: Manche Bewegungen dürfen nicht zu schnell passieren, andere auf keinen Fall zu langsam. Ich begann, mit einem Metronom zu üben, wie es Profimusiker benutzen. Mit diesem Gerät lernt man, im Takt zu bleiben. Das half mir, als ich zum ersten Mal mit den sogenannten abgesetzten Bewegungen arbeitete.

Was das ist? Nehmen wir an, Sie gehen die Straße entlang, und jemand fragt nach dem Weg. Der befindet sich dort, wo Sie herkommen. Wenn Sie kein professioneller Schauspieler sind, tun Sie jetzt Folgendes: Sie drehen sich um, während *gleichzeitig* Ihre Hand in die Richtung deutet und Sie *gleichzeitig* den Weg beschreiben. Auf der Bühne oder im Film funktioniert das nicht, weil der Zuschauer Ihre Bewegungen nicht unterscheiden kann, wenn er gleichzeitig dem Gesprochenen lauscht. Daher geht ein Schauspieler so vor: Er dreht sich um. Stopp. Er weist mit der Hand in die Richtung. Stopp. Er beschreibt den Weg. Stopp. Jedes »Stopp« ist ein kurzes Innehalten, das dem Zuschauer hilft zu begreifen, was gerade passiert. Trotzdem muss die Bewegung fließend sein, wir sind ja nicht beim Breakdance. Das alles ist ganz schön schwierig.

Ich stellte mir einen großen Spiegel ins Zimmer, dann ging es los. Gehen. Stopp. Stehen. Stopp. Drehen. Stopp. Ganz alltägliche Vorgänge entdeckte ich neu: Wie trinke ich einen Kaffee, während ich gleichzeitig – natürlich in abgesetzen Bewegungen – ein Buch umblättere? Ich baute eine Kamera auf und filmte mich, analysierte anschließend die Szene. Wie war mein Timing? Was konnte ich besser machen? Und überhaupt, wie nehmen uns andere Menschen wahr? Wie nehmen wir sie wahr? Ich verbrachte viel Zeit in Museen und studierte die eingefrorenen Gesten der ausgestellten Porträts.

Zur selben Zeit machte ich mich auf die Suche nach einem Zivildienstplatz. Der Dienst an der Waffe bei der Bundeswehr war für mich nicht in Frage gekommen, ich war im Einklang mit Frieden und Natur groß geworden und dem Bewusstsein, dass wir alle eins sind. Dass es keine Trennung zwischen dir und mir gibt. Was ich dir antue, tue ich mir selbst an – im Zeichen dieses Mottos wuchs ich auf, und da ist kein Platz für Kriegsspiele. Hinzu kommt, dass für mich Zauberei und Magie friedliebende Tätigkeiten sind, auch wenn sie in Filmen und Videospielen oft mit Kampf und Krieg in Zusammenhang gebracht werden, Harry Potter lässt grüßen. Für mich dagegen ist Magie dazu da, Menschen zum Staunen zu bringen und sie auf eine Reise ins Unbekannte mitzunehmen. Sie soll Lust darauf machen, neue Wege zu beschreiten. Dazu braucht es kein Kampfgetümmel.

Fährt man auf der Karl-Marx-Allee Richtung Osten und biegt hinter dem Frankfurter Tor in die Möllendorfstraße ein, kommt man in den Stadtteil Lichtenberg. Der sollte für die nächsten Monate Zentrum meines Lebens werden. Ich fand eine Zivildienststelle in einer Werkstatt für geistig Behinderte und erlebte eine wunderbare Zeit. Doch was heißt hier *eine* Werkstatt? Es gibt gleich mehrere: eine Näherei, eine für Elektroarbeiten, eine für Holz. Keramiken wurden dort hergestellt und so manche wundersame Dinge in Schachteln verpackt, von denen ich keine Ahnung hatte. Also ließ ich es mir von den Mitarbeitern erklären.

»Was ist das?«, fragte ich und hielt einen länglichen Stab hoch.

»Eine Stableuchte«, antwortete Walter. Er war Autist, und ich war fasziniert, wie diszipliniert er seiner Arbeit nachging. Jeden Morgen um 8 Uhr stand er pünktlich auf der Matte, arbeitete ohne Pause bis 12, machte exakt 45 Minuten Mittag und kehrte anschließend an die Arbeit zurück. Fragte ich ihn, was die Wurzel aus 144 ist, kam die Antwort »12«, bevor ich den Satz zu Ende bringen konnte. Wollte ich ihn allerdings zum Lachen bringen, stieß ich an Grenzen. Walter wusste alles über diese Stableuchten.

»Die kommen ins Sony Center am Potsdamer Platz«, erläuterte er. »Wir machen 4320 Stück.« Dann musterte er mich ernsthaft. »Hast du deine Bananen schon gegessen?«

Diese Frage hörte ich jeden Tag, denn schnell hatte ich meinen Spitznamen weggehabt: Banane. Damals war ich Rohköstler und musste täglich eine größere Menge an Obst verdrücken, um über die Runden zu kommen. Da verschwanden schon mal schnell sechs Bananen pro Mahlzeit. Gab es für mich mal nichts zu tun, verzog ich mich in eine Ecke, öffnete eins der Zauberbücher, die ich stets bei mir trug, und studierte die alten Meister. Dann kam wieder eine Ladung CD-Schachteln herein, und ich spornte alle zum sportlichen Wettstreit an: Wer faltet die meisten Schachteln in kürzester Zeit? Bei der Arbeit trug ich knallrote Handschuhe, um mich an den scharfkantigen Pappschachteln nicht zu schneiden, zeigte abgesetzte Bewegungen wie beim Zaubern und freute mich, wenn alle lachten: »Hey, du siehst aus wie Michael Jackson!«

Ich liebte meine Zivistelle, und ich liebte die Menschen, die dort arbeiteten und lebten. Es waren Kinder in den Körpern von Erwachsenen. Viele von ihnen fanden besonders leicht einen Zugang zum Staunen und Wundern. Eine Münze verschwand, ein blaues Tuch wurde auf einmal gelb, eine Kiwi unter einem umgedrehten Becher war plötzlich eine Orange? Wunderbar! Ich sah in leuchtende Augen.

Ein paar Wochen später kam mein Vater zu Besuch und lud mich abends zum Essen ein. Keine Bananen, sondern Sushi. Das hatte ich zuvor nur einmal probiert und war dem zarten Fisch sofort verfallen. Zu jener Zeit gab es noch nicht wie heute an jeder Ecke eine Sushi-Bar. Wir suchten uns den angesagtesten Laden der Stadt aus: das Kuchi in der Kantstraße. Dort bestellten wir nach Herzenslust Sushi, Sashimi, Donburi und Tempura. Während wir aufs Essen warteten, wollte mein Vater meine neuesten Zauberkunststücke sehen. Darum ließ ich mich kein zweites Mal bitten, schließlich bedeutete jede Vorführung gleich wieder eine gute Übung. Ich legte los und merkte erst nach einer Weile, dass sich die halbe Belegschaft um unseren Tisch versammelt hatte. Ein Mann trat aus dem Kreis, schüttelte mir die Hand, stellte sich als »Duc« vor und als Chef des Restaurants. Er sagte: »Das war ja toll! Hättest du Lust, das unseren Gästen zu zeigen? Wir hatten früher einen Sänger, der regelmäßig vorbeikam, und die Leute haben ihn geliebt.«

Mir fiel Punkt zwei des Merkzettels an meinem Kühlschrank ein: Auftrittsmöglichkeiten finden. Das ging ja schneller, als ich dachte. Die Frage von Duc war ein Impuls, und ich hatte gelernt, wie nützlich es sein kann, einem solchen zu folgen.

»Gerne!«, antwortete ich. »Passt es nächsten Freitag?«

Duc nickte, und ich spürte einen Kitzel! »Restaurantzauberei« ist eine eigene Sparte der Zauberkunst, die vor allem in Amerika weit verbreitet ist. Dabei geht der Zauberer von Tisch zu Tisch und überbrückt mit seinen Kunststücken die Wartezeit. Oder er unterhält die Gäste nach dem Essen. So werden an einem Abend alle Sinne angesprochen. Dabei muss der Zauberer ein feines Gespür für den richtigen Moment mitbringen, denn mitunter passt die schönste Magie nicht zur Situation. Stellen Sie sich vor, Sie sitzen mit Ihrer Begleitung bei Kerzenschein, schauen einander gerade tief in die Augen, und jemand tritt an Ihren Tisch und sagt: »Ziehen Sie doch mal eine Karte!« Das will nun wirklich keiner.

»Was hast du dir als Gage vorgestellt?«, fragte ich Duc. Der lächelte erneut. »Lass den Hut rumgehen. Das hat der Sänger auch gemacht.«

Künstler lassen den Hut rumgehen, so kennt man das bei Straßengauklern und Musikern. Mir behagte es nicht – weil man das in einem feinen Restaurant nicht tut und ich damit die Gäste inkommodieren würde. Außerdem trage ich keinen Hut. Ich schüttelte den Kopf. »Ich habe einen besseren Vorschlag. Machen wir ein Bartering-Geschäft.«

Jetzt sah mich Duc zweifelnd an. Den Ausdruck hatte er noch nie gehört.

»Ware gegen Ware«, erklärte ich. »Ich zaubere, und du bezahlst mich mit Sushi satt.«

Da kehrte das Lächeln auf Ducs Gesicht zurück. Er streckte mir die Hand hin. »Einverstanden!«

Wenn ich an jenen Tag zurückdenke, empfinde ich große Dankbarkeit. Von vielen entscheidenden Szenen in meinem Leben ragt diese Begegnung heraus. Sie setzte eine Entwicklung in Gang, die die Folgen positiver Impulse beispielhaft aufzeigt. Zum vereinbarten Termin kehrte ich ins Kuchi zurück. Es gab drei längere Tische und zwei kleinere, und wie der Chef versprochen hatte, waren die meisten Plätze besetzt. Ich bewegte mich durch die Reihen und sprach die Leute an: »Guten Abend, habt ihr schon euer japanisches Glückspapier bekommen?«

Glückspapier? Diese Frage löste Verwirrung aus. Was ist das? Ein Geschenk? Kostenlos? Damit hatte ich das Interesse der Gäste geweckt. Das ist auch das oberste Gebot des Restaurantszauberers: niemals mit der Frage »Wollen Sie Zauberei sehen?« an den Tisch treten. Dann kommt immer ein »Nein!«, weil die Gäste nicht wissen, was auf sie zukommt, wie lange das Ganze dauert und ob es etwas kostet. Natürlich reagieren sie da erst einmal mit Abwehr. Also musste ich sie behutsam ans Thema heranführen und ihnen klarmachen, dass ich zum Restaurant gehörte. Dafür blieben mir nur wenige Sekunden. Die Idee mit dem Glückspapier funktionierte perfekt!

»Nein, das haben wir nicht bekommen.«

Ich lächelte. »Gut, dass ich hier bin. Ich gebe es euch.«

Ich zog ein Papier in der Größe eines Zigarettenpapiers aus der Tasche. Darauf waren kunstvolle magische Zeichen zu sehen. »Wisst ihr, was ihr damit anfangen könnt?«

»Was denn?«

»Ihr haltet es an den Fingerspitzen fest …« – ich hielt das Papier zwischen Daumen und Zeigefinger – »… wünscht euch etwas, und schon …« – im selben Moment ging das Papier in lodernden Flammen auf – »… habt ihr es.« Vor weit aufgerissenen Augen erschien aus dem Feuer eine japanische Münze mit einem Loch in der Mitte.

»Na sowas, eine japanische Parkmünze«, fuhr ich fort, »das ist ja praktisch.« Draußen in der Kantstraße gab es Parkuhren, die ähnliche Münzen schluckten, und Parkplätze nahe am Kurfürstendamm waren stets begehrt.

»Drei Minuten kriegt ihr dafür. Bitteschön.«

Die Gäste griffen danach, doch sie griffen in die Luft. Die Münze war plötzlich verschwunden.

»Wo ist sie hin?«, fragten sie wie aus einem Mund.

Ich sah mich suchend um. »Vielleicht hier?« Schon holte ich sie hinter dem Ohr eines jungen Mannes hervor. Erneut griffen Hände danach, doch nun zischte es, und die Münze verwandelte sich zur Größe einer Frisbeescheibe.

»Damit könnt ihr bestimmt unendlich lange parken.«

Was folgte, war Gelächter. Wir scherzten darüber, wie man die Münze in eine Parkuhr hämmern könnte. Jetzt hatte ich die volle Aufmerksamkeit und konnte mich vorstellen: »Ich bin Thimon, der Zauberer vom Kuchi, und darf Euch heute den Abend mit meiner Magie versüßen.«

Mittlerweile waren andere Gäste auf mich aufmerksam geworden. Sie winkten mich zu sich. »Wir wollen auch verzaubert werden!«

So wechselte ich von Tisch zu Tisch und merkte gar nicht, wie die Zeit verflog.

An dem Abend spielte ich, bis die letzten Gäste gingen. Dann belohnte mich der Chef mit Sushi satt. Das war der Beginn eines jahrelangen Engagements, das am Ende einen erfahrenen Close-up-Zauberkünstler aus mir machte, und gleichzeitig einen Experten in Sachen japanischer Esskultur. In der Regel gefiel den Gästen mein Angebot, doch einmal geriet ich an den Falschen. Ich war unaufmerksam und begann ohne Glückspapier mit der Begrüßung: »Ich bin Thimon, der Zauberer vom Kuchi …«.

Der Gast konterte: »Dann zaubere dich gleich mal wieder weg.«

Das war zwar unfreundlich, aber schlagfertig, und darüber musste ich schmunzeln. Aus solchen Situationen habe ich immer etwas gelernt. Nachdem ich die angrenzenden Tische verzaubert hatte, rief mich der Mann zu sich: »Die sind ja alle ganz begeistert. Vielleicht möchtest du mir doch zeigen, was du kannst?«

Ein paar Minuten später trug auch er einen Ausdruck größten Erstaunens auf dem Gesicht. »Ich habe selbst ein paar Restaurants. Hättest du Lust, bei mir aufzutreten? Ich habe nicht geglaubt, dass das so stimmig ist.«

So spielte ich sechs Jahre lang in seinem Restaurant Nola, dieses Mal gegen Gage. Wie im Kuchi legte ich auf jedem Tisch meine Visitenkarten aus. Bald kamen Anrufe: Wir feiern Betriebsfest, Weihnachtsfeier, unsere Hochzeit. Willst du auftreten? Auf diese Weise wurde ich in Berlin immer bekannter, und mein Netzwerk vergrößerte sich. Der Plan ging auf.

Bevor die Beatles zu Weltstars wurden, absolvierten sie zwischen 1960 und 1962 sagenhafte 270 Konzerte auf der Hamburger Reeperbahn, wo ein Nachtclubbesitzer namens Bruno den Non-Stopp-Striptease erfunden hatte. Dazu brauchte er eine Liveband, um Passanten in den Club zu locken, und die Jungs aus Liverpool waren sich nicht zu schade, acht bis zehn Stunden am Stück zu spielen. John Lennon kommentierte die Lehrjahre der Kultband später so: »Wir haben die ganze Nacht gespielt. Wir mussten uns richtig ins Zeug legen, uns ständig Neues einfallen lassen. Dadurch wuchs unser Repertoire, wir wurden besser, und wir gewannen an Selbstvertrauen.«

Meine Lehrjahre fanden in diesen Restaurants statt. Freitags im Kuchi und sonntags im Nola. Dort lernte ich zu improvisieren, auf Zuschauer einzugehen, neue Situationen blitzschnell zu erkennen und ins Spiel mit einzubeziehen. Auch ich ließ mir ständig etwas Neues einfallen und bastelte mir mein Repertoire zusammen.

Eines Abends, als alle Gäste des Kuchi gegangen waren, sagte der Chef zu mir: »Nächste Woche sind wir weg, wir machen auf einem Kreuzfahrtschiff in Monaco das Catering. Da findet das Formel-1-Rennen statt.«

Formel 1? Kreuzfahrtschiff! Moment mal, dachte ich, das ist doch was für mich!

»Wer hat euch engagiert?«

»Khalid Schröder, der Eventmanager. Ein Gast, der hier auch ab und zu verkehrt. Kennst du ihn nicht?«

Ich kannte ihn nicht, wollte ich ihn aber natürlich kennenlernen.

»Gib mir doch mal seine Nummer. Ich will mit nach Monaco!«

War das wieder ein Zeichen? Eine Möglichkeit, die sich mir bot? Dann musste ich die Sache richtig angehen.

Ich rief Khalid Schröder an und begann mit den Worten: »Ich habe im Kuchi gehört, dass Sie ein Event in Monaco organisieren. Ich glaube, Sie sollten mich mit auf dem Schiff haben.« Vielleicht war es Chung Ling Soo mit seinem unschlagbaren Selbstvertrauen, der mir die Worte in den Mund legte: »Ich komme zu Ihnen in die Agentur und zeige Ihnen, warum.«

Ich wollte unbedingt dabei sein und wäre auch mitgefahren, wenn ich nur Kost und Logis bekommen hätte. Drei Zauberkunststücke später hatte ich ein Angebot in der Tasche: Vier Tage Auftritt, Kost und Logis frei, dazu ein Handgeld, das sich sehen lassen konnte.

Als wir in Monaco eintrafen, schien die Sonne, und von den Bergen im Hinterland kam eine angenehme Brise. Das Wasser glitzerte, und darauf schwammen die tollsten Jachten, die ich je gesehen hatte. Die Stadt selbst ist nicht so groß, aber voller vibrierender Energie, gerade am Formel-1-Wochenende. Ich sollte im Laufe meiner Karriere noch häufiger nach Monaco kommen, doch wie man so treffend sagt, das erste Mal ist immer das schönste. Meine Mitstreiter aus dem Kuchi kümmerten sich gleich um ihre Vorbereitungen für das abendliche Sushi-Buffet, ich erkundete erst einmal das Schiffsdeck. Dabei kreuzte ich den Weg von zwei coolen Typen. Sie standen an einer Bar und wirkten so lässig, wie es nur Menschen können, die Lässigkeit nicht spielen müssen. Irgendwie kamen sie mir bekannt vor, und wir kamen ins Gespräch. Sie erzählten mir, dass sie zwei Jahre lang auf einem Katamaran die Welt umsegelt hatten und ein Buch mit dem Titel *Zwei Männer und viel Meer* veröffentlicht haben. Jetzt erinnerte ich mich: »Aber sicher, Hubertus Sprungala und Richard Radtke. Ich hab euer Buch gelesen!« Nun war klar, woher ihre Gelassenheit kam.

Wir freundeten uns an, und als sie am selben Abend meine Vorstellung gesehen hatten, sagte Hubertus: »Das ist großartig, was du auf der Bühne machst. Du solltest damit zum Fernsehen gehen.«

»Mach ich gerne. Aber wie?«

Er hob die Schultern. »Frag mich, wie man die Stürme der Roaring Forties am 40. Breitengrad durchquert, und ich kenne die Antwort. Hier muss ich passen. Aber ich kenne jemanden, der dir helfen kann.«

Er gab mir die Nummer von Thomas Lücke, einem TV-Journalisten aus Berlin.

Kaum war ich zurück, rief ich an. Wieder hatte ich Glück. Thomas hatte einige Zeit in den USA gelebt und dort den Quotenhit von David Blaine miterlebt. David Blaine ist der erste Close-up-Künstler, der diese Art der Magie ins Fernsehen gebracht hatte. Zuvor kannte man nur Bühnendarbietungen von Illusionisten wie David Copperfield oder Siegfried & Roy. Dabei wurde immer nur die Vorführung gefilmt und ab und zu das Publikum gezeigt, wie es Beifall klatscht. Die Begeisterung und das Staunen, welche die Magie auslösen, kamen nicht zur Geltung. David Blaine hatte das erkannt und sich darauf konzentriert, Zauberkunststücke so vorzuführen, dass die Zuschauer mit ihren Reaktionen zu sehen sind. Und das tat er nicht auf einer Bühne, sondern in Fußgängerzonen, mitten in einem Wohnviertel, oder an einem Tisch mit Superstars wie Leonardo DiCaprio. Die Zuschauer flippten regelrecht aus, denn es handelte sich nicht um ein Publikum, das häufig ausging und solche Dinge schon einmal gesehen hatte. Sie erlebten diese Art von Magie zum ersten Mal, schlugen die Hände vors Gesicht oder liefen schreiend davon. Bei Blaine waren also genau die großartigen Emotionen zu sehen, die ich tagtäglich erlebte.

Thomas hatte die Idee, dieses Konzept in Deutschland einzuführen. Also zogen wir mit einer Handkamera los, und ich zeigte den Leuten auf dem Kurfürstendamm und dem Alexanderplatz meine Kunststücke. Die Reaktionen waren wie gewünscht: einfach nur großartig! Mit unseren Probeaufnahmen klapperte Thomas die einzelnen Sender ab, um das Format zu verkaufen. SAT.1 reagierte als Erster und sagte: »Legt mal los!« Der Beitrag, den wir daraufhin auf den Straßen Berlins produzierten, wurde ein Riesenerfolg. Von da an hieß es: »Macht weiter. Wir wollen mehr davon.«

Während Thomas und ich überlegten, wo wir als Nächstes meine Magie präsentieren könnten, läutete das Telefon. Khalid, der Eventmanager, war dran. »Frau Ohoven hat gefallen, was du da unten auf dem Schiff gezeigt hast«, sagte er. Ute-Henriette Ohoven ist als UNESCO-Sonderbotschafterin für die UNESCO-Aktion »Bildung für Kinder in Not« verantwortlich. »Sie fragt, ob du nicht auf der UNESCO-Gala in Neuss auftreten möchtest?«

Ich erzählte Thomas davon, er war Feuer und Flamme. »Grandios! Da sind jede Menge Promis. Wenn du mit denen zauberst, bekommen wir tolle Bilder. Wenn du sie zum Staunen bringst, werden wir an ihnen wahrscheinlich Emotionen erleben, die sie ansonsten nicht zur Schau tragen.«

Khalid hatte nichts dagegen, dass ich mein eigenes Fernsehteam mitbringen würde. Und so fanden wir uns ein paar Wochen später in der Lobby eine Hotels in Neuss wieder. Meine Nadel auf der nach oben offenen Nervositätsskala schlug mächtig aus. Hier liefen Leute in der Lobby herum, die ich nur aus dem Fernsehen kannte und die nicht darauf warteten, dass ich mich mit »Hallo, haben Sie schon das japanische Glückspapier bekommen?« vorstellte. Damit ich bei diesem Schaulaufen berühmter Menschen überhaupt zu sehen war, hatte ich eine große rote Sonnenbrille auf und trug einen sehr extravaganten Anzug. Damals funktionierte das gut, heute frage ich mich, welcher Zauber wohl da in mich gefahren war …

Als Erstes traf ich Jean-Claude van Damme. Offenbar saß ihm der Jet Lag in den Knochen, jedenfalls machte er ein Gesicht, als sei ich einer der Bösewichte aus dem Film *The Expendables*, mit denen er aufräumen musste.

Ich legte los: »Das Chi, diese magische Kraft, die alles durchdringt, was existiert und geschieht, spielt bei dir im Kampfsport, eine große Rolle. Deine Schläge werden effektiver, du spürst weniger Schmerzen.«

Jean-Claude sah mich an, als wolle er das Chi gleich an mir ausprobieren. Schnell sprach ich weiter: »Ich nutze Konzentration und das Chi ebenfalls bei meiner Arbeit, zum Beispiel, um Karten tanzen zu lassen. Zieh doch mal eine Karte und merke sie dir. Steck sie zurück in Spiel und mische das Ganze gut durch.«

Tatsächlich zog er eine Karte und legte beim Mischen noch immer einen grimmigen Ausdruck an den Tag.

»Jetzt setze ich das Spiel auf meine linke, flache Hand«, fuhr ich fort. »Denke nun intensiv an deine Karte. Wenn ich mit meiner rechten Hand in die Nähe des Stapels komme, siehst du, wie sich das Spiel wie von Geisterhand trennt … das ist das Chi … eine Karte schiebt sich langsam aus dem Spiel, ohne dass ich sie berühre … wenn du sie aufnimmst und nachsiehst … ist das die Karte, an die du gedacht hast?!«

Wieder geschah das Wunder! Das Gesicht von Jean-Claude van Damme verlor alles Kämpferische. Er schenkte mir und dem Kamerateam ein strahlendes Lächeln.

»Very good! I'd better not fight you!«, sagte er, und wir beide lachten. Beschwingt zog ich weiter. Du hast den *Karate Tiger* zum Lächeln gebracht, dachte ich, und du hast noch alle Knochen beisammen, die Sache läuft! Ich steuerte die Bar an, wo ich einen lässig rauchenden Rudi Carrell erspäht hatte. Er war der Held meiner Kindheit! Seine »Rudi Carrell Show« war Pflichtprogramm in unserer ansonsten nicht gerade fernsehaffinen Familie gewesen: »Lass dich überraschen, schnell kann es geschehen« – mit dieser Melodie im Ohr näherte ich mich dieser Legende des Showbusiness. Ich wusste, dass er sich in der Zauberkunst auskannte, denn sein Vater André Carrell war mit dem Zauberkünstler Emil Moretti aufgetreten. So einem Mann kann man nicht mit Nullachtfünfzehn-Tricks kommen. Ich musste ihm etwas vorführen, bei dem er die Magie am eigenen Leib spüren konnte.

»Herr Carrell«, begann ich, »Sie sind ein kreativer Mensch und vertrauen bestimmt Ihrer Intuition, nicht wahr?«

Dagegen kann er kaum was einwenden, dachte ich. Damals wusste ich noch nicht, wie groß das Herz von Rudi Carrell für Nachwuchskünstler war. Er sah mich nicht mit den grimmigen Augen des *Karate Tigers* an, sondern schenkte mir seine ganze Aufmerksamkeit. Ein toller Mann!

»Ich würde gerne sehen«, fuhr ich fort, »wie gut Sie trotz all des Trubels im Einklang mit Ihrer Intuition sind. Daher habe ich ein Kartenspiel mitgebracht. 52 verschiedene Karten, die noch in der Schachtel stecken.«

Ich holte sie heraus. »Die lege ich nun auf Ihre rechte Hand.«

Gesagt, getan. Rudi Carrell sah mich mit erwartungsvollen Augen an.

»Eine einzige Karte in diesem Spiel habe ich verkehrt herum gedreht. Schließen Sie bitte Ihre Augen. Nehmen Sie einen tiefen Atemzug … Wenn Sie jetzt weiteratmen, stellen Sie sich vor, dass dieses Kartenspiel in Ihrer rechten Hand schwerer und schwerer wird. In der Tat wird es so schwer, dass es Ihren Arm nach unten drückt. Er sinkt in Richtung Bein, denn das

Kartenspiel ist auf einmal schwer wie Blei. Wenn nun gleich Ihre Hand das Bein berührt, wird etwas Verrücktes passieren. In diesem Augenblick wissen Sie, welche Karte ich umgedreht habe. Bestimmt denken Sie jetzt schon an einige Karten, vielleicht wirbeln sie geradezu durch Ihren Kopf. Doch keine davon ist die richtige. Erst im Moment, in dem Ihre Hand Ihr Bein berührt, wissen Sie es ganz genau. Es sind nur noch drei Zentimeter, nur noch zwei, machen Sie sich bereit … ja! Bitte verraten Sie mir, welche Karte Sie im Kopf haben?«

»Herzbube.«

Ich nahm das Spiel und fächerte die Karten langsam auf. »Wie Sie sehen, ist tatsächlich nur eine Karte umgedreht …«

»Wenn das Herzbube ist, zahle ich dir 100 Mark!«, platzte es aus Rudi Carrell heraus. Ich konnte es kaum glauben und versuchte cool zu bleiben, schließlich lief die Kamera.

Langsam drehte Rudi die Karte um. Es war …

»Herzbube!«

Rudi Carrell stieß ein Lachen aus. »Verflixt und zugenäht!«, rief er. Dann griff er in seine Brieftasche und zog einen Hunderter hervor, den er mir mit großer Geste überreichte. Inzwischen hatten wir eine Gruppe Zuschauer angezogen, und Rudi Carrell rief in die Runde: »Weltklasse!«

Erst später wurde mir klar, wie bedacht die Geste von Rudi Carrell gewesen war. Es war ihm wichtig gewesen, die anderen auf mich aufmerksam zu machen. Von nun an wusste jeder: Da ist ein Magier im Raum. Und so bekam ich noch Matula alias Claus Theo Gärtner, Roberto Blanco, Desirée Nick, André Rieu und Susanne Uhlen vor die Kamera. Jahre später habe ich dieses Kunststück in dem NDR-Magazin »DAS!« mit Bettina Tietjen durchgeführt, den Link finden Sie in meiner »Zugabe!« auf Seite 264.

Beim Fernsehen entscheidet allein die Quote über Erfolg oder Misserfolg. Wenn Zuschauer sich wegschalten oder gar nicht erst einschalten, ist es, als ob ein Zauberer in einem leeren Saal spielt. Unsere Sendung hatte eine überraschend hohe Quote – überraschend deshalb, weil die Fernsehmacher zu Beginn durchaus gewisse Zweifel hegten, ob Zauberei im Fernsehen funktionieren könne. Schließlich ist man mit einer Kamera schon in der Lage, alle möglichen Täuschungen zu vollbringen. Daher filmten wir in einer Einstellung ganz ohne Schnitt: So konnte der Zuschauer sicher sein, dass keine Tricks im Spiel waren.

Da die Quote überdurchschnittlich hoch war und SAT.1 mehr wollte, kam mir eine Idee: Die beiden Filme waren noch recht kurz gewesen, und mit ihnen war ich Teil einer Sendung, in der noch andere Beiträge zu sehen waren. Warum, dachte ich, machen wir nicht eine Spezial-Sendung, die ich ganz alleine bestreite? Es ging also darum, einen Film zu drehen, der mindestens zwanzig Minuten läuft. Das hatte noch keiner gemacht. Doch dem Mutigen gehört die Welt, sagt ein Sprichwort, und dahinter steckt ebenfalls Magie. Denn wenn man einen Weg beginnt, sollte man ihn konsequent zu Ende gehen. Ich glaubte an meine Idee, und es gelang mir, die Produzenten mit meiner Begeisterung anzustecken. Schließlich stimmten sie zu, unter der Bedingung, dass wir an einen ungewöhnlichen Ort fuhren.

»Was stellt ihr euch darunter vor?«

Das wussten sie auch nicht so richtig. Doch wieder einmal klingelte mein Telefon. Man hatte mich im Fernsehen auf der UNESCO-Gala gesehen, hieß es, und nun wollte man mich für eine große Automarke engagieren. Das Ganze sollte in Kitzbühel beim berühmten Hahnenkamm-Rennen stattfinden.

Ich selbst stehe nicht häufig auf Skiern, und müsste ich die berüchtigte Streif mit ihrem 50-prozentigen Gefälle hinabfahren, könnte mir kein Zauber dieser Welt weiterhelfen. Im Jahr zuvor hatte der »Herminator« das Rennen gewonnen, Hermann Maier aus Österreich, das lockte die Massen: Allein 700 Pressevertreter aus 35 Nationen waren in das Städtchen im nordöstlichen Tirol gekommen, dazu 100 000 Gäste und jede Menge Prominenz.

Bald darauf marschierte ich durch die winterliche Fußgängerzone von Kitzbühel, wo links und rechts teure Boutiquen die Edelmarken dieser Welt feilboten. Natürlich durften auch Uhren nicht fehlen, *made in Switzerland*, die niemals falsch gehen und keinesfalls stehenbleiben dürfen, es sei denn, ein Magier betritt das Geschäft. Ich hatte drinnen einen Mann erspäht, der zu meinen persönlichen Superstars gehörte: George Lucas! Magic George! Der Mann, der uns *Star Wars* geschenkt hat, Luke Skywalker, Obi-Wan Kenobi, und »möge die Macht mit dir sein!«. Er war gerade dabei, die ausgelegten Uhren zu inspizieren. Ich trat heran, und George Lucas lächelte, weil er dachte, ich sei der Verkäufer.

»Eigentlich brauche ich keine Uhr«, sagte er. »Die hier hat mir Nicolas Hayek persönlich gemacht.«

Nicolas Hayek gilt als Vater der Swatch-Uhren, und eine solche zierte George Lucas' Handgelenk.

»Sehr hübsch«, gab ich zu Antwort. »Wissen Sie eigentlich, wie sehr Sie mich mit Ihren Filmen inspiriert haben? *The Force*, die Macht, das alles durchdringende Energiefeld des Universums!«

Wahrscheinlich hörte er das häufig. Aber ich konnte »die Macht« schließlich beweisen!

»Haben Sie sich nicht auch schon einmal gewünscht, diese Macht einzusetzen, um beispielsweise die Zeit zurückzudrehen? Um etwas Schönes nochmals zu erleben? Ich habe mich damit befasst, und ich glaube, ich bin auf einem guten Weg. Dürfte ich einmal Ihre Uhr haben?«

George Lucas zierte sich, aber nachdem klar war, dass ich unmöglich der Verkäufer sein konnte, reichte er mir seine Hayek-Uhr.

»Sehen Sie, Sie zeigt exakt 17:26 Uhr an. Bitte halten Sie die Uhr zwischen Ihren Händen fest und schauen Sie ganz genau darauf. Sehr schön, Herr Lucas! Können Sie mir eine Zahl nennen, sagen wir, zwischen zwanzig und vierzig. 34? Eine gute Entscheidung! Dann mache ich Sie jetzt um 34 Minuten jünger. Ich werde die Zeit auf Ihrer Uhr zurückstellen, ohne sie zu berühren. Bitte konzentrieren Sie sich auf die Uhr und darauf, was Sie gleich fühlen werden. Bei manchen Menschen ist es Wärme, bei anderen ein angenehmes Kribbeln. Ich bin gespannt, was es bei Ihnen ist, schließlich ist die Macht mit Ihnen. Nun, was spüren Sie?«

»Da ist tatsächlich ein Kribbeln. Wie seltsam!«

»Dann schauen Sie doch mal auf Ihre Uhr. Oh, sie zeigt 16:52 Uhr an! Sie sind 34 Minuten jünger geworden. An dieser Stelle bereuen Sie vielleicht, dass Ihnen Herr Hayek nicht einen Jahreszahlanzeiger eingebaut hat.«

George Lucas starrte fassungslos auf seine Uhr. Kein Zweifel, die Zeiger standen auf 16:52 Uhr. Er sah mich an, dann wieder seine Uhr. Ich lächelte. »Natürlich will ich nicht, dass jemand behauptet, Sie seien zurückgeblieben, nur weil Sie auf einmal jünger geworden sind. Ich hole Sie wieder in die Gegenwart zurück. Das geht schneller als in die andere Richtung. Ich muss mich nur auf Ihre Uhr konzentrieren und darauf pusten, und schon sind wir wieder da, wo wir hingehören. Sehen Sie, Herr Lucas? Ihre Uhr zeigt wieder die richtige Zeit an!«

George Lucas schüttelte fassungslos den Kopf. Dann sagte er: »Du musst ein Jedi-Ritter sein!«

Ich deutete eine Verbeugung an: »Jederzeit zu Ihren Diensten!«, und schwebte aus dem Geschäft. Wenn ich nicht schon von Adel wäre, hätte ich mich jetzt geadelt gefühlt.

Das Uhrenkunststück können Sie ebenfalls im Internet anschauen. Da bei meinem Treffen mit George Lucas keine Kamera lief, finden Sie stattdessen im »Zugabe!«-Kapitel einen Link, der zeigt, wie ich die Uhr von Johannes B. Kerner verzaubere.

Irgendwann schlug das Fernsehteam vor, die winterliche Kälte gegen die Hitze einer Sauna einzutauschen. Im Spa-Bereich des Stanglwirts trafen wir auf den Schlagersänger Jürgen Drews und seine Frau Ramona. Dem König von Mallorca war es draußen offenbar auch zu kalt. Nur mit Bademantel bekleidet zeigte ich den beiden meine Version der zersägten Jungfrau. Nicht mit Ramona, sondern mit einer Spielkarte. Die beiden hatten ihren Spaß, wie auch Bernie Ecclestone, Flavio Briatore, Uwe Ochsenknecht, Katja Flint und gefühlt die Hälfte aller Kitzbühel-Gäste, für die ich in den nächsten Tagen zauberte.

Auch dieser Film wurde ein Erfolg und führte zu zahlreichen weiteren Engagements. Ich war glücklich, dass mein Traum, Berufszauberer zu werden, Wirklichkeit geworden war. Immer wieder entfaltete eine Möglichkeit die nächste.

Einige Zeit später fuhr ich erneut in die Alpen. Im Schweizer Skiort Sankt Moritz stieg der Skiweltcup, und eine Autofirma lud zur Gala ein.

»Wir haben jede Menge Prominente im Publikum«, flüsterte mir einer der Manager vor dem Auftritt ins Ohr. »Vielleicht holen Sie einen davon zu sich?« Als ich die Bühne betrat, entdeckte ich unter den Gesichtern keines, das mir bekannt vorkam. Also marschierte ich auf die nächstbeste Dame zu, verbeugte mich und sagte: »Verzeihen Sie, sind Sie prominent? Wahrscheinlich schon, sonst wären Sie nicht hier. Darf ich Sie bitten, mich auf die Bühne zu begleiten?«

Die Auserwählte kannte keine Scheu und erhob sich, während die Gäste kicherten.

»Wie heißen Sie denn?«, fragte ich.

»Gloria.«

»Ein schöner Name. Also, Gloria, stellen Sie sich vor ...«

Schon war ich mitten in meiner schönsten Zauberroutine. Ich wollte eine Nummer zeigen, die charmant ist, aber vielleicht auch ein bisschen anzüglich. Dazu bat ich eine zweite Dame auf die Bühne, dann offerierte ich die Geldscheine. Wir waren schließlich in der Schweiz, im mondänen Sankt Moritz, da spielt Geld eine Rolle, vor allem die Frage, wo man es sicher aufbewahren kann. Ich kenne einen wunderbaren Platz dafür, mit dem kein Nummernkonto mithalten kann: das Dekolleté einer attraktiven Frau. So bat ich die beiden Damen, jeweils ein Bündel Geldscheine in ihr Dekolleté zu stecken. Anschließend ließ ich das Geld vom Ausschnitt der zweiten Dame in den Ausschnitt von Gloria wandern. Als es bei ihr angekommen sein musste, fragte ich mit spitzbübischem Lächeln: »Haben Sie was gespürt?«

Gloria lächelte. Als sie nachschaute und die Ankunft des Geldes bestätigte, war sie ebenso begeistert wie das Publikum.

Hinter der Bühne nahm man mich später beiseite: »Im ersten Moment war ich schon etwas nervös, wie locker Sie mit der Fürstin umgegangen sind. Aber wie sie dann darauf reagiert hat, war ja umwerfend!«

»Von welcher Fürstin sprechen Sie?«

»Na, von Gloria Fürstin von Thurn und Taxis!«

Das hatte ich davon, dass ich nie *GALA* gelesen oder mich für den Adel interessiert hatte. Mein einziger Kontakt zur Szene hieß »Adel auf dem Radel« und war eine Sommerfreizeit für Kinder gewesen. Ob sie aus der Tradition entstanden war, weil Napoleon III. 1867 nach der Weltausstellung in Paris zu den ersten Besitzern eines »Michauline«-Hochrads gehört hatte, weiß ich nicht. Aber ich erinnere mich, wie wir von Gut zu Gut radelten und dort in Heuschobern übernachteten. Ob St. Emmeram darunter war, das Regensburger Schloss des Fürstenhauses Thurn und Taxis? Keine Ahnung. Ich rief meinen Vater an, damit er mich über die Fürstin aufklärte: »Mariae Gloria Ferdinanda Joachima Josephine Wilhelmine Huberta Gräfin von Schönburg-Glauchau ist die jüngste Tochter von Joachim Graf von Schönburg-Glauchau und dessen erster Ehefrau Beatrix Gräfin Széchényi von Sárvár und Felsővidék ...« Es folgten noch ein paar weitere Informationen, darunter auch, dass sie sehr gläubig sei. Da hatte ich ja die Richtige für meine Dekolleté-Nummer ausgesucht! Doch kurz darauf traf ich Fürstin Gloria im Foyer, und sie lachte mit mir über das Kunststück. Anschließend wollte sie wissen, ob ich Lust hätte, bei der Geburtstagsfeier ihres Sohnes Albert aufzutreten.

»Gern«, antwortete ich. Sie nannte mir einen Termin im Sommer. »Da bin ich auch wieder zurück. Heute war nämlich meine letzte Show. Jetzt fahr ich erst mal weg.«

Gloria lächelte. »Und wohin geht's?«

»Ins Land der Goldenen Pagoden. Nach Myanmar.«

Nach all dem Rummel wollte ich durchatmen. Dieser Wunsch ist die ideale Voraussetzung, um den Rucksack zu packen und eine Tür hinter sich zu schließen. Der magischste Zauberspruch für jemanden, der aufbrechen will, um neue Ufer zu erkunden, steht im *Herrn der Ringe* von J.R.R. Tolkien:

Die Straße gleitet fort und fort,
weg von der Tür, wo sie begann,
weit über Land, von Ort zu Ort,
ich folge ihr, so gut ich kann.

»Ich folge ihr, so gut ich kann«: Genau das hatte ich vor.

Über Magie und Glück

Allan Watts' Vater war Reifenhändler in einem südlichen Stadtteil von London, also nicht gerade eine Umgebung, in der Begriffe wie die Philosophie des Zen, Buddhismus oder Taoismus, die chinesische Lehre des Weges, täglich am Esstisch diskutiert werden. Trotzdem sollte Allan Watts als einer der Ersten diese fernöstlichen Weisheiten der westlichen Welt nahebringen. Zu Beginn des Zweiten Weltkriegs, im Alter von 22 Jahren, wanderte er in die USA aus, wurde Priester, später Schriftsteller und Gelehrter. Als er 1973 am Mount Tamalpais starb, einem Berg in Kalifornien, der von vielen als magischer Kraftplatz verehrt wird, hatte Watts die Welt verändert: Mit seinen Schriften, in denen der Mensch als Ausdruck des Göttlichen und das Leben als wunderbare Spielwiese gepriesen werden, hatte er nicht nur die Hippie-Bewegung beeinflusst, sondern Themen wie Parapsychologie, Mystizismus und Thaumaturgie, also die Darstellung von Wundertätigkeiten, ins Zentrum gerückt.

»Die Unfähigkeit, eine mystische Erfahrung als solche anzusehen«, rügte er seine vor allem westlichen Kritiker, »ist mehr als eine intellektuelle Begrenzung.«

Wenn wir heute nahezu überall in Deutschland Meditationskurse besuchen können, Yoga üben oder uns in klösterlicher Umgebung dem Zazen widmen, ohne dafür nach Japan fliegen zu müssen, hat Allan Watts seinen Teil dazu beigetragen.

Ob Allan Watts, Osho, Neale Donald Walsch oder René Egli: Die Schriften dieser Menschen haben mich in Sachen Spiritualität inspiriert und am Ende zur Meditation gebracht. Sie sprechen im Kern von der gleichen Sache, nur mit verschiedenen Worten. Mir gefiel ihre Aufforderung, im Hier und Jetzt zu leben und die Dinge, die man tut, niemals repressiv auszuüben. Für die Meditation kann das bedeuten: Wem im Lotussitz der Rücken schmerzt, findet vielleicht in der Dynamischen Meditation, wie sie auch Osho in Poona anbot, seinen Platz. Im Sufismus ist es der Tanz der Derwische, der den Übenden zur Achtsamkeit führt, bei den alten Griechen waren es Kreistänze. Ich bin ein Kind der achtziger und neunziger Jahre und machte meine ersten meditativen Erfahrungen ebenfalls beim Tanzen, auf Goa-Partys in Psychedelic Trance. Wie der Name verrät, wurden diese Partys im südindischen Goa ins Leben gerufen, draußen in der freien Natur, was genau das Richtige für mich war, denn ich mochte und mag auch heute weder Zigaretten noch verrauchte Räume.

Mittlerweile habe ich eine Form der Meditation gefunden, die wie Tanzen als wesentliches Element die Bewegung beinhaltet: Es ist das Wandern. Nicht umsonst sagt man: »Vogel fliegt, Fisch schwimmt, Mensch läuft«, denn wir sind zum Laufen geboren. 80 bis 100 Kilometer legen Angehörige von Nomadenvölkern wie die Khoisan, Tuareg oder Mongolen pro Tag zurück – eine Leistung, die im Tierreich nirgends erreicht wird. Für mich ist Gehen ein magischer Vorgang: Mit jedem Schritt lösen sich Gedanken und Sorgen auf, während die Gefühlswelt immer mehr Raum einnimmt. Man kann natürlich auch andere Dinge tun, um zur Ruhe zu gelangen: Tai Chi, Bogenschießen, Mantras singen. Es geht schlicht und einfach darum, das Gleiche zu wiederholen, damit sich der Verstand irgendwann ausklinken kann. Wir brauchen ihn nicht mehr und fallen in eine Art Trance. Auf meinen Rucksackreisen wandere ich daher gerne in den Bergen. Dort werde ich ruhig und gelassen und spüre reines Glück. Ich glaube, es hängt auch damit zusammen, dass ich im Verhältnis zu diesen Bergen nur ein kleines Sandkorn bin. Weil ich mich so klein fühle, werden auch meine alltäglichen Probleme unwichtig. Das ist ein ganz wunderbarer Effekt.

Wie ich Ihnen schon erzählt habe, kommen mir in solchen Augenblicken inspirierende Einsichten, zum Beispiel die Erkenntnis, was für mich Glück bedeutet. Auf diese Weise habe ich herausgefunden, dass ich am glücklichsten bin, wenn ich mit anderen Menschen etwas Besonderes teilen darf.

Soeben komme ich aus Neuseeland zurück, wo ich beide Leidenschaften geradezu im Überfluss erleben durfte. Da gibt es zum einen unzählige Wanderpfade durch die Berge in einer unbeschreiblich schönen Natur und zum anderen sagenhaft freundliche Menschen. Die »Kiwis« sind das herzlichste Volk, das ich bisher kennengelernt habe. Egal in welcher Umgebung, ob in einem Geschäft oder einem Restaurant, stets zeigten sie sich interessiert, zuvorkommend und hilfsbereit. Ich war geradezu überwältigt. Ihre innere Haltung sorgte dafür, dass auch ich mich gut fühlte, sie strahlte auf mich zurück. In einem solchen Hochgefühl kam mir die Idee zu einem Experiment, das ich hier mit Ihnen teilen möchte:

Begegnen Sie morgen jedem Menschen mit Ihrer Herzensenergie. Treten Sie ihm mit einem Lächeln und einer offenen Haltung entgegen. Versuchen Sie, durch Ihre innere Überzeugung, einem wertvollen Menschen gegenüberzustehen, auch sein Herz zu öffnen. Und bleiben Sie bei dieser Haltung, auch wenn die Person nicht umgehend auf Ihre Herzensenergie anspricht. Sie können ihm dabei auch gedanklich den Satz übermitteln: »Du bist ein wundervoller Mensch. Du hast viel zu geben, und ich ehre dich.« Schauen Sie ihm dabei in die Augen.

Ganz so, wie man sich in Indien mit dem Wort »Namaste« begrüßt. Es bedeutet nicht einfach nur »Hallo«, sondern: »Das Göttliche in mir grüßt das Göttliche in dir!« Damit kommt zum Ausdruck, dass Gott in jedem Menschen wohnt. Ehrerbietung, Respekt, Achtsamkeit und Wertschätzung sind die Haltungen, die angemessen sind.

Ich weiß, das klingt vielleicht etwas abgehoben, aber probieren Sie es trotzdem einmal aus. Beobachten Sie, was passiert, wenn Sie jedem Menschen mit dieser inneren Haltung entgegentreten. Verändert es die Haltung Ihres Gegenübers? Und was macht es mit Ihnen selbst? Wenn es auch bei Ihnen zu einem Glücksgefühl führt, und davon bin ich überzeugt, können Sie dieses Experiment natürlich auch gern ausdehnen. Auf den nächsten Tag, dann den übernächsten oder die ganze nächste Woche.

Ich höre Sie fragen: Nach dem zu schließen, was du sagst, lieber Magier, kann also jeder durch seine innere Haltung glücklich sein? Wenn Sie mich jetzt sehen könnten – und ich glaube, das tun Sie auch, denn Sie sind schließlich dabei, Ihre Welt mit Neugier und Vorstellungskraft zu verändern –, dann sehen Sie mich schmunzeln. Weil ich mich gerade daran erinnere, wie ich mir selbst diese Frage gestellt habe und dabei auf ein Experiment von Derren Brown gestoßen bin.

Derren ist ein Mentalist, der sich heute »psychological illusionist« nennt, weil ihn vor allem folgende Frage beschäftigt: »Warum verhalten sich die Menschen so, wie sie sich verhalten?« Um mehr darüber zu erfahren, nutzt er seine Zauberkraft für verblüffende Experimente. Und schon sind wir beim Glück.

»Was ist der Unterschied zwischen glücklichen und unglücklichen Menschen?«, fragte sich Derren und lud seine Zuschauer auf dem britischen Sender Channel 4 ein, ihm nach Todmorden zu folgen, einer sympathischen Kleinstadt mit rund 15 000 Einwohnern in der Grafschaft West Yorkshire. Dort wollte er ein dreimonatiges Experiment wagen, von dem die Bürger der Stadt allerdings nichts ahnten.

Alles begann mit einem Gerücht: Im beschaulichen Kurpark von Todmorden stand seit Jahr und Tag die Statue eines Hundes. Nun gibt es meistens einen Grund, warum eine Gemeinde eine Hundeskulptur ausstellt. Doch in diesem Fall konnte sich keiner mehr daran erinnern; die meisten Einwohner wussten nicht einmal, dass diese Statue überhaupt existierte. Derrens Team streute nun systematisch das Gerücht aus, dass jeder, der die Skulptur berührt, Glück haben wird. Im Grunde genommen ist das ein ziemlich alter Hut: Wer in Prag die Karlsbrücke überquert und an der Statue des heiligen Nepomuk den Hund zu dessen Füßen berührt, dem werden alle Wünsche erfüllt, sagt die Legende – und Hunderttausende Touristen aus aller Welt befolgen sie seit Jahr und Tag. Im Petersdom zu Rom ist es die um das Jahr 1300 von Arnolfo di

Cambio geschaffene Bronzestatue des heiligen Petrus: Wer dessen rechten Fuß berührt, dem wird Glück beschert. In Chiles südlichster Stadt Puntas Arenas küsst man einen Zeh der riesigen Statue des Weltumseglers Ferdinand Magellan. In Augsburg gibt es den Steinernen Mann, der in einer Mauernische am Dohlenturm bei der Stadtmauer Liebespaaren Glück verspricht, wenn sie seine Nase berühren.

Der Mythos vom glücksspendenden Hund stieß daher auf offene Ohren – man hatte von ähnlichen Geschichten gehört, und wenn Todmorden nun auch so eine Attraktion besaß, warum nicht einmal hinpilgern und die Sache ausprobieren? Schon bald erlebte der fast vergessene Hund im Kurpark der Stadt seinen zweiten Frühling.

Natürlich war das erst der Anfang. Als Nächstes pickte sich Derren Brown unter den Leuten von Todmorden einige Kandidaten für das eigentliche Experiment heraus. Sie sollten beobachten, ob nach der Berührung des Hundes wirklich Glück in ihr Leben Einzug hielt oder nicht. Ein paar Tage später wurden sie befragt.

Da gab es zum einen Sally, die frank und frei behauptete, nach einigen Spaziergängen zur Hundestatue mehr Glück in ihrem Leben zu erfahren. Ganz anders äußerte sich Wayne, der örtliche Metzger. Er bezeichnete sich als Pechvogel. Er habe noch nie Glück gehabt, sagte er, und, nein, auch der Hund könne daran nichts ändern. Auch nach einer Streicheleinheit der Statue habe sich in den folgenden Tagen gar nichts getan.

Derren fragte sich, ob Wayne das Glück überhaupt erkennen würde, wenn es vor seiner Tür stünde?

Also setze er sein Team auf Wayne an. Man tat wirklich alles, um dem guten Mann zum Glück zu verhelfen: Derrens Leute legten Geldscheine in seinen Weg, die Wayne jedoch geflissentlich übersah. Sie warfen ein Rubbellos in seinen Briefkasten, welches ihm einen nagelneuen Fernseher bescheren würde, doch Wayne warf es weg, ohne es freizurubbeln. Sie fuhren mit einem Lieferwagen an ihm vorbei, auf dessen Ladefläche in riesigen Buchstaben zu lesen war: »Wayne, ruf diese Nummer an!« Ein Telefonat hätte dem Metzger einen stattlichen Geldpreis eingebracht, doch wer gar nicht daran dachte, zum Hörer zu greifen, war Wayne. Zur gleichen Zeit berichtete Sally, dreimal hintereinander in der Lotterie gewonnen zu haben, was ihr im Leben noch nie passiert war. Außerdem erhielt sie nach einer weiteren Streicheleinheit beim »Lucky Dog« nach langer Erwerbslosigkeit eine Arbeitsstelle. Den übrigen Versuchspersonen erging es ähnlich.

Von solchen Dingen konnte Wayne nicht berichten. Einer, der Geldscheine auf der Straße übersieht, muss davon überzeugt sein, dass Glück in seinem Leben nichts zu suchen hat. Man spricht von negativen Halluzinationen, wenn wir Dinge übersehen, obwohl sie direkt vor unserer Nase liegen, wie zum Beispiel den Autoschlüssel, den wir seit einer halben Ewigkeit suchen.

War der Hund der Grund dafür? Brachte er das Glück in Sallys Leben und das der anderen? »Keineswegs«, sagt Derren dazu. Der »Lucky Dog« habe lediglich dafür gesorgt, dass sie selbst an das Glück glauben und von nun an mit offenen Augen durchs Leben gehen. Ihre Wahrnehmung hat sich verändert. Weil sie erwarteten, dass das Glück in ihr Leben trat, schrieben sie jedes positive Erlebnis dem Hund zu. Das führte wiederum dazu, dass sie mehr von den Möglichkeiten annahmen, die das Leben ihnen bot.

Erinnern Sie sich an die drei Prinzipien, die es braucht, um das Schicksal zu beeinflussen? Die Aufmerksamkeit zu schulen, dem Schicksal Angebote zu machen, den Impulsen zu folgen. Genau das taten die Lucky-Dog-Anhänger: Die positiv eingestellten Leute von Todmorden traten mehr und mehr in Aktion, um ihrem Glück eine Chance zu geben. Was also zählt, ist die innere Einstellung zum eigenen Leben.

Dieses Konstrukt, das Fakten schafft, nennt man »Als-Ob«-Methode. Später werden wir es im Detail besprechen. Und wenn Sie wissen wollen, wie das Ganze ausgegangen ist, schauen Sie sich das Video im Internet an. Den Link dazu finden Sie im Kapitel »Zugabe!«.

An anderer Stelle, als wir über Kraft sprachen, sagte ich, dass ein Magier und Zauberer die Gesetze der Welt nicht aus den Angeln heben kann – er aber innerhalb geltender Gesetze Mittel und Wege findet, um Unmögliches möglich zu machen. Genau darin liegt das Fazit von Derren Browns Glücksexperiment. Er hat das Glück nicht herbeigezaubert, selbst ein fähiger Illusionist wie er ist dazu kaum in der Lage. Doch fand er Mittel und Wege, damit Menschen wie Sarah und am Ende sogar Wayne (wie Sie im Film sehen können) daran glaubten, sich das Glück selbst herbeizuzaubern. Das halte ich für den besseren Weg, denn die Verantwortung zum Glücklichsein liegt in uns selbst. Der Magier, der Glückshund oder ein anderes Symbol geben lediglich den Anstoß dazu.

Weil das so ist, ist die Wunscherfüllung eine meiner absoluten Lieblingsnummern in meinem Bühnenprogramm »Der Magier«. Dazu hole ich mir drei Freiwillige auf die Bühne, die ich nicht kenne und noch nie zuvor gesehen habe. Kürzlich waren es Sabine, Stefan und Angelika, die sich trauten. Ich weiß, es ist ein großer Schritt, auf die Bühne zu kommen, schließlich gilt es, eine Schwelle zu überschreiten. Ich stelle ihnen in der Regel einige allgemeine Fragen – man will ja wissen, mit wem man es zu tun hat –, doch schnell komme ich zu dem Punkt, der mich eigentlich interessiert: »Sabine, verreisen Sie gerne?«

»Ja!« Nun gut, wer tut das nicht?

»Gibt es einen Ort, den Sie unbedingt einmal besuchen möchten?«

»Chile!«

»Warum waren Sie noch nie dort?«

»Keine Ahnung.« Eine beliebte Antwort. »Ich hab einfach nicht die Zeit dafür gefunden.«

Ich kenne das: Da hegt man einen Herzenswunsch, und anstatt ihm nachzugehen, gibt es jede Menge Gründe, es nicht zu tun.

Ich bedankte mich bei Sabine und wandte mich an Stefan. Ich fragte nach seinem Beruf und ob er Hobbys hätte. Dann wollte ich wissen, ob es etwas gäbe, das er bewundere und gerne beherrschen würde. Jodeln vielleicht, oder Breakdance?

Stefan lachte. Nein, Jodeln oder Breakdance, damit hatte er nichts am Hut. Aber Französisch lernen, das würde ihn reizen, immerhin sprechen über 220 Millionen Menschen auf der ganzen Welt die Sprache Molières.

Ich hörte eine echte Motivation heraus und gleichzeitig den alten Bruder Zweifel: Kann ich das noch? Schließlich bekommen wir von klein auf eingeimpft, »was Hänschen nicht lernt, lernt Hans nimmermehr«. Ich bin zwar ein Freund alter Volksweisheiten, aber hierzu muss ich sagen: Das ist Unfug. Die Chancen für Stefan, Französisch zu lernen, standen gut, und nach dem Abend, so hoffte ich, sogar noch besser.

Meine dritte Freiwillige, Angelika, war mit ihrem Mann hier.

»Nicht gezwungenermaßen«, antwortete sie lachend auf meine schelmische Frage. Sie wurde allerdings schnell wieder ernst, als ich nachlegte: »Gibt es einen Menschen aus Ihrer Vergangenheit, den Sie schon länger als ein Jahr nicht mehr gesehen haben? Den Sie aus den Augen verloren haben, obwohl es die Sache wert wäre, ihn wiederzutreffen?«

Rasch glitzerten Tränen in ihren Augen. »Ja«, sagte sie. »Es ist allerdings schon über dreißig Jahre her, seit ich sie das letzte Mal gesehen habe. Ihr Name ist Rosi, und sie war meine beste Freundin.«

Im diesem Augenblick wandte ich mich ans Publikum: »Sie fragen sich vielleicht, warum mich das interessiert? Vor der Show habe ich mich auf jeden dieser drei Stühle gesetzt, auf denen jetzt Julia, Stefan und Angelika Platz genommen haben. Ich wusste, dass später jemand darauf sitzen würde, und habe die Augen geschlossen und zugelassen, dass Bilder und Empfindungen in mich einströmen. Nennen wir es Eingebungen, die ich notiert und in den großen gelben Umschlag gesteckt habe, der schon den ganzen Abend dort drüben hängt und von keinem seither berührt worden ist. Julia, würden Sie so freundlich sein und den Umschlag holen? Sie sind jetzt quasi Notar des Publikums und überprüfen bitte, dass dieser Umschlag gut verschlossen ist.«

Natürlich wächst an dieser Stelle die Spannung ins Unermessliche. Tatsächlich findet sich im Umschlag ein weiterer Umschlag, darin ein kleinerer und darin noch ein kleinerer – so wie in einer Matroschka-Puppe noch weitere Puppen stecken. Im letzten Umschlag befanden sich drei Schriftstücke, die ich vor dem Abend für meine Gäste ausgestellt hatte. Jeder bekam eines davon in die Hand gedrückt: Sabine, Stefan und Angelika.

»Sie wollen unbedingt nach Chile«, wandte ich mich an Sabine. »Aber es gibt Hindernisse, Ihren Wunsch in die Tat umzusetzen. Die kann ich nicht alle aus der Welt schaffen. Aber hier finden Sie ein von mir gebasteltes Flugticket Berlin – Santiago de Chile. Ihnen ist klar, damit können Sie nicht einfach einchecken. Doch hängen Sie es an einen Platz, wo Sie es jeden Tag sehen können. Das soll Sie daran erinnern, dass Sie Ihren Traum niemals aus den Augen verlieren dürfen. Wenn er sich erfüllt, schreiben Sie mir. Ich bin schon gespannt, auf welche Art und Weise das geschehen ist.«

Ich konnte Sabine ansehen, dass bereits Bilder von Chile durch ihren Kopf wanderten. Dann wandte ich mich an Stefan, der von mir ein hausgemachtes *Diplôme d'études en langue française*, eine Urkunde zur bestandenen Französischprüfung bekam.

Neben ihm wartete Angelika schon ganz neugierig, was sie wohl von mir geschenkt bekäme.

»30 Jahre haben Sie Ihre Freundin nicht mehr gesehen? Das ist eine lange Zeit! Für Sie habe ich einen Brief geschrieben. Möchten Sie uns vorlesen, was darin steht?«

Angelika kramte ihre Lesebrille heraus und begann mit langsamer Stimme zu lesen. Von Satz zu Satz wurde ihr ungläubiges Staunen hörbarer:

Liebe Angelika,
aus irgendeinem Grund musste ich gerade intensiv an dich denken, darum schreibe ich dir. Wie lange haben wir uns schon nicht mehr gesehen – 30 Jahre?
Treffen wir uns doch mal wieder. Ich würde mich sehr darüber freuen.
Liebe Grüße, Deine Rosi

Angelika ließ den Brief sinken und starrte mich an.

»Grüßen Sie sie bitte von mir – und viel Spaß bei Ihrem Wiedersehen!«

Können Sie sich vorstellen, weshalb mir diese Nummer so gut gefällt – und meinem Publikum ebenfalls? Weil es nicht mehr darauf ankommt, wie ich das mache. Woher ich weiß, dass Sabine nach Chile reisen möchte, Stefan mit der französischen Sprache liebäugelt und Angelika eine Freundin namens Rosi besitzt, die sie seit 30 Jahren nicht mehr getroffen hat. Natürlich ist das faszinierend und versetzt mein Publikum in Staunen, aber es unterstützt in diesem Falle nur, worum es mir einzig und allein geht: das, was im Anschluss passiert. Denn immer wieder bringt dieses Erlebnis meine Gäste dazu, ihre Wünsche tatsächlich zu erfüllen, etwas Neues auszuprobieren, oder dem, was uns am glücklichsten macht, nämlich menschlicher Nähe, Raum zu geben. Ich schenke meinen drei Gästen auf der Bühne die Gelegenheit, über den Kopf eines »Lucky Dog« zu streicheln. So einfach kann Glück passieren – und so magisch!

Dieses Kapitel braucht ein Postskriptum, und Sie werden gleich verstehen, weshalb. Während ich an diesem Buch arbeitete, spielte ich meine Salonshow »Le Jeu – Das Spiel des Magiers« im Berliner Soho House. Bei dieser Show versammeln sich 40 Teilnehmer zum magischen Spiel. Doch diesmal endete der Zauber nicht, als ich nach der Show wie gewohnt vor die Tür trat. Denn dort wartete ein Ehepaar auf mich, braungebrannt und bester Dinge. Es waren Sabine und ihr Mann. Was sie zu sagen hatten, brachte mich dazu, mich zu Hause rasch an den Computer zu setzen, um diesen Nachsatz zu schreiben.

»Wissen Sie, wo wir gerade herkommen?«, fragte Sabine.

Ich bin Magier, ich konnte es mir ausmalen, aber ich kam gar nicht dazu zu antworten.

»Aus Chile!«

»Anden, Feuerland, Atacamawüste«, ergänzte ihr Mann.

»Das Erlebnis mit Ihnen auf der Bühne gab mir den letzten Schubser, nicht mehr länger zu warten. Es war einfach wunderbar!«

Dem hatten ich und der Lucky Dog nichts hinzuzufügen.

Eine Reise nach Myanmar

Bartolomeo Bosco erkannte sein Talent der Fingerfertigkeit mitten im Kriegsgetümmel: 1793 in Turin geboren, wurde er als junger Soldat im Dienste Napoleons in der Schlacht von Borodino schwer verletzt. Als er einen Kosaken beobachtete, der den Gefallenen Geld und Schmuck abnahm, stellte er sich tot, war aber lebendig genug, dem Kosaken selbst das Diebesgut aus den Taschen zu ziehen. Wieder genesen, wurde Bosco in ganz Europa ein Superstar der Zauberzunft. Jede Aufführung begann mit einem Ritual: Er schlug seinen Zauberstab gegen eine kupferne Kugel und sprach dabei die Worte: »Spiriti mei infernali, obedite – gehorcht, meine Geister der Hölle.«

Ein wunderbares Werk aus meiner Zauberbücherei trägt den Titel *Der Zauberlehrling von Kalkutta* von Tahir Shah. Darin reist der gleichnamige Held nach Indien, um Magier zu werden. Ein Meister seines Fachs, Hakim Feroze, nimmt ihn als Lehrling an. Wenn es heißt, Lehrjahre seien keine Herrenjahre, kann Tahir ein Lied davon singen. So, wie der spätere Sushi-Meisterkoch in den ersten Jahren seiner Ausbildung keinen Fisch anrühren darf, dauert es für Tahir eine halbe Ewigkeit, bis er überhaupt ein Zauberkunststück erlernen darf. Sein Mentor setzt nämlich auf Wissen. Und das war für mich die Quintessenz des Buches: Je mehr Wissen du hast, desto mehr wirst du deine magischen Fähigkeiten erweitern. Im Buch geht es um sogenanntes »Insiderwissen« – also die Erkenntnisse derer, die sich an abgelegenen Orten mit magischen Vorgängen beschäftigen. Deshalb schickt Meister Feroze Tahir auf eine Reise. Er soll den indischen Kontinent erkunden, mit all seinen Mythen, Märchen, Zaubereien und Verrücktheiten. Das ist die ultimative Prüfung: Reise und lerne dabei.

Ich wollte ebenfalls reisen und lernen wie Tahir Shah. Vielleicht hat mich darin vor Jahren der Besuch einer Handvoll Zimmerleute auf Schloss Berlepsch beeinflusst. Sie erzählten mir von der Walz, diesem mittelalterlichen Brauch, demnach junge Handwerksburschen hinaus in die Welt ziehen, um später mit neuem Wissen und einer Menge Erfahrung heimzukehren. Bei dieser »Tippelei« sind sie für mindestens zwei Jahre und einen Tag in aller Herren Länder unterwegs, mit nur fünf Euro in der Tasche und ohne Handy. Sie dürfen den Bannkreis rund um ihre Heimat nicht mehr betreten, arbeiten nach alter Väter Sitte für Kost und Logis, und lernen traditionelle Künste ihres Handwerks kennen, die ansonsten verloren gehen würden. Mir gefiel die Vorstellung, ähnlich wie die Zimmerleute auf der Walz in unbekannten Ländern magische Erkenntnisse zu gewinnen – dass so etwas durchaus klappen kann, hatte ich bereits auf den Philippinen erfahren.

Die Welt strahlt das Glück zurück, das wir ausstrahlen. Dieses magische Gesetz habe ich beim Unterwegssein immer wieder beobachtet. Glück war es allerdings nicht, was ich damals in den Rucksack stopfte, sondern Kleider, Schuhe und viel zu viel Schnickschnack. Heute sieht es anders aus, wenn ich packe: Überflüssige Kleidung lasse ich zuhause, die kann man in exotischen Ländern für kleines Geld erwerben. Außerdem braucht man ohnehin weniger, als man vorher denkt. Statt Pullover, Hemden und Hosen packe ich mittlerweile ein paar unerlässliche Accessoires ein: den hauchdünnen Seidenschlafsack für alle zweifelhaften Unterkünfte; eine Schlafbrille gegen die unzähligen Lampen, Leuchten und Strahler dieser Welt; Ohrstöpsel gegen Lärm – in weit abgelegenen Gegenden ist der unvermeidliche Hahn in den frühen Morgenstunden ein ständiger Begleiter. Dazu stecke ich ein kleines Reisekissen ein, und ich will auch nicht auf meine Lieblingsmusik verzichten. Auch die vielen Erleichterungen durch die moderne Technik sind von Vorteil: iPod, Kindle, Spiegelreflexkamera. Mein Pass, die Tickets und der Impfnachweis liegen auf einem Server, sollten im Falle eines Falles die Originale abhandenkommen. Damit hat es sich. Die tolle Uhr, die Designer-Sonnenbrille, überhaupt alles, was uns als Westler kennzeichnet, lassen wir besser zu Hause.

Meine Liebe zu Sprachen kennen Sie bereits, doch leider bin ich nicht so begabt wie Julius Euting, der erste deutsche Orientalist, dessen *Tagebuch einer Reise in Inner-Arabien* aus dem Jahr 1883 einen ähnlichen Effekt auf mich hatte wie die *Moderne Salonmagie*. Der Volksmund bezeichnete diesen Schwaben als »Sechzehnsprachenmännle« – 16 Sprachen fließend zu sprechen, davon kann ich nur träumen. Doch wo immer ich hinkomme, bringe ich ein paar wichtige Ausdrücke mit: »Guten Tag«, »Danke« und »Entschuldigen Sie« sind obligatorisch, aber auch ein flüssig gesprochenes »Nein danke, ich möchte nichts kaufen« wird unterwegs viele Nerven sparen.

Über Burma – das heutige Myanmar – wurde viel geschrieben, seit die fast 50 Jahre herrschende Militärdiktatur im Februar 2011 einen zivilen Präsidenten als Staatsoberhaupt einsetzte und sich das Land öffnete. Ob zum Guten oder Schlechten, wird sich zeigen, überhaupt stehen solche Urteile einem Reisenden nicht zu. Er ist lediglich Beobachter, Schüler, Lernender; ein Gast, der zwar häufig gefragt wird: »Wie gefällt Dir mein Land?«, der sich aber mit Kritik zurückhalten sollte. Denn außerdem wissen wir viel zu wenig. Die Geschichte Myanmars reicht 5000 Jahre zurück, allein der Buddhismus in diesem Land geht auf die Regentschaft König Ashokas im 3. Jahrhundert vor Christus zurück. Wahrscheinlich werden die neuen Zeiten das ruhige und meditative Leben verändern, das ich noch überall im Land erleben durfte.

Für mich war diese Reise wie eine Erweckung. Gerade noch war ich von einem Event zum nächsten gesaust, hatte auf unzähligen Bühnen gezaubert, und jetzt betrat ich ein Land, wo der im Lotussitz meditierende Buddha allgegenwärtig ist. Die Vielzahl an Tempeln, Pagoden, stehenden, liegenden und sitzenden Buddhas, von denen manche 200 Meter groß waren, andere dagegen winzig klein, geschmückt mit Blumengirlanden und von unzähligen Räucherstäbchen in Wolken von Zimt, Sandelholz, Weihrauch, Zeder, Myrrhe und Patchouli gehüllt, verwirrten erst meine Sinne, bevor sie sich klären konnten. Wie ich es auch später auf all meinen Reisen hielt, verbrachte ich erst einmal viel Zeit auf den Märkten. Die damalige Hauptstadt Rangun mit ihren 5 Millionen Einwohnern hatte davon mehr als genug zu bieten. Bei Temperaturen um 30 Grad und einer Luftfeuchtigkeit von 90 Prozent ließ ich mich treiben, bis ich genug von der Stadt hatte und raus aufs Land fuhr. Ich wollte dort wandern, und wer weiß, vielleicht war es erneut die Erinnerung an die Zimmerleute, die diesen Gedanken zum Leben erweckte. Sie hatten ihre Walz auch »auf Wanderschaft sein« genannt, und genau das schwebte mir jetzt vor. Ich wollte raus aus der Stadt, wollte durch unberührte Landschaften streifen, wollte Menschen treffen, die weit von Rangun entfernt in entlegenen Bergdörfern lebten.

In einem Land, das von einer Militärdiktatur beherrscht wird, kann man nicht einfach den Rucksack schultern und losmarschieren. Daher wählte ich einen anderen Weg.

Schon seit einigen Tagen zeigte ich auf den Märkten ein paar einfache Zauberkunststücke, die stets viele Menschen anlockten. Lachend, feixend und staunend umringten sie mich, während Karten durch die Luft schwebten und Zitronen sich in Äpfel verwandelten. Die Freude der Menschen war mir Lohn genug, gleichzeitig bat ich aber auch um Auskunft: Wie gelange ich in ein paar abgelegene Bergdörfer? Wenn man so will, war meine Strategie reinstes Win-win: Die Leute amüsierten sich über meine Kunststücke, ich erhielt im Gegenzug wertvolle Informationen.

Ich startete meine Wanderung von Kalaw aus. Begleitet vom Blick auf den über 3000 Meter hohen Nat Ma Taung marschierten wir durch ausgedehnte Reisfelder. Selbst hier war der Buddhismus allgegenwärtig. Immer wieder wies mich mein Führer auf Statuen und kleine Tempel hin, die manchmal für mich kaum sichtbar waren. Er erzählte mir aus dem Leben des Siddhartha Gautama, des Begründers des Buddhismus. Ich erfuhr vom *Dharma*, das Gesetz, Recht und Sitte, ethische und religiöse Verpflichtungen beschreibt, und hörte zum ersten Mal von den Vier Edlen Wahrheiten, vom Rad des Lebens und von *Ahimsa*, der Gewaltlosigkeit als wichtigstem Prinzip des Buddhismus. Es war genauso, wie ich es mir gewünscht und vorgestellt hatte: Wie Tahir Shah durchwanderte ich das Land und lernte.

Häufig bin ich derjenige, der andere Menschen zum Staunen bringt. Als wir aber nach schweißtreibender Wanderung ein altes Dorf erreichten, blieb mir vor Staunen der Mund offen stehen. Was ich sah, war pure Schönheit. Ich weiß, dass andere angesichts der schlichten Hütten zunächst Armut, vielleicht sogar Elend und Verfall wahrgenommen hätten, doch ich konnte etwas spüren, das ich schon lange nicht mehr so stark empfunden hatte: echten Seelenfrieden. An jenem Abend war ich Gast bei einer Großfamilie, die mich ellenlangen Weißen neugierig betrachtete. Nach einer Weile verständigten wir uns schon ganz prima mit Händen und Füßen und den paar Brocken Burmesisch, die ich inzwischen beherrschte. Ich zog ein Tuch aus der Tasche, zauberte Knoten hinein und wieder heraus, änderte seine Farbe, ließ es verschwinden und fand es hinter dem Sitz des alten Großmütterchens der Familie wieder. Großes Gelächter und Staunen! Danach übernahm die Sprache der Magie die Konversation. Und dann war da auch noch die Sprache des Gebets oder, besser gesagt, der Meditation und der Achtsamkeit. Bei uns auf Schloss Berlepsch gibt es eine kleine Familienkapelle, die, wie es in unserem Kulturkreis üblich ist, ein paar Schritte von den Wohnräumlichkeiten entfernt liegt. Wenn wir beten wollen, betreten wir diese Kirchen oder andere abgeschlossene Räume – nur selten sieht man bei uns noch Menschen, die sich um ein Feldkreuz versammeln, um zu beten. In diesem kleinen Dorf in Myanmar erlebte ich zum ersten Mal, dass Menschen nicht zur Kirche gehen müssen, weil die Kirche schon da war. Sie war dort, in jener kleinen Hütte, aber sie war auch draußen in der Natur, sie war überall, weil überall der geeignete Ort zur Kontemplation ist. Ich beobachtete meine Gastgeber in ihrer Meditation. In jener Nacht schlief ich so friedlich wie schon lange nicht mehr.

Am nächsten Morgen blieb mir Zeit, die wunderbaren Gewänder der Einheimischen zu bewundern. Anders als in Rangun trugen die Menschen in den Bergen noch ihre Tracht, was ich wunderbar fand. Tracht ist gelebte Kultur – Jeans und I ♥ NY-T-Shirts sind es auch, doch ohne Platz für traditionelle Werte. Anschließend drängte der Führer zum Aufbruch. Gerne wäre ich geblieben, denn ich spürte, hier würde ich noch viel Neues erfahren. Nachdem wir einen halben Vormittag gewandert waren, blieb ich auf einmal stehen. Vielleicht kennen Sie das, wenn zwei Wünsche in Ihnen ringen und es eine Zeitlang dauert, bis der eine die Oberhand gewinnt? Soziologen sprechen dann von Annäherungs-Annäherungs-Konflikten. Der Führer sah mich erstaunt an. »Was ist los? Brauchst du eine Pause?«

Im Grunde genommen traf er den Nagel auf den Kopf. Ich brauchte tatsächlich eine Pause, doch eine andere, als er im Sinn hatte. »Ich möchte gerne zurück ins Dorf«, sagte ich.

»Das geht nicht. Es ist verboten.«

Natürlich war es nicht erlaubt. Der Führer hatte eine vorgegebene Route, die er einhalten musste, so wollte es die Obrigkeit. Auf der anderen Seite – bin ich nicht auch deshalb Magier, um Fakten in einem anderen Licht erscheinen zu lassen? Es war an der Zeit, ein klein wenig Zauber auszuüben. Wie aus der Luft gegriffen, hatte ich auf einmal einen Zettel in der Hand. Ich bat den Führer, darauf eine Botschaft zu verfassen. Mit ihr und meinen magischen Kräften wäre ich sicher, dass die Obrigkeit von unserem kleinen Fehltritt nichts erfahren würde. Offenbar vertraute der Führer meinen Künsten. Er kritzelte eine Nachricht an den Vorsteher des Dorfes auf den Zettel. Ich bedankte mich, steckte ihn ein und machte kehrt.

Ein paar Stunden später traf ich wieder im Dorf ein. Erneut umfasste mich die friedliche Atmosphäre. Ich gab meine Nachricht dem Ältesten, er nickte und wies auf das Lager, auf dem ich zuvor schon gelegen hatte. Das Essen am Abend war mir nicht ganz geheuer, also deutete ich auf eine Banane. Kurz darauf wurde mir eine ganze Staude gebracht, von der ich zwei Tage lebte. Das war selbst für einen Bananenliebhaber wie mich fast zu viel. Trotzdem mir kam der Gedanke, ich könnte hier ewig bleiben, um wie Siddhartha Gautama, der spätere Buddha, am Ufer des Neranjara-Flusses unter einer Pappelfeige das vollkommene Erwachen zu erleben.

Zugegeben, der Gedanke war etwas vermessen, doch an jenem Ort, umgeben von spirituellen Menschen, empfand ich zum ersten Mal echte Ruhe. Überall auf der Welt gibt es Kraftorte, an denen es leicht erscheint, Energie zu tanken. Oft wurden an solchen Plätzen Heiligtümer errichtet, da unsere Vorfahren noch einen direkten Bezug zu den Energiequellen ihrer Heimat pflegten. Viele Stunden saß ich auf einer kleinen Holzveranda und las in den Schriften weiser Meister und dachte über das Leben nach: Die Menschen hier oben sind zufrieden. Sie haben alles, was sie zum Leben brauchen. Es ist nicht viel, aber vielleicht ist genau das ihr Geheimnis. Sie definieren ihr Glück nicht über Besitztümer. Liegt darin vielleicht unsere ständige Rastlosigkeit? Sind es die unzähligen Möglichkeiten unseres Kulturkreises, die in uns Stress auslösen? Immerzu sehen wir Dinge, die wir besitzen wollen, aber nicht haben können. Dadurch entsteht Neid, wir sind frustriert. Wenn wir mehr arbeiten, damit wir sie uns am Ende doch noch leisten können, entzieht uns das Energie und wertvolle Lebenszeit. Arbeiten wir weniger, haben wir ein schlechtes Gewissen und halten uns für faul.

Ich schrieb eine Liste, was ich glaubte, erreichen zu müssen, um zufrieden sein zu können. Es kam nicht viel zusammen, und ich stellte erstaunt fest, dass ich doch schon alles hatte: Liebe, Gesundheit und ein Einkommen, mit dem ich meine Lebenszeit genießen kann. Ich kam zu dem Schluss: Jede neue Errungenschaft kann nur das Tüpfelchen auf dem i sein und sollte deswegen spielerisch angegangen werden.

Dieses Dorf war ein echter Kraftort, seine Stille übertrug sich auf mich. Am nächsten Tag machte ich mich weiter auf den Weg in die Berge. Weiter oben, versicherte man mir, sollte es noch einen ähnlichen Ort geben. Der Weg dorthin führte über enge, felsige Pfade. Oben ging ein frischer Wind, und ich tauchte wieder ein in die Meditation des Wanderns: Schritt für Schritt für Schritt lösten sich alle Gedanken in nichts auf. Auf einmal musste ich lachen. Ganz grundlos, wie man es beim Lachyoga erlebt. Als ich eine Stunde später am Kraftort eintraf, kicherte ich noch immer. Es war ein kleines Kloster, in dem eine Handvoll Mönche lebten. Westliche Pilger wie mich sah man hier selten. Einer der Mönche sprach mich in gebrochenem Englisch an.

»Where you come from?«

»Germany«. Aus Deutschland.

»Ahhhh Germany!« Er lachte so frei und herzlich, wie ich es zuvor selbst getan hatte, und sofort war meine Fröhlichkeit wiedererweckt. »I know Mercedes Benz!«

Dann zählte er alle deutsche Automarken auf, von denen er einmal gehört hatte: »Porsche. VW.«

»VW means Volkswagen.«

Volkswagen. Das war ein unmögliches Wort zum Aussprechen, Audi war da schon leichter. Und Opel.

»Woher kennst du die?«, fragte ich. »Warst du schon mal in Deutschland?«

»Me in Germany! Noooo!« Er lachte noch lauter. »My money little.«

Natürlich hatte er kein Geld für eine Reise nach Deutschland, aber er hatte etwas Besseres: die absolute Zufriedenheit mit seinem Leben. Sie war geradezu mit Händen zu greifen.

»Du hast mir viel voraus«, sagte ich und meinte es auch so. Der Mönch lachte. »No, no«, sagt er. »You magic.«

Woher wusste er das? Vielleicht war mir mein Ruf vorausgeeilt, vielleicht konnte er es sehen? Es gibt immer Erklärungen für Zauberkunststücke, niemand weiß das besser als ich. Meine Zuschauer zerbrechen sich noch tagelang den Kopf, um eine Begründung für »das gibt's doch nicht« zu finden. Nun war ich derjenige, der danach suchte.

Ich blieb einige Stunden bei den Mönchen, bevor ich mich an den Abstieg machte. Zum Abschied gab mir der Mönch einen Tipp mit auf den Weg. »Go to Ywama. Swimming village, where I come from.«

Die Lehre der Impulse und Zeichen, der ich nun schon lange Zeit vertraue, finde ich auf allen Reisen immer wieder aufs Neue bestätigt. Meine Zaubereien auf dem Markt von Rangun führten mich ins Dorf, dort bekam ich ein Zeichen, das Kloster aufzusuchen, der Mönch gab mir den nächsten Impuls, um an den Inle-See zu reisen. Wir brauchen im Leben keine Pläne – das Leben breitet sich in seiner schönsten Art vor uns aus, wenn wir darauf vertrauen und aufmerksam genug sind, die Zeichen wahrzunehmen.

Als ich mich der Stadt Ywama näherte, wurde mir klar, warum der Mönch sie mir empfohlen hatte. Ihre Schönheit war überwältigend. Ywama liegt im Inle-See, der ungefähr die doppelte Größe des Chiemsees aufweist. Darin hat das Volk der Inthas zwei Dutzend Dörfer sowie die Stadt Ywama auf Pfählen errichtet. Es gibt schwimmende Gärten und Märkte, und überhaupt ist das Leben der Menschen völlig auf den See ausgerichtet. Ich habe selten traumhaftere Bilder betrachtet als die Einbeinruderer auf ihren langgezogenen Kähnen, die im Dunst des ersten Morgenlichts ihre zylinderförmigen Netzkörbe auswerfen. Ihre Form der Fischerei war pure Meditation, in der sie mit einem Bein das Ruder des Bootes bedienten, während das andere den Stand sicherte.

»Der Mensch ist schön in seinen Bewegungen.« Dieser Gedanke setzte sich in meinem Kopf fest und sollte später dafür sorgen, dass ich eleganten Bewegungen im Tanz und auf der Bühne noch mehr Aufmerksamkeit zollen würde.

Als ich sechs Wochen später zurück nach Deutschland flog, war ein großer Traum wahr geworden. Wie Tahir Shah im *Zauberlehrling von Kalkutta* hatte ich Reisen mit Lernen verbunden, und ich beschloss, jedes Jahr ein neues Land zu wählen, das mich inspirieren würde. Und diesem Vorsatz bin ich treu geblieben – bis zum heutigen Tag habe ich jedes Jahr eine mehrwöchige Reise absolviert, die mich oft zu Naturvölkern in weit entlegenen Landstrichen führte und mich ungemein bereichert hat.

Über Magie und Geschenke

Wer in Berlin das Wintergarten-Varieté betritt und seinen Blick nach oben richtet, liest in goldener Schrift auf tiefblauem Grund: »Dem Staunen gewidmet.« Seit seiner Eröffnung als »Jardin de Plaisanterie« im Jahr 1880, damals noch in der Friedrichstraße, haben Tausende Musiker, Clowns, Tänzer, Artisten und Magier auf dieser Bühne ihr Bestes gegeben, um dem verehrten Publikum dieses Staunen zu bescheren. Und auch ich versuchte während meines Engagements, die großen Fußstapfen von Künstlern wie den Brüdern Skladanowsky, mit ihrer Weltpremiere des Kinematografen im Jahr 1895, bis zu zeitgenössischen Größen wie Roncalli-Gründer Bernhard Paul oder André Heller auszufüllen. Einige meiner Lieblinge hatten in diesen geheiligten Hallen des Varietés ihr außergewöhnliches Können gezeigt: Voronin, der Meister der Mimik, lustig und magisch zugleich; Dieter Tasso, Jongleur und Comedian, oder die beiden Trapezkünstlerinnen Tanja und Frieda, zwei Märchenfiguren aus einer anderen Welt. Und George Schlick, der für mich wahrscheinlich beste Bauchredner unserer Zeit. Jeden Abend, wenn ich das Varieté betrat, las ich: »Dem Staunen gewidmet«, und jede Nacht, wenn ich nach

Hause ging, drehte ich mich nochmals um und las erneut: »Dem Staunen gewidmet.«

Dieser Satz wurde zu meinem Mantra, und irgendwann war klar, dass er keineswegs auf die kleine Gemeinschaft des Varietés beschränkt sein muss. Nein, die ganze Welt lässt uns staunen, wir brauchen es nur zu wollen. Das ist der richtige Satz: Wir brauchen es nur zu wollen.

Wenn man das Staunen verschenkt, ergeht es einem oft wie dem Mann mit dem Fotoapparat: Er findet sich auf kaum einem Bild wieder. Oder es ergeht einem wie dem Koch, der auch einmal bekocht werden will. Umso mehr freute ich mich, als ich eines Tages im Süden der Republik eine Vorstellung gab. Nach der Show trat ich wie gewöhnlich vor die Tür, um mit dem Publikum zu plaudern. Auf einmal kam eine junge Frau auf mich zu. Sie wirkte ein wenig verlegen.

»Ich würde dir gerne etwas schenken«, sagte sie. »Du hast mir heute so viel gegeben, da würde ich gerne was zurückgeben.«

Sie reichte mir einen blauen Bilderrahmen. »Den habe ich aus Bhutan mitgebracht. Es ist ein Reiskorn drin, das hat ein Rinpoche der Drugpa-Kagyü-Schule gesegnet.«

Da fand ich mich wieder, mit offenem Mund! Jetzt staunte ich Bauklötze, weil diese junge Frau mich mit einem Geschenk überraschte, das sie um die halbe Welt transportiert hatte, um mich zu erfreuen. Und es kam auch noch aus Bhutan, das auf meiner Reisewunschliste ganz oben stand! Das erste nikotinfreie Land auf der Welt, in dem der einstige König Jigme Singye Wangchuck das »Bruttosozialglück« zum wichtigen Ziel der Wirtschaftspolitik erklärt hatte. Klar, dass ich da eines Tages hinwollte. Woher wusste sie davon? Die Antwort kann nur lauten: Magie!

João de Deus

Im Jahr 1777 betrat die blinde Pianistin Maria Theresa Paradis, Tochter des Privatsekretärs der Erzherzogin von Österreich, in Wien die Behandlungsräume von Franz Anton Mesmer. Dem sagte man Wunder nach, weil er mit Magneten über den Körper strich, um das darin fließende Fluidum neu zu ordnen. Als sich Marias Zustand merklich besserte, schrien die Ärzte der Stadt »Ketzerei« und vertrieben Mesmer aus der Stadt. In Paris baute er Suggestionen in seine Behandlungen ein, und bald strömten die Leute in Scharen herbei. Als der »Mesmerismus« in aller Munde war, drängten Pariser Ärzte König Ludwig XVI., mit einer Kommission die Sache zu beenden. Diese kam auch zu einem eindeutigen Ergebnis: Die Mesmer'schen Heilerfolge beruhten auf Einbildung. Sechzig Jahre später nutzte John Elliotson, Chirurgieprofessor an der London University, dem heutigen University College London, den Mesmerismus bei Operationen zur Betäubung seiner Patienten. Kollegen sorgten dafür, dass er daraufhin seine Stelle verlor. Elliotson schrieb ein Buch über hypnotische Schmerzkontrolle, das

Dr. James Esdaile in einem Krankenhaus in Kalkutta in die Finger fiel. Dort waren Betäubungsmittel rares Gut. Schon bald führte er Tausende Operationen mit Hypnose als Anästhetikum durch und senkte dabei die Sterblichkeitsrate von 50 auf 5 Prozent. Die British Medical Association reagierte auf ihre Weise: Sie entzog ihm die Arztlizenz.

»Da gibt es einen Mann, João de Deus, den solltest du dir ansehen«, sagte meine Mutter. »Viele Leute meinen, er sei ein Heiliger; andere wiederum halten ihn für einen Scharlatan. Jedenfalls ist er in Brasilien eine Berühmtheit. Die Menschen kommen zu Tausenden und bitten um Heilung. Sie sind überzeugt, dass er ein Wunderdoktor ist. ›Sympathieheiler‹ hätte man früher in Europa gesagt. Einer, der die Macht hat, mit seinen Händen zu heilen. Und er benutzt Hypnose. Hat man mir jedenfalls gesagt.«

Mit diesen Worten sorgte meine Mutter dafür, dass ich mich in ein Flugzeug setzte, um nach Brasilia zu fliegen. Tatsächlich schien in der Hauptstadt jeder diesen João Teixeira da Faria zu kennen, oder besser: João de Deus. Ich fuhr weiter in Richtung Abadiânia, einem kleinen Dorf in den Bergen, wo er praktiziert. Es war eine mehrtägige Reise im Bus, und als ich ankam, sah ich: Tausende von Menschen. Sie alle hatten nur ein Ziel, nämlich eine Audienz beim Meister João de Deus zu bekommen.

Die ersten Tage hielt ich mich im Hintergrund, schaute einfach nur zu. Dabei war mir gar nicht klar, was ich da sah. João de Deus saß auf einer Bühne auf einem Stuhl, umgeben von zig Heiligenbildern. Ich entdeckte Jesus, Maria, die zwölf Apostel, aber auch Heilige, die ich nicht zuordnen konnte.

Sein leerer Blick ließ darauf schließen, dass er sich in einer Art Trance befand, und was er dabei vollbrachte, war, zumindest für unsere Verhältnisse, nicht von dieser Welt:

Die Menschen standen in einer langen Schlange vor ihm und reichten ihm nacheinander die Hand. Er gab ihnen seinen Segen, und sie durften weitergehen. Eine kurze Begegnung, die jedoch schon einen Prozess der Heilung in Gang setzen sollte. Zu einigen sagte er: »Du benötigst eine Operation. Willst du eine geistige oder lieber eine physische bekommen? Es spielt keine Rolle, beide sind gleich wirksam.« João wusste, dass sich viele Menschen nur schwer auf Übersinnliches einlassen können und sich lieber an weltlichen Ritualen orientieren. Eine geistige Operation, bei der man nichts sieht, halten sie für weniger effektiv als eine, bei der der Körper sichtbar behandelt wird. Frei nach dem Motto: Hustensaft muss bitter schmecken, und Jod muss brennen, sonst wirkt es nicht.

Wählten die Angesprochenen die sichtbare Operation, schritt João de Deus zur Tat. Was das bedeutete, durfte ich mir ein paar Tage später aus nächster Nähe anschauen. Als zu ihm durchgedrungen war, dass ein Magier aus Deutschland anwesend sei, rief er mich zu sich auf die Bühne: »Du bist Zauberer? Dann schau dir das an. Du musst davon überzeugt sein, dass ich keine Tricks verwende. Nur dann kannst du in deinem Land von den Wundern erzählen, die hier vollbracht werden.«

So beobachtete ich, wie João de Deus bei einem Mann mit einem Küchenmesser das Auge wie die Schuppen eines Fisches ausschabte, ohne dass dieser Schmerzen empfand. Das Ganze erinnerte mich an den berühmten Kurzfilm »Ein andalusischer Hund« von Luis Buñuel und Salvador Dalí aus dem Jahr 1929, wo man den Schnitt eines Messers durch ein Auge sehen kann. Mir wurde fast schlecht, dabei war das nur der Anfang. Als Nächstes stieß João de Deus einem weiteren Patienten einen zehn Zentimeter langen Metallstab mit einem Wattebällchen vorne in die Nase und drehte diesen mehrfach um: »Zur Reinigung« sei das gut, erklärte er mir. Danach schnitt er einer Frau in die nackte Brust. Vielleicht war sie mit einem malignen Karzinom diagnostiziert worden, ich weiß es nicht. Jedenfalls pulte der Heiler mit bloßen Fingern in der Wunde, und auch sie hatte keinerlei Schmerzen. Der Heiler tupfte das Blut mit einem in Wasser getränkten Tuch ab, über das ich vorher lecken musste, um mich davon zu überzeugen, dass er ganz bestimmt keine Betäubungsmittel verwendete. Anschließend nähte er den Schnitt mit groben Stichen zusammen. Ein kleiner Junge wurde von seiner Mutter auf die Bühne gebracht. Er hatte eine mächtige Beule am Kopf, die schnitt João de Deus mit einem Skalpell auf, holte eine braungelbe Masse heraus und nähte alles wieder zusammen. Der Junge weinte nicht, er schien es gar nicht wahrzunehmen. In einem Raum nebenan lagerten Hunderte Krücken und einige Rollstühle, die ihre ehemaligen Nutzer gleich dagelassen hatten, nachdem sie als Lahme gekommen und als Gehende wieder gegangen waren. Alles wurde mit einer solchen Geschwindigkeit durchgeführt, dass mir schwindelig wurde.

Menschen, die zu João de Deus pilgern, nennen ihn ein Medium. Dieses Wort, so definiert es der Duden, bezeichnet einen geistigen Mittler zwischen Lebenden und Toten. Es heißt, einige dieser Verstorbenen seien berühmte Heiler, Ärzte, Chirurgen und Psychologen gewesen, welche die Kontrolle über João übernehmen, sobald er in Trance geht. Weil das alles nach Hokuspokus klingt, lässt er seine Wunderheilungen seit Jahrzehnten filmen. Ärzte, die ihn beobachten, berichten davon, dass er wie ein gelernter Chirurg vorgeht, wenn auch recht rustikal. Es gibt inzwischen Abertausende Stunden an Dokumentationsmaterial, João de Deus ist wahrscheinlich der am häufigsten überprüfte Heiler unserer Zeit. Das schützt ihn trotzdem nicht vor Anfeindungen: Wie Franz Anton Mesmer, John Elliotson oder James Esdaile steht er einer feindlichen Ärzteschaft gegenüber. Ihm hilft nur, dass mittlerweile auch die westliche Elite seine Arbeit in Anspruch nimmt, wenn die Schulmedizin wieder einmal versagt. In Abadiânia hängen in seinem Haus »Casa de Dom Inácio« zahllose Urkunden, Orden, Auszeichnungen und Dankesbriefe aus aller Welt, darunter die Ehrenmedaille des peruanischen Präsidenten, weil João seinen schwer erkrankten Sohn geheilt hat.

Was es mit den Fähigkeiten von João de Deus auf sich hat, war für mich nur schwer auszumachen. Es war klar, dass sich viele Anwesende in einer Art hypnotischem Zustand befanden. Die Hitze, der Durst, die Heiligenbilder, der archaische Anblick João de Deus' mit blutigem Skalpell, die Freudentränen, die Jubelschreie, wenn ein Lahmer die Krücken wegwarf – all das versetzte die Menschen in Trance.

Nun gibt es Kulturen, in denen rituelle Heilungen mit Hilfe von Hypnosetechniken leichter funktionieren. Bei uns haben die Aufklärung des 18. Jahrhunderts, die Industrialisierung im 19. Jahrhundert und der Siegeszug der Schulmedizin im 20. Jahrhundert mit dem alten Volksglauben aufgeräumt. Onkel Heinrich, der mich als Kind auf dem Mähdrescher mitfahren ließ, konnte noch von Zeiten berichten, als die Bauern der Umgebung einen Strohkorb unter ihren Dachgiebel hängten. Er war als Nest für »Wannenweber« gedacht, wie man landauf, landab den Turmfalken nannte. Der gehörte seit heidnischen

Zeiten zu den Schutzvögeln eines Hauses, da er Wodan geheiligt war, dem heidnisch-deutschen Göttervater, der mit Blitz und Donner über den Himmel fährt. Wer also mit dem Turmfalken sympathisierte, schützte sich vor Blitzschlag. Damals war auch noch der Kuckuck heilig gewesen. Er galt als prophetischer Vogel der Frühlingsgöttin Freia, woraus sich das Sprichwort herleitet: »Das weiß der Kuckuck.« Als die Verehrung der Muttergottes Maria den Kult der Freia verdrängte – heute haben wir gerade noch den Wochennamen Freitag behalten –, wurden Frauen, die die Frühlingsgöttin in Wäldern und Hainen weiterhin verehrten, »Hexen« genannt. Der Wortstamm Hexe geht auf das altdeutsche »Hag« oder »Hain« zurück. Daher nannte man im 19. Jahrhundert Hexen vielerorts »Hagsen«. Und der Kuckuck? Der prophetische Vogel wurde im Laufe dieser Entwicklung zum Unglücksvogel, es entstand eine neue Redensart: »Dich soll der Kuckuck holen.«

Ich erzähle Ihnen das, weil unsere Kultur vor nicht allzu langer Zeit durchaus bereit war, archaischen Ritualen zu folgen, wie man sie bei João de Deus, in Asien oder in Afrika erlebt. Mittlerweile gibt es auch bei uns eine Renaissance traditionellen Wissens: von der alternativen Medizin über die Kräuterküche mit fast vergessenen Pflanzen wie Giersch, Gundermann oder Wiesenknopf bis zum wiedererwachten Interesse an Trancezuständen und Hypnose.

Über viele Jahre hinweg lud meine Mutter immer wieder Heiler und spirituelle Meister aus der ganzen Welt auf Schloss Berlepsch ein. Und so kam auch João de Deus nach Deutschland, den ich auf diese Weise wiedersah. Damals suchten jeden Tag bis zu 1200 Menschen den Heiler auf. Ich erlebte weitere Spontanheilungen, und mir wurde klar: João de Deus praktiziert nach einem simplen Prinzip, das vom Establishment nicht gerne gehört wird: »Wer heilt, hat Recht.«

Nach diesen Erlebnissen beschäftigte ich mich noch intensiver mit der Heilkunst, ohne zu ahnen, dass mich dieser Weg irgendwann zur Hypnose führen würde.

Über Hypnose und Trance

Kennen Sie das Gefühl? Sie fahren mit Ihrem Wagen auf der Autobahn. Es ist nicht allzu viel Verkehr, und Sie hören Ihre Lieblingsmusik. Vorhin haben Sie ein Schild gesehen, das Ihr Ziel anzeigte, sagen wir: Frankfurt 130 Kilometer. Jetzt sehen Sie wieder ein Schild, doch nun heißt es: Frankfurt 100 Kilometer. Sie haben keine Erinnerung daran, was in den 30 Kilometern dazwischen passiert ist. Gleichzeitig haben Sie Ihren Wagen sicher über die Autobahn gesteuert. Sie haben überholt und wurden überholt, Sie haben alles wahrgenommen, aber irgendwie doch nicht. Anders gesagt: Sie waren in Trance.

Für diese seltsame Empfindung, bei der sich Zeit und Raum auf rätselhafte Weise auflösen, gibt es noch andere Bezeichnungen: Manche sprechen von Flow oder Entrückung, von Tagträumerei oder geistiger Abwesenheit. Keine trifft es wirklich, denn keine erklärt, was im Trancezustand passiert. Das englische Wort »flow« kommt der Sache am nächsten, weil darin das Wort »fließen« steckt. Damit beschreiben viele Menschen den Trancezustand: Schriftsteller berichten, wie sie im Flow Seite um Seite mit Worten füllten und ihnen erst danach bewusst wurde, was sie zu Papier gebracht hatten. Maler bringen im Flow Kunstwerke auf die Leinwand, der Pianist Keith Jarrett berichtet über die Entstehung seines live eingespielten Meisterwerks »The Köln Concert«: »Ich konnte mich kaum erinnern, was ich gespielt habe.« Die Musik floss aus ihm, wie Farbe auf die Leinwand, wie Worte aufs Papier.

Als ich aus Myanmar nach Hause zurückkehrte, hatte ich ähnliche Erfahrungen mit Trancezuständen gesammelt, unter ganz verschiedenen Lebensumständen. Ich war gewandert und hatte die Trance des Schritt für Schritt für Schritt erlebt. Ich war im Kloster gewesen, eingehüllt vom Om-Mantra der Mönche. »Am Anfang war das Wort«, steht im Johannes-Evangelium, und die Upanischaden, eines der Hauptwerke der indischen Spiritualität, sagen uns, welches Wort damit gemeint ist: Es ist das Om, das Ur-Mantra. Gott Brahma sprach Om, und es wurde die Welt. Die Sprachwissenschaft weiß, dass aus diesem Om auf dem Weg nach Westen das semitisch-hebräische Amen entstand. Weil laut Konfuzius Worte absolute Wahrheiten des Universums widerspiegeln, wirken Om oder Amen als Zustimmungsformeln, in denen wir uns verankern können. Genau das hatte ich in den Klostern von Myanmar erlebt.

Doch fand ich auch bei anderen Tätigkeiten zur Trance. Im lustigen Wettstreit in der Behindertenwerkstatt Lichtenberg zum Beispiel, wo es darum ging, »wer faltet in kürzester Zeit am meisten CD-Schachteln«. Die gleichförmige Wiederholung der Tätigkeit versetzte mich in Trance. Oder nehmen wir das Tanzen, wo sich Musik mit Bewegung verbindet – auch da ist der Zustand nie weit entfernt. Wahre Liebende, heißt es, kennen keine Uhrzeit, denn, man ahnt es schon, sie befinden sich in einem tranceähnlichen Nirwana.

Wir alle können in einen solchen Trancezustand gelangen, und zwar alleine und ohne fremde Hilfe. Jeden Tag erleben wir diese Momente viele Male, ohne uns aber dessen bewusst zu werden. Wenn wir im Kino sitzen und ganz von der Geschichte auf der Leinwand eingesogen werden, sind wir in Trance. Wenn uns ein Freund seinen letzten Strandurlaub bildlich und emotional beschreibt, dass wir den Sand zwischen den Zehen spüren können, sind wir in Trance.

Alles, was unseren Bewusstseinszustand verändert und uns zum Tagträumen bringt, gilt als Trance. Dabei kann die Tiefe der Trance durchaus variieren. Leider hat uns niemand beigebracht, wie wir bewusst und allein durch unsere Vorstellungskraft einen tieferen Trancezustand herbeiführen können. Der Hypnotiseur hilft einem dabei. Ich sage bewusst »hilft«, denn jede Hypnose ist eine Selbsthypnose. Der Hypnotiseur leitet zwar den Klienten oder Hypnotisanden an, dieser befördert sich aber durch Konzentration und Vorstellungskraft selbst in die Hypnose. Deswegen kann nur derjenige hypnotisiert werden, der hypnotisiert werden will. Wer keine Lust darauf hat und die Angebote des Hypnotiseurs ablehnt, gelangt nicht in einen Trancezustand.

Bis auf wenige Ausnahmen, wie Geistes- oder Nervenkranke, ist jeder Mensch hypnotisierbar. Das ist jedoch stark situationsabhängig, und auch die Trancetiefe variiert von Mensch zu Mensch.

Was passiert bei der Hypnose? Da das wissenschaftlich bis heute noch immer nicht vollständig geklärt ist, möchte ich Ihnen hier eine vereinfachte Interpretation geben, basierend auf meinen langjährigen Erfahrungen in der Showhypnose.

Wir haben ein Bewusstsein und ein Unterbewusstsein. Unser Unterbewusstsein ist unser Chef, der all unsere Körperfunktionen steuert. Er ist unser kreativer und emotionaler Teil, hat Ideen und generiert Lösungsansätze. Unser Bewusstsein ist sein Bodyguard, sein Türsteher. Dieser entscheidet, wer und was zum Chef durchgelassen wird. Er ist also der kritische Faktor, der bewertet, abwägt und dann seine Entscheidungen trifft.

In der Hypnose umgehen wir diesen Türsteher. Wir geben ihm die Möglichkeit, sich auszuruhen. Das tut ihm auch mal gut, denn er arbeitet ständig für uns. In Trance ist also der kritische Faktor, unser Bewusstsein, abgestellt, und wir sprechen direkt mit dem Chef. Im Gegensatz zum Türsteher ist das Unterbewusstsein wie ein kleines Kind. Es bewertet nicht und wägt auch nicht ab. Es will einfach nur spielen, es will alles ausprobieren, und es macht auch alles mit, was man ihm sagt. Wenn unter Hypnose dem Unterbewusstsein gewisse Ideen präsentiert und Angebote gemacht werden, nimmt das Unterbewusstsein diese Ideen an und setzt sie um. Ohne sie zu hinterfragen. Weil es unsere Körperfunktionen steuert, werden diese Ideen zu unserer Wirklichkeit. Sie werden so echt, dass wir ab einer gewissen Trancetiefe nicht mehr zwischen Realität und Fiktion unterscheiden können. Auf der Bühne ist das der Moment, in dem hypnotische Phänomene auftreten, die von außen so unglaublich aussehen und mein Publikum staunen lassen. Dazu gehören Halluzination, Muskelstarre, Persönlichkeitsveränderungen und vieles andere. Die Menschen sehen Elefanten auf der Bühne, liegen steif wie ein Brett zwischen zwei Stühlen oder denken, sie seien James Bond.

Eine der Ängste, mit denen ich dabei immer wieder konfrontiert werde, ist der Glaube, dass man in der Hypnose »steckenbleiben« könnte. Das ist ein Irrglaube. Das wäre ungefähr so, als hätten Sie Angst davor, abends schlafen zu gehen, weil

Sie fürchten, nicht wieder aufzuwachen. Selbst wenn der Hypnotiseur plötzlich tot umfällt und er die Hypnose deshalb nicht mehr auflösen kann, würde der Hypnotisierte nach einer Weile von alleine aus dem Trancezustand heraustreten. Manchmal führt dieser Weg über den ganz normalen Schlaf.

Eine weitere Angst besteht darin, dass man sich blamieren könnte. Auch das wird nicht passieren, wenn Sie sich einem seriösen Hypnotiseur anvertrauen. Was die Showhypnose in einer Dorfdisko betrifft, lege ich dafür die Hand allerdings nicht ins Feuer.

Bei der Hypnosetherapie geht es darum, tiefgreifende Veränderungen im Unterbewusstsein vorzunehmen, um Heilung psychischer und physischer Natur hervorzurufen. Dabei wird auf die sogenannten hypnotischen Phänomene, die Sie auf der Bühne erleben können, verzichtet.

Ich selbst sehe mich zwischen Showhypnose und Hypnosetherapie. Zum einen möchte ich mein Publikum an das Wunder der Hypnose heranführen und dabei die Unterhaltung nicht außen vor lassen. Deswegen ist meine Hypnose auf der Bühne von spielerischer Natur, die unterhaltsam ist, aber keinen bloßstellt. Die Zuschauer haben ein »Aha-Erlebnis« und beginnen ab diesem Moment, sich noch mehr für Hypnose zu interessieren. Ihre Neugier soll entfacht werden, und in Verbindung mit Staunen und Lachen geht das am besten.

Deshalb würde ich an dieser Stelle gern ein hypnotisches Phänomen mit Ihnen durchführen. Es ist der sogenannte Augenschlusstest – eine Übung zur Anregung Ihrer Vorstellungskraft. Sie werden sich dabei entspannen und ein kleines hypnotisches Phänomen erleben, das Ihnen einen Vorgeschmack darauf gibt, wie unser Körper auf Gedanken und

Suggestionen reagiert. Nicht jeder Mensch wird das Phänomen gleich beim ersten Mal umsetzen können, doch je besser Sie sich konzentrieren und auf das einlassen, was ich Ihnen gleich mitteilen werde, desto beeindruckender wird das Ergebnis sein. Sollte sich die Magie der Übung schon beim ersten Mal entfalten, bedeutet das, dass Sie schnell einen Zugang zu Ihrem Unterbewusstsein aufbauen können.

Diese Übung habe ich für Sie auf meiner Internetseite eingesprochen. Den Link finden Sie im Kapitel »Zugabe!«. Wenn Sie Zugang zum Internet haben, rate ich Ihnen, die Audiodatei anzuhören. Ich werde Sie anleiten, während Sie sich bequem zurücklehnen dürfen. Falls Sie keinen Internetzugang haben, können Sie sich den Text von einem Freund oder einer Freundin *langsam* vorlesen lassen. Die Pünktchen zwischen den Worten »…« geben an, dass der Vorlesende kurz innehalten soll, um Ihnen die nötige Zeit zu geben, sich das Gelesene vorzustellen. Je mehr Pünktchen, desto länger die Pause.

Setzen Sie sich bequem auf einen Stuhl oder ein Sofa, und legen Sie die Hände entspannt auf Ihre Oberschenkel.

Sind Sie bereit? Dann kann es losgehen.

»Atme einmal tief ein … und aus … noch einmal ein … und aus … und ein letztes Mal ein … warte einen kurzen Moment, und wenn du gleich ausatmest, schließen sich deine Augen dabei sachte … während du ganz normal weiteratmest, darfst du deinem Körper gestatten, mit jeder Ausatmung weiter zu entspannen … … tiefer zu entspannen … … … und vollkommen loszulassen.

Richte jetzt deine Aufmerksamkeit auf deine Augen und deine Augenlider … entspanne deine Augenlider … lass sie ganz schwer werden … … entspanne auch alle Muskeln um deine Augen herum … … zwischen deinen Augen … … unter deinen Augen… … und auch deine Stirnmuskeln … … entspanne deine Muskeln so sehr, bis du sie gar nicht mehr fühlen kannst … stell dir vor, deine Augenlider sind schwer wie Blei … … entspanne deine Muskeln so sehr, dass sie viel zu schwer werden … und viel zu träge … und viel zu faul, um überhaupt noch zu funktionieren … und wenn du dieses Gefühl spüren kannst, dann teste es … teste, dass deine Augenlider nicht mehr funktionieren … versuche jetzt, deine Augen zu öffnen, nur um zu bemerken, dass sie fest verschlossen bleiben – wie zugeklebt! … vielleicht kannst du deine Augenbrauen hochziehen, aber die Augen bleiben fest verschlossen und werden noch schwerer, je mehr du es versuchst … du kannst deine Augen jetzt nicht mehr öffnen … – probiere es ruhig aus!

Wenn du es versucht hast und dir sicher bist, dass du die Augen nicht mehr öffnen kannst, dann hör auf, es zu testen, und entspanne dich und deine Augen ein letztes Mal … atme tief ein … und aus …

Ich zähle jetzt langsam von eins bis drei … und bei drei kannst du deine Augen wieder ganz normal öffnen und fühlst dich wunderbar erfrischt.

Eins … zwei … drei.«

Wenn Sie jetzt Ihre Augen öffnen und das Phänomen der zugeklebten Augen nicht erleben konnten, bedeutet es keinesfalls, dass Sie nicht hypnotisierbar sind. Es kann verschiedene Gründe haben. Vielleicht haben Sie sich nicht stark genug konzentriert, oder etwas in Ihrer Umgebung hat Sie abgelenkt. Vielleicht war Ihrem Bewusstsein aber auch die Idee unheimlich, die Augen nicht mehr öffnen zu können, und es hat sich deswegen dagegen gewehrt. Es kann aber auch sein, dass diese

Übung einfach nicht zu Ihnen passt und Sie eher auf indirekte Suggestionen statt auf direkte reagieren. Wie auch immer, Sie können diese Übung jederzeit wiederholen und finden vielleicht zu einem späteren Zeitpunkt den Zugang. Wichtig ist nur, dass Sie in der Entspannung nicht testen, ob Sie die Augen öffnen *können*, sondern dass Sie die Augen *nicht* öffnen können. Das hört sich möglicherweise etwas merkwürdig an, aber Sie müssen sich intensiv vorstellen, wie es sich anfühlen würde, wenn Sie die Augen nicht öffnen könnten, weil die Lider zu schwer sind. Ihr Gefühl ist also der Schlüssel zum Erfolg. Ich bin gespannt auf Ihre Erfahrung mit dieser Übung, von der Sie mir gerne per E-Mail oder über einen Eintrag auf meiner Facebook-Seite erzählen können.

Anthony Jacquin und die Kunst der Hypnose

Der zu Beginn des 19. Jahrhunderts geborene Jean Eugène Robert-Houdin lernte von seinem Vater die Uhrmacherkunst. Rasch interessierte er sich für den Bau von Automaten, stellte 1844 in Paris seinen mechanischen Schreibroboter vor und wurde schließlich zum Vater der modernen Magie. Im Palais Royal begeisterte er sein Publikum bei Soirées Fantastiques mit einer nie zuvor gesehenen Mischung aus Zauberkunst, Wissenschaft und Mechanik. Das rief Kaiser Napoleon III. auf den Plan. In Algerien drohte ein Krieg mit rebellischen Marabuts, den sollte der Magier verhindern. Robert-Houdin reiste also ins Krisengebiet. Er präsentierte eine Truhe und bat ein kleines Mädchen, diese hochzuheben, was ihr auch mühelos gelang. Der stärkste Marabut dagegen war nicht in der Lage, die Kiste auch nur einen Zentimeter vom Boden wegzubewegen. Überzeugt von der überlegenen Zauberkraft der Franzosen legten die Aufständischen ihre Waffen nieder.

Die Fassade des Hotels in Köln war so nichtssagend wie seine Inneneinrichtung. Die Teppiche grau, an den Wänden hing die Art von Bildern, die man vergisst, kaum dass man einen Blick darauf geworfen hat. Ein paar Geschäftsleute warteten in den Polstergarnituren auf ihre Verabredungen. Irgendwo summte ein Kaffeeautomat.

»Ob ich hier richtig bin?«, fragte ich mich. Das war der letzte Ort der Welt, an dem ich mir ein Hypnosetraining vorstellen konnte.

Ich trat an die Rezeption, und die ältere Dame dahinter musterte mich über ihre randlose Brille.

»Ich will zu Anthony Jacquin«, sagte ich.

Die Dame tippte etwas in ihren Computer, dann meinte sie mit der neutralen Stimme der professionellen Rezeptionistin: »Der Kurs findet in Saal 8 statt. Die Treppe hoch, den Gang hinab, gleich auf der rechten Seite.«

Wie ich zu Anthony Jacquin, dem vielleicht besten Hypnoselehrer, kam? Ich folgte einem Impuls, denn ich hatte sein Buch *Reality Is Plastic* – Realität ist formbar – gelesen. Darin beschreibt er, wie wir durch Hypnose die Realität verändern können. In Trance sei es möglich, alle Sinne eines Menschen so zu beeinflussen und zu dirigieren, dass jede gewünschte Lebenssituation und jeder gewünschte Gefühlszustand hervorgerufen werden kann. Das konnte ich nicht glauben. Ich hatte zwar schon mal einer kurzen Hypnosedemonstration auf der Bühne zugeschaut, konnte aber nicht ausmachen, inwieweit die Hypnotisierten einfach mitspielten. Und Joãos Heilungen hatten auf den ersten Blick keine Gemeinsamkeiten mit dieser Form der Beeinflussung. Ich wollte dieses Phänomen also genauer studieren, was mich wiederum in das unscheinbare Hotel in Köln führte. Wie gesagt, Impuls folgt Impuls.

Bei der Lektüre war mir schnell klar geworden: Anthony verstand von diesen Dingen offenbar mehr als andere auf dieser Welt. Es kam, wie es kommen musste: Die Stunden mit Anthony Jacquin sollten zu den wertvollsten meines Lebens werden.

Viele Hypnotiseure, die ich bis zu diesem Zeitpunkt kennengelernt hatte, waren nicht in der Lage gewesen, meinen Eindruck über diese Kunst zu verbessern. Oftmals hatte es sich um eine Mischung aus Jahrmarktsschreier und Schürzenjäger gehandelt. Anthony Jacquin war das Gegenteil: Ein Gentleman vom Scheitel bis zur Sohle, verkörperte er die Aufrichtigkeit und Seriosität professioneller Hypnose.

»No one is asked to strip off or eat anything or put in any physical jeopardy«, wiederholte er wie ein persönliches Mantra. Niemand muss sich unter Hypnose ausziehen, etwas Ekliges essen oder wird in Gefahr gebracht. Heute erkenne ich auf Anhieb, wer bei Anthony gelernt hat: Alle seine Schüler haben dieses Mantra übernommen.

Nach dem einwöchigen Kurs übte ich zu Hause unzählige Stunden mit Hilfe einer Schaufensterpuppe, um mir Sprachmuster, Sprachrhythmen und die nötige Körpersprache für eine erfolgreiche Hypnose anzueignen. Dabei filmte ich mich mit einer Kamera und analysierte meine Fehler. Erst danach versuchte ich, Freunde in Trance zu versetzen. Leider kam ich nicht sehr weit. Das konnte an meiner Unerfahrenheit liegen, maßgeblich aber daran, dass meine Freunde wussten: Thimon lernt das erst. Der kann das noch nicht gut.

Das war die erste wichtige Lehre: Ein großer Teil der Hypnose liegt in der Erwartungshaltung. Wenn jemand davon überzeugt ist, du bist Hypnotiseur und versetzt ihn in Trance, ist der wichtigste Teil der Arbeit bereits getan. Ich musste also mit Menschen üben, die mich nicht kannten und die davon überzeugt sein mussten, dass ich der größte Hypnotiseur aller Zeiten sei. Daher zog ich nachts um die Häuser, um in Bars und Kneipen mit Menschen ins Gespräch zu kommen. Ich erinnere mich noch gut an die Frau im mittleren Alter, die ich zum ersten Mal hypnotisierte. Als sie mich fragte, was ich so tue in meinem Leben, antwortete ich beiläufig: »Ich bin Hypnotiseur.« Damit hatte ich ihre Aufmerksamkeit. Sie wollte sofort wissen, ob das »wirklich funktioniert« und wie lange es dauern würde, bis jemand in Trance fällt.

»Klar funktioniert das«, antwortete ich im Brustton der Überzeugung, »bei mir dauert eine Tranceeinleitung zwischen dreißig Sekunden und vier Minuten. Willst du es mal erleben?«

»Hier in der Bar? Das klappt doch nie!«

»Das werden wir ja sehen.«

Wir setzen uns in eine ruhigere Ecke, und ich begann langsam, sie in Trance zu führen. Sie ließ sich auf meine Worte ein, und ich hatte ein gutes Gefühl. Als ich glaubte, sie sei bereit für das erste hypnotische Phänomen, sagte ich: »Wenn du gleich deine Augen öffnest, werde ich dich fragen, wie du heißt, aber komischerweise kannst du mir deinen Namen nicht mehr sagen. Du hast ihn einfach vergessen.«

Sie öffnete die Augen und schaute mich ganz normal an. Ich war mir nicht sicher, ließ mir aber nichts anmerken.

»Hallo«, sagte ich »ich heiße Thimon. Und du?«

Plötzlich wirkte sie irritiert. In ihren Augen sah ich, dass sie in ihrem Kopf nach ihrem Namen suchte, ihn aber nicht fand.

»Ich heiße Thimon, und du?« , wiederholte ich. Nichts. Sie konnte sich nicht daran erinnern. Ich schnappte nach Luft. Es funktionierte!

Ich ließ sie ihre Augen schließen und führte sie aus der Hypnose zurück ins Bewusstsein.

»Was war das denn?«, platzte die Frau fassungslos heraus, »wieso wusste ich meinen Namen nicht mehr? Das gibt's doch nicht!«

Damals war ich genauso perplex wie sie.

»Was für ein Erlebnis! Können wir das noch mal machen?«

»Sicher! Möchtest du einen Schritt weitergehen? Dann werde ich für dich unsichtbar werden.«

»Wie bitte?« Natürlich wollte sie das erleben.

Diese Halluzination – etwas Sichtbares verschwindet vor den Augen des Hypnotisierten – ist erst möglich, wenn der Hypnotisierte schon tiefer in Trance gegangen ist. Ich führte sie also noch einmal in Trance, und zwar dieses Mal etwas tiefer. Ich versuchte mich an alles zu erinnern, was Anthony mir beigebracht hatte, und am Ende standen mir regelrecht Schweißperlen auf der Stirn.

»Wenn du gleich die Augen öffnest, kannst du mich nicht mehr sehen. Ich und meine Kleidung sind unsichtbar, du siehst durch mich hindurch und kannst mich nur noch hören.«

Niemals, dachte ich, das klappt nicht. Ich sitze doch direkt vor ihr. Sie wird die Augen öffnen und sagen: »Hallo Thimon, schickes Hemd.«

Doch das Gegenteil geschah. Als sie wieder die Augen öffnete, hatte sie einen glasigen Blick und reagierte auf keine meiner Bewegungen. Ich war tatsächlich verschwunden. Ich pustete ihr ins Haar, und sie fuhr sich mit der Hand durch die Frisur. Es war, als wenn ein Geist sie gestreift hätte. Dann hob ich ein Glas vom Tisch und hielt es auf Höhe ihres Gesichts. Erst riss sie die Augen auf, dann begann sie unbändig zu lachen. Sie tippte ihre Nachbarin an und sagte: »Hey guck mal, da fliegt ein Glas durch die Luft.«

Natürlich wusste diese überhaupt nicht, wovon sie sprach, denn sie sah mich ja das Glas hochheben. Wahrscheinlich schrieb sie es dem Alkoholkonsum zu, jedenfalls drehte sie sich wortlos um. Meine Probandin suchte mittlerweile nach Fäden über und unter dem Glas. Sie griff in der Luft herum, wurde aber nicht fündig. Sie lachte noch lauter. »Ein fliegendes Glas. Cool!«

An jenem Abend verstand ich, was Anthony mit seinem Buchtitel *Reality Is Plastic* meinte. Unsere Realität ist formbar wie Plastik. Mit Neugier und Vorstellungskraft können wir im wahrsten Sinne des Wortes unsere Welt verändern. Klar, dass mich die Hypnose und ihre Phänomene von nun an nicht mehr losließen.

Ich hatte mich zuvor schon mit dem Experiment zur selektiven Wahrnehmung des amerikanischen Psychologen Daniel James Simons beschäftigt.

Bevor Sie weiterlesen, können Sie dieses Experiment gern selbst durchführen, um seinen tollen Effekt zu erleben. Dazu gibt es ein Video im Internet, dessen Link Sie im Kapitel »Zugabe!« finden. Erst wenn Sie das Video gesehen haben – und mit Schmunzeln und Lachen fertig sind –, sollten Sie weiterlesen.

In einem Versuch am Beckman Institute for Advanced Science and Technology der University of Illinois zum Thema »Inattentional blindness«, also Blindheit wegen Unaufmerksamkeit, ließ Simons eine Gruppe Studenten Ball spielen: Vier Spieler in weißen Trikots passten sich einen Basketball zu, während vier Spieler in schwarzen Trikots versuchten, den

Ball zu bekommen. Das Ganze wurde gefilmt und einer Reihe Probanden vorgeführt. Die sollten mitzählen, wie häufig sich die Spieler in den weißen Trikots den Ball zupassen. Tatsächlich konnten die meisten Versuchspersonen die Anzahl der Pässe ziemlich genau nennen – doch kaum einer von ihnen nahm den Schauspieler im Gorillakostüm wahr, der durchs Spielfeld lief, sich der Kamera zuwendend auf die Brust trommelte, um dann wieder aus dem Bild zu verschwinden. Sie können sich die Reaktionen vorstellen, als Simons ihnen im Anschluss daran den Film ein weiteres Mal vorführte, allerdings mit dem Hinweis: »Achtet auf den Gorilla!«

»Das gibt's doch nicht! War der vorher auch schon da?«

Er war es. Doch die Blindheit wegen Unaufmerksamkeit sorgt dafür, dass wir nur sehen, worauf wir uns konzentrieren.

In der Hypnose passiert Ähnliches: Wir fokussieren unser Augenmerk, blenden manche Dinge aus und nehmen andere wahr. Genau dieses Phänomen nutzten die Pioniere der hypnotischen Schmerzkontrolle, John Elliotson und James Esdaile. Heute müssen Ärzte bei der Anwendung der Hypnotherapie zum Glück nicht mehr mit dem Entzug ihrer Approbation rechnen. Seit 2006 ist diese Therapieform in Deutschland als wissenschaftlich fundierte psychotherapeutische Methode offiziell anerkannt.

Über Hypnose und die Als-Ob-Methode

Als ich ein paar Tage später nach Berlin zurückkehrte, machte ich einen Abstecher ins Caramello, meiner Lieblingseisdiele. Sie liegt in der Hufelandstraße in Prenzlauer Berg, einer Gegend, die nicht nur ein Paradies für alle ist, die gern durch Läden, Cafés und Restaurants bummeln, sondern auch eine begehrte Wohngegend. Ich traf die beiden Besitzer Ilhan und Yücel inmitten einer Diskussion an. Es ging nicht etwa um die Zubereitung neuer Eissorten, sondern darum, wie satt es Ilhan hatte, von seiner Wohnung zur Arbeit durch die ganze Stadt fahren zu müssen.

»Morgens eine Stunde, abends eine Stunde!«, klagte er.

»In der Zeit könntest du eine Menge Eis zubereiten«, mischte ich mich ein. »Gibst du mir vom Schoko?«

Ilhan kam meinem Wunsch nach, doch die Sache ließ ihm keine Ruhe. »Echt, Thimon«, sagte er. »Ich würde so gerne hier in der Gegend wohnen. Aber meine Frau und ich, wir finden nichts. Nicht mal die kleinste Hütte. Kannst du uns vielleicht helfen?«

Ich dachte nach. »Im Moment weiß ich von nichts, was frei wird. Aber ich habe zwei Tipps.«

Ilhan spitzte die Ohren. »Ihr marschiert durch die Straßen, in denen ihr wohnen möchtet, klingelt an jeder Haustür und geht in den Flur, wenn geöffnet wird. Dort notiert ihr euch den Kontakt der Hausverwaltung unter dem Briefkasten, schreibt eine E-Mail und bittet darum, euch zu kontaktieren, falls eine Wohnung frei wird. Die Hausverwaltungen erfahren als Erstes, wenn jemand auszieht, und haben Entscheidungsgewalt, selbst wenn der Mieter einen Nachmieter vorschlägt.«

Ilhan war nicht begeistert. Das klang nach einem enormen Zeitaufwand, und Zeit hatte er nicht.

Ich lächelte. »Oder du wählst die magische Variante.«

Mein Freund verzog das Gesicht, doch schließlich gab die tägliche Dosis Berliner Verkehrschaos den Ausschlag.

»Okay. Was muss ich tun?«

»Die Sache ist einfach«, antwortete ich. »Heute Abend setzt du dich mit deiner Frau an einen Tisch. Ihr nehmt ein Blatt Papier, einen Stift, und zeichnet die Wohnung auf, die ihr euch wünscht. Seid exakt! Stellt euch vor, in welcher Straße die Wohnung liegt und was sie kosten wird. Stellt euch vor, wie schön es ist, wenn ihr von der Arbeit nach Hause kommt und ihr eure Wunschwohnung betretet. Wo habt ihr welches Möbelstück hingestellt? Je mehr Details ihr kennt, desto besser. Denkt nicht: ›Das könnte unsere Wohnung sein‹, sondern sagt euch: ›Wir haben sie schon.‹ Und vor jedem Einschlafen vergegenwärtigt ihr euch für ein paar Minuten die Bilder und spürt die Emotionen, die ihr damit verbindet. Ihr seid in eurer Wunschwohnung!«

Ich fuhr mit der Zunge über das Schokoladeneis. »Das ist alles.«

Ich war mir nicht sicher, ob Ilhan mir die Sache abnahm. Aber was hatte er erwartet? Dass ich den Zauberstab zog und »Hex, hex« eine Wohnung herbeizaubere? Der Magier kann nur die Tür zeigen – durchgehen muss jeder selbst. Sie haben schließlich auch die Wahl, ob Sie die kleinen Übungen in diesem Buch befolgen oder nicht. Genauso erging es Ilhan. Das »Durch-die-Tür-Gehen« ist allerdings einfacher, wenn man etwas will. Das »Wollen« ist der Filter – will ich die Sache tatsächlich oder ist nur ein vager Wunsch Vater des Gedankens? Und Ilhan wollte diese Wohnung mehr als alles andere auf der Welt.

Was ich tat, war lediglich, Anthony Jacquins Anweisung zu folgen »Get rid of limited belief«, »Beseitigt den begrenzten Glauben«. Das betrifft einen selbst sowie alle, denen wir mit Hypnose Zugang zu neuen Dimensionen verschaffen. Sie wissen bereits, dass jede Hypnose eine Selbsthypnose ist. Deshalb muss jede Suggestion, die man einem Menschen gibt, von ihm akzeptiert werden. Auch die, die Wunschwohnung bereits zu besitzen. Ich war gespannt, ob Ilhan dazu in der Lage war. Streng genommen hatte ich ihn gar nicht hypnotisiert, ich hatte lediglich sein »Als-Ob«-System angeregt, das ich Ihnen gleich ausführlicher erläutere. Einen Monat später schaute ich wieder im Caramello vorbei. Ilhan begrüßte mich mit seligem Lächeln auf dem Gesicht. »Heute gibt's Schokoladeneis aufs Haus, so viel du willst!«

»Tatsächlich? Wie komm ich zu der Ehre?«

Er nahm mich am Arm und führte mich vors Haus. Schweigend wies er mit dem Finger die Fassade hoch. »Ich fass' es immer noch nicht«, sagte er. »Aber wir haben die Wohnung. Nicht irgendeine, Thimon, sondern *die* Wohnung. Unsere Wohnung! Die wir auf den Zettel gemalt haben!«

Dann erzählte er mir alles: »Zwei Wochen, nachdem wir unsere Wohnung visualisiert haben, treffe ich einen Freund, den ich seit zehn Jahren nicht mehr gesehen hatte. Der erzählt mir von einem Bekannten, der gerade auszieht. Aus einer Wohnung hier im Haus! Zwei Stockwerke über der Eisdiele! Ich kann in Hausschuhen zur Arbeit gehen, aber meine Frau meint, ich solle das lieber sein lassen. *Hepsi bir*, ist auch egal, wichtig ist nur: Es war, wie du prophezeit hast. Und dabei wäre ich nie auf die Idee gekommen, hier im Haus nachzufragen. Wie kurzsichtig ist das?«

Ich verzichtete darauf, einen Vortrag über »Inattentional blindness« zu halten, sondern freute mich mit ihm. Um dann zur wichtigsten Sache zu kommen: »Wie war das mit dem Schokoladeneis? So viel, wie ich essen kann, stimmt das?«

Wir lachten, als wir zurück in die Eisdiele gingen.

Was hatte ich bei Ilhan ausgelöst? Aus dem NLP, dem Neuro-Linguistischen Programmieren, stammt die sogenannte Als-Ob-Methode. Diese Methode besagt, wenn wir etwas Bestimmtes erreichen möchten, hilft es, wenn wir erst einmal so tun, als ob wir es bereits erreicht hätte. Dadurch wird unsere geistige Vorstellungskraft aktiviert. Wir gehen in einen Zustand, der nicht durch äußere Wahrnehmung, sondern durch innere Vorstellungen bestimmt wird. Die Vorstellung beeinflusst unser ganzes System, unser Denken, unser Fühlen, unsere Körpersprache. Außerdem werden Lernprozesse in Gang gebracht, unbewusste Kräfte mobilisiert und die Kreativität geweckt. Die Amerikaner sagen »Fake it till you make it«. Das anfängliche Imitieren wird zu unserer Realität. Unser Verhalten passt sich an, und unsere Umwelt und unsere Mitmenschen reagieren entsprechend. Wir sind aufmerksamer, eröffnen uns damit neue Möglichkeiten und ziehen Situationen an, die uns schneller ans Ziel führen. Das Ganze erinnert an die selbsterfüllende Prophezeiung, auf positive Art. So wird die Als-Ob-Methode zur Selbsthypnose, in der wir uns in die Welt versetzen, in der wir leben möchten. Ilhan ist ein Paradebeispiel dafür, was geschehen kann, wenn man seinen begrenzten Glauben sprengt und Anthonys »Get rid of limited belief«-Motto anwendet.

Wenn Sie Lust verspüren, Ähnliches zu erleben, lade ich Sie zu einem Versuch ein. Gibt es etwas in Ihrem Leben, das Sie mit jeder Faser Ihres Herzens möchten? Schreiben oder zeichnen Sie es auf. Stellen Sie sich dabei vor, Sie besitzen es bereits, und spüren Sie, wie sich das anfühlt. Je bildlicher, desto besser. Je gefühlvoller, desto besser. Je persönlicher, desto wirksamer. Je reicher an Assoziationen, desto magischer. Wenn Sie sich immer wieder darauf fokussieren, dann führt Sie die Als-Ob-Methode zum Ziel.

Übrigens: Ilhans Geschäftspartner Yücel war genauso erstaunt von der Geschichte, und als ich ihm erklärte, dass man sich auf diese Art und Weise sogar Parkplätze verschaffen kann, probierte er sie noch am gleichen Abend aus. Auf dem Nachhauseweg visualisierte er sich einen Parkplatz direkt vor der Haustür. Und wissen Sie was – es klappte. Kein Wunder, dass er dieses Ritual nun jeden Tag durchführt. Sprechen Sie ihn doch einmal persönlich darauf an. Er wird Ihnen gern davon erzählen.

Reisen nach Guatemala und Kolumbien

Am 11. Januar 1749 erschien in der englischen Zeitung General Advertiser *eine vielversprechende Anzeige: Auf dem Haymarket, einem der großen Plätze von London, werde sich ein Mensch in eine gewöhnliche Weinflasche zaubern. Nun hatte man ja schon einiges gesehen in der Stadt, die damals bereits über 670 000 Einwohner zählte. Gaukler, Zauberer und Trickspieler lieferten sich einen täglichen Konkurrenzkampf mit aberwitzigen Nummern. Doch ein Mann, der in eine Flasche passt? Das war neu! Zeugen berichteten von einer enormen Menge Schaulustiger, die sich zur angekündigten Zeit einfand. Eintrittskarten wurden zu Höchstpreisen verhökert, die Spannung wuchs ins Unermessliche. Wer nicht kam, war der Flaschengeist. Es gab wütende Proteste, die aber auch nicht weiterhalfen: Den Mann, der sich in eine Flasche zaubern wollte, gab es an diesem Tag nicht zu sehen und an keinem, der folgte. Und das ist bis heute so geblieben.*

Nach den ersten Kursen bei Anthony Jacquin blieb ich der Hypnose treu: Von nun an gehörte sie zu meiner täglichen Trainingsroutine. Es gab zwei Sparten, die mich interessierten: zum einen die Showhypnose, zum anderen der Einsatz tranceähnlicher Zustände zu therapeutischen Zwecken. Darauf hatte sich Anthony spezialisiert. Zu ihm kommen Leute, die das Rauchen aufgeben wollen oder ihr Gewicht reduzieren, unter Angstzuständen und Phobien leiden oder etwas gegen chronische Schmerzen unternehmen möchten. Selbst Suchtkranke – sei es Alkohol, Cannabis oder Kokain – finden bei Anthony Hilfe. Seine Methode hilft auch Menschen, die sich über die Ziele ihres Lebens klar werden wollen, auf Visionssuche sind oder einfach nur einen Motivationsschub brauchen. Immer wieder flog ich in den kommenden Jahren nach London, um mich von Anthony unterrichten zu lassen. Dabei erfuhr ich, in welchem Spannungsfeld die Hypnose heute nach wie vor steht. Für manche Menschen ist sie mit dem Mann vergleichbar, der ankündigt, sich in eine Flasche zu zaubern, aber seinen großspurigen Worten nicht nachkommt. Für viele andere kann sie die letzte Hoffnung sein, wenn Ärzte eine Krankheit als unheilbar einstufen. Das Wort »austherapiert« bedeutet für diese Menschen das Ende der Fahnenstange, was die Möglichkeiten der Schulmedizin angeht. Doch die Schulmedizin ist nicht immer der Weisheit letzter Schluss. Ich selbst erhalte nach jedem Auftritt Briefe und E-Mails, in denen Menschen genau diese Problematik ansprechen. Geradezu exemplarisch ist eine E-Mail, die ich vor kurzem im Postfach fand:

»Lieber Thimon von Berlepsch,
gerade kommen wir nach Hause, nachdem wir in den Genuss Deiner Show im Neuen Theater in Hannover ge-

kommen sind. Ich war mit meinem Mann da und durfte auf der Bühne an Deiner Magie teilhaben. Du konntest nicht wissen, dass ich nach langer Krankheit dabei bin, mich zurück ins Leben zu kämpfen. Geplagt von vielen tränenreichen Phasen, einem Auf und Ab der Gefühle und dem ständigen Zweifel – war es Zufall oder Schicksal oder vielleicht Magie, dass gerade ich das Thema »Positive Gedanken und was sie bewirken können« erleben durfte? Auf der Bühne hatte ich einen Moment der totalen Entspannung, des Vertrauens und der Gewissheit, dass alles möglich ist. Ich werde daran arbeiten, mir diesen Moment im Herzen zu behalten, um Kraft und Zuversicht daraus zu schöpfen. Mir hättest Du kein größeres Geschenk machen können. Tausend Dank dafür!
PS: Wo kann ich mehr darüber erfahren?

Dazu gibt es einige Möglichkeiten. Anthony Jacquin ist mittlerweile auch im Internet zu finden, er unterhält eine eigene Webseite zum Thema Heiltherapie. Auf meiner Website finden Sie Anregungen zu den Themen »Wie Hypnose funktioniert«, »Das Geheimnis der Heilung« und »Hypnose statt Vollnarkose«. Diese Dokumentationen regen Sie vielleicht an, sich näher mit dem Thema zu befassen und einen Hypnosetherapeuten in Ihrer Nähe aufzusuchen. Ich selbst habe mich zwar ausgiebig mit dem Thema Hypnose als Therapie beschäftigt, mich aber für die Showhypnose entschieden. Ich bin Entertainer und möchte neben der Zauberkunst mein Publikum spielerisch an dieses Thema heranführen. Dabei gebe ich zwar lebensnahe Denkanstöße, in letzter Konsequenz sollten Sie aber immer einen Arzt oder einen professionellen Hypnosetherapeuten aufsuchen.

Genau wie die Begegnung mit einem Scharlatan die Einstellung zur Hypnose negativ prägen wird, schöpft man Kraft und Zuversicht, wenn die Erfahrung positiv verläuft. Daher ist es wichtig, den richtigen Hypnotiseur zu finden. Dafür gibt es Berufsverbände, die ihre Mitglieder zertifiziert haben. Also erkundigen Sie sich vorab – so wie Sie sich über einen Arzt informieren, den Sie aufsuchen möchten.

In jener Phase meines Lebens investierte ich viel Zeit, um das Geheimnis der Hypnose zu durchdringen. Gleichzeitig bastelte ich an meinem ersten Soloprogramm »SecretCircle«. Mir schwebte eine intime Atmosphäre vor, mit wenigen Gästen, und das Ganze in einer Umgebung, die an die alten Zeiten der Salonmagie erinnerte. Für mich schloss sich ein Kreis: Nach all den Jahren des Übens und Experimentierens, der Selbstbeobachtung und Weiterbildung, würde ich damit bei meinem ersten magischen Buch landen, der *Modernen Salonmagie* von Carl Willmann aus dem Jahr 1891.

Ist später ein Soloprogramm dann fertig, fragt man sich: Weshalb musste ich mir so lange den Kopf darüber zerbrechen? Tatsächlich schöpfen wir aus dem Nichts, und dieses Nichts mit Inhalt zu füllen braucht seine Zeit. Wenn heute alles wie am Schnürchen klappt, weiß ich, dass sich die Geduld gelohnt hat.

Weil mir damals nicht ganz klar war, wie ich die Sache angehen wollte, ergriff ich die Gelegenheit beim Schopf, um einen lang gehegten Reisewunsch in die Tat umzusetzen. Schon immer war mir das Wort »Guatemala« durch den Kopf gegeistert – klingt es nicht wie ein magischer Zauberruf? Schließlich sagt man, dass der Name aus dem präkolumbischen Wort

Cuauhtemallan abstammt, was »Land der Bäume« bedeutet. Für einen Baumliebhaber wie mich nur ein Grund mehr, das zentralamerikanische Land zu besuchen. Wie schon zuvor, zerbrach ich mir nicht den Kopf über eine Reiseroute, wollte aber zunächst einmal meine Spanischkenntnisse verbessern. Deswegen ging es als Erstes nach Cobán, einer Kleinstadt im Hochland, bei der ich sicher sein konnte, auf keine weiteren Touristen zu treffen. Ich wollte ja Spanisch sprechen und nicht nach meinem Unterricht ins Englische zurückfallen. In Cobán gibt es die Möglichkeit, äußerst günstig von einem Privatlehrer unterrichtet zu werden, während man gleichzeitig bei einer guatemaltekischen Familie wohnt. Besser kann man eine Sprache nicht erlernen.

Nach zwei Wochen war ich mir meines Spanischs sicher und machte mich auf nach Tikal, einer antiken Stadt der Mayas in den Regenwäldern des Nordens. Bis zu 200 000 Menschen sollen hier einmal gelebt haben, so die jüngsten Schätzungen der Forscher. Der umgebende Wald hat sich vieles wiedergeholt, seit die Stadt im 10. Jahrhundert von den Mayas aufgegeben wurde; Zehntausende Häuser sind noch immer nicht ausgegraben. Natürlich werden an einem Ort wie diesem alle Arten von Führungen angeboten, doch ist das in etwa wie in der Zauberei: Wenn die Wissenschaft das Zepter übernimmt, bleibt die Magie auf der Strecke. Natürlich kann es sinnvoll sein, in die Wissenstiefe zu gehen, um mehr zu erfahren. Doch kommt dabei unser Gefühlsleben manchmal zu kurz. Deshalb suchte ich mir einen Platz, an dem ich die ganz besondere Energie des Ortes aufnehmen konnte. Es ist ein wenig wie auf einer Zeitreise: Ich gab mich der Vorstellung hin, dass hier Menschen gelebt haben, geliebt haben, geboren und gestorben sind; dass es der Glaube an ihre Gottkönige war, der sie im

Tiefland des Regenwaldes siedeln ließ; dass sie einige der aufregendsten Fragen der Menschheitsgeschichte hinterlassen haben, Rätsel über ihre Sprache, ihre Zeitrechnung, ihre Architektur und ihre Rituale – all das stellte ich mir so intensiv vor, als ob ich es noch miterleben könnte.

Auf meinem Trip durch das Land verhielt ich mich ähnlich wie in Myanmar. Wo immer es möglich war, übernachtete ich bei normalen Menschen in ihren einfachen Hütten. Dort zauberte ich für sie und stellte ihnen Fragen zu den Gewohnheiten ihres Lebens. Wenn ich heute darauf zurückblicke, sehe ich mich an der Biegung eines Flusses sitzen, in der Nähe des Dorfes, wo ich einige Tage und Nächte zugebracht hatte. Ich genoss das Draußensein, die Wärme, die Strömung des Flusses, die Geräusche des angrenzenden Waldes – kurz gesagt: Ich lebte. Denn das alles bedeutet »Leben«, das Aufnehmen und Verarbeiten von Sinneseindrücken. Gleichzeitig fühlte ich eine große Dankbarkeit für das Privileg, dort sein zu dürfen: die Mittel und Wege gefunden zu haben, eine solche Reise zu unternehmen, um mein Bild von der Welt wieder um einige Puzzlestücke zu vervollständigen. Ich fühlte eine wunderbare Leichtigkeit, als ich Tage später nach längerem Fußmarsch an einer Straße den erstbesten Bus bestieg und schon nach wenigen Minuten die Fahrgäste mit allen Arten Zauberkunststückchen unterhielt. Würde ich so etwas in Berlin tun? Mich in die Linie 100 setzen, die viele Touristen nutzen, um die Stadt zu erkunden, und ungefragt einige Kunststücke zu präsentieren? Als ich ein paar Hundert Kilometer später in einem unbekannten Dorf ausstieg, lernte ich dort *El Jefe* kennen, den Besitzer der örtlichen Kneipe. Für einen Dollar pro Nacht fand ich bei ihm einen Unterschlupf, und als er erfuhr, welcher Profession ich nachging, zeigte er sich von erfreulicher Geschäftstüchtigkeit: Kurzerhand hängte er überall im Dorf Zettel auf, und am Abend zauberte ich vor ausverkauftem Haus. Anschließend ließ ich den Hut herumgehen und fand am Ende sieben Dollar darin. Damit war die Sache klar: Ich würde eine Woche lang unter dem Dach von El Jefe bleiben. Im Anschluss ging es nach Todos Santos Cuchumatán, einer Kleinstadt in den Bergen von 2500 Metern Höhe. Todos Santos ist für sein raues, guatemaltekisches Dorfleben bekannt – dramatische Landschaft, Schlammstraßen, Bohnen und Tortillas. Die Häuser liegen inmitten eines tiefen Tals, umgeben von bewaldeten Hängen.

Irgendwie haben es mir Berge angetan, vielleicht, weil sich dort oben die alten Kulturen am besten erhalten haben. Das war auch hier der Fall. Ich kam in einen Ort, an dem die Männer auch an Werktagen ihre traditionelle Tracht aus rot-weiß gestreifter Hose, Jacken mit bunten Streifen, dick gewebten Kragen und Strohhüte mit blauer Schleife trugen. Ihre Haltung drückte aus, dass sie ihre Kultur wertschätzten und Kraft aus ihr zogen.

Für einen Quetzal – damals rund 10 Cent – bekam man bei den Straßenverkäuferinnen eine Portion *Chuchitos*. Der in Bananenblätter gewickelte Reisteig mit Huhn und würziger Soße schmeckte hervorragend, und ich fragte eine der Verkäuferinnen, ob sie mir die Zubereitung zeigen wollte. Erst sah sie mich prüfend an, dann nickte sie: Ich solle am Abend das Haus ihrer Familie aufsuchen, dort wolle sie mir beibringen, wie Chuchitos gemacht werden sowie Enchiladas, ein Fladenbrot mit Fleisch, Gemüse Ei und Chilli. Ob ich mich wohl mit etwas Zauberei bedanken könne, dachte ich, als ich Stunden später neben ihr und einem Dutzend Kindern aus der Nachbarschaft in der kleinen Küche ihres Hauses stand und neugierig zusah, wie sie den Teig aus Maismehl zubereitete. Das tat ich auch, doch gleichzeitig hatte ich einen anderen Gedanken. Meine Chuchito-Köchin gehörte zur schüchternen Fraktion. So war es kein Wunder, dass sie »nicht gut« antwortete, als ich am nächsten Tag erneut auftauchte und mich nach den Geschäften erkundigte. In der Tat war ihr Korb noch voller Chuchitos. Ich fragte, ob sie ihn mir ausleihen wollte, und obwohl ihr mein Anliegen seltsam vorkam, reichte sie ihn mir. Ich marschierte los und tat, was ich als kleiner Junge auf Schloss Berlepsch mit einigem Erfolg getan hatte. Statt zu fragen: »Möchten Sie einen Schlossprospekt kaufen?«, lautete meine Anrede nun: »Möchten Sie von diesen leckeren Chuchitos?« Es dauerte nicht lange, und der Korb war leer. War da Magie im Spiel? Wenn man die Überraschung der Einheimischen, einen Weißen Chuchitos verkaufen zu sehen, als magisch bezeichnen möchte, schon. Ansonsten war es vor allem die Lehre, dass man den Mut aufbringen sollte, auf die Menschen zuzugehen, um ihnen mit Offenheit und Herzlichkeit zu begegnen. Das ehrliche Staunen im Gesicht meiner Chuchito-Köchin zu sehen, als ich mit leerem Korb und einer Handvoll Quetzals zurückkam, war die schönste Belohnung. Wieder einmal zeigte sich, dass kaum etwas im Leben mehr Spaß macht, als anderen Menschen eine Freude zu bereiten.

Meine letzte Station in Guatemala sollte der Lago de Atitlán sein, ein See, der mitten in der Caldera eines uralten Vulkans liegt und von mehreren jüngeren Vulkanen umgeben ist. Atitlán bedeutet »Ort, wo es viel Wasser gibt«, und dieses Wasser ist angenehme 20 Grad warm, während draußen der ewige Frühling herrscht. Genau der richtige Platz also, um schöne Erinnerungen zu sammeln für die kalten Winter in Berlin.

Während ich gemächlich den See umrundete, immer wieder hier und dort für ein paar Tage eine Rast einlegte, sah ich ab und zu aus der Ferne einen Fahrradfahrer. Etwas an ihm weckte meine Neugier, und als er in meine Nähe kam, winkte ich ihn herüber. Als er näher kam, traute ich meinen Augen nicht. Wie alle Fahrradreisenden hatte er sein Gefährt mit zahlreichen Taschen bepackt, und manchmal schwankte es gefährlich über den Weg. Der Grund dafür war: Der Mann lenkte es nur mit einer Hand. Sein linker Arm hing in einer Schlinge, die um den Hals gebunden war. Wir kamen ins Gespräch, und ich mochte Tom auf Anhieb. Er kam aus Kanada und strampelte mit seinem Fahrrad durch Zentral- und Südamerika.

»Ein halbes Jahr muss ich irgendwo jobben«, erzählte er mir. »Danach kann ich ein halbes Jahr weiterfahren.«

Jobben, Fahrradfahren, was auch immer kam: Tom machte alles mit dem rechten Arm. Nach einem Unfall war der andere nicht mehr zu gebrauchen gewesen.

»Ich wollte ihn nicht amputieren lassen«, sagte er, »schließlich ist er ein Teil von mir, und das soll auch so bleiben.«

Ich sah zu, wie Tom sein Fahrrad entlud, sein Zelt aufschlug, den Kocher in Gang brachte, eine Büchse öffnete und sich in null Komma nichts ein Essen zubereitete.

»Schwierig wird's beim Radfahren auf Bergstrecken und natürlich auch abwärts«, sagte er. »Da verliere ich manchmal die Kontrolle. Behindert fühle ich mich trotzdem nicht. Es gibt Schlimmeres, davon kann ich ein Lied singen.«

Tom scheute sich nicht davor, dorthin zu radeln, wo die Armut am größten war. Mich faszinierte, wie geschickt er dabei mit nur einem Arm zurechtkam, und irgendwann wollte ich wissen, wie sich das anfühlte. Ob ich auch damit zurechtkommen würde.

Ich versetzte mich in Trance und ließ meinen linken Arm schlapp werden. Auf der Bühne erleben meine Zuschauer, wie es ist, wenn der Arm steif wird und sie ihn nicht mehr beugen können, aber natürlich ist unter Hypnose auch das Gegenteil möglich.

»Ich mache das jetzt ein paar Tage lang«, sagte ich, nicht ahnend, dass ich später in meinem Leben auf einen Mann stoßen würde, der eine ähnliche Sache schon 35 Jahre lang ausübte. Von nun an war jede Handlung, die ich sonst mit zwei Händen ausführte, ein Abenteuer. Jede Bewegung musste neu entdeckt und gelernt werden. Alle meine Routinen wurden zwangsläufig unterbrochen. Ich war ständig bewusst und mit mir beschäftigt. Wie binde ich meine Schuhe? Wie koche ich mein Essen? Wie kleide ich mich an und umgekehrt? Es war Meditation. Drei Tage später erlaubte ich meinem Arm, sich wieder zu bewegen. Damit begann der zweite Teil des Experiments: die Wertschätzung meiner Gesundheit. Alles, was ich jetzt wieder normal ausführen konnte, war für mich ein kleines Geschenk. Wie dankbar war ich auf einmal meinem Körper und seinen Fähigkeiten! Es war eine wunderbare Erfahrung, die ich nicht missen möchte.

Wenn Sie auch auf die Idee kommen, dieses Experiment durchzuführen, und sei es auch nur für einen Tag oder für ein paar Stunden, freue ich mich, wenn Sie mir von Ihren Empfindungen schreiben.

Ich verbrachte mit Tom eine weitere Woche am See. Er hatte mir eine Erfahrung geschenkt, an die ich häufig denke: nämlich dass wir unser Leben zu jeder Zeit selbst in der Hand haben. Wir entscheiden selbst, wie wir mit den gegebenen Umständen umgehen. Bemitleiden wir uns, oder schwingen wir uns aufs Fahrrad und radeln durch Amerika?

Nachdem ich mich von Tom verabschiedet hatte, wollte ich weiter nach Kolumbien reisen, auch wenn mich viele Leute vor dem Land gewarnt hatten. Es sind ja nicht bloß die Gefahren, die vom Menschen ausgehen, welche uns in Furcht und Schrecken versetzen. So hatte ich über den Tayrona-Nationalpark gehört, dass einen dort Myriaden von Moskitos erwarteten. Genau dort wollte ich hin. Der Nationalpark liegt eingebettet zwischen Atlantik und der Sierra Nevada de Santa Marta, einem Hochgebirge bis fast in 6000 Meter Höhe. Mit anderen Worten, es gibt mehrere Klimazonen auf engem Raum mit ihrer jeweils spezifischen Artenvielfalt. Der eigentliche Grund für meinen Wunsch, Tayrona zu besuchen, waren die Kogi-Indianer. Das Volk der Kogi, auch unter dem Namen Kággaba bekannt, siedelte ursprünglich im Tiefland, was einen nicht wundert, wenn man die unwirtliche Gebirgslandschaft der Sierra Nevada de Santa Marta kennenlernt. Doch die spanischen Konquistadoren vertrieben die Menschen ins Hochgebirge. Dort leben nach neuesten Schätzungen noch rund 4000 Kogis, die sich ein gesundes Misstrauen gegenüber allen Fremden bewahrt haben. Da in ihrem jetzigen Siedlungsgebiet Ciudad Perdida liegt, die »Verlorene Stadt«, neben Machu Picchu die größte wiederentdeckte präkolumbische Siedlung Südamerikas, ist das kein leichtes Unterfangen. Zum Schutz der Kogis verbietet die kolumbianische Regierung, dass sich Besucher auf eigene Faust Richtung Ciudad Perdida aufmachen. Auch wenn ich kein Freund von geführten Gruppenwanderungen bin, hielt ich die Maßnahme für sinnvoll und schloss mich daher einer kleinen Truppe aus vier Männern und drei Frauen an. Zusammen mit einem Führer marschierten wir los. Wegen der Moskitos hatten meine Begleiter hochtoxische Mittel bei sich, die sich gegen die Kunststoffschalen ihrer Kameras wirksamer zeigten als gegen die Plagegeister. Drei Flüsse galt es zu durchqueren, die mir später in Büchern als reißende Ströme dargestellt wurden, aber ganz bequem durchquert werden konnten. Wahrscheinlich waren die Autoren zur Regenzeit hier gewesen. Nahe am Äquator zeigen Landschaften häufig ganz unterschiedliche Gesichter. Bald ging es steil bergauf, dann wieder tief hinab. Wir durchquerten *Barrancos*, eng eingeschnittene Schluchten, um dann wieder hochzuklettern und einen Gipfel mit dichtem Wald zu überqueren. Vom zweiten Tag an begegneten wir den Kogi-Indianern. Ihr Anblick war mystisch, wie aus einer anderen Welt: Männer, junge wie alte, hatten ausdrucksvolle, schöne Gesichter und trugen lange schwarze Haare. Ihre weißen Gewänder leuchteten im schattenvollen Licht des Urwalds. Weil die Pfade eng waren, mussten wir dicht aneinander vorbeigehen, und ich konnte die Verachtung spüren, die sie uns Fremdlingen entgegenbrachten. Sie schauten uns nicht an, sie lächelten und grüßten nicht. Wer will es ihnen verdenken? Die spanischen Eroberer hatten einen blutigen Ausrottungskrieg gegen sie geführt, und selbst hier im Gebirge der Sierra Nevada, die an manchen Stellen einer steinernen Festung gleicht, fanden sie keine Ruhe vor Eindringlingen. Als dann auch noch Ciudad Perdida vor gut 40 Jahren durch Goldschürfer wiederentdeckt wurde, folgten Grabräuber auf dem Fuß. Sie stahlen alles, was nicht niet- und nagelfest war, und was sie mitnahmen, war für die Kogi-Indianer heilig.

Kurz bevor eine uralte Treppe aus 1200 Steinstufen hoch zur Verlorenen Stadt führt, erreicht man ein eingezäuntes Kogi-Dorf. Mich faszinierten die kreisrunden Hütten mit ihren spitz zulaufenden Strohdächern, doch der Führer wies uns an, aufs Fotografieren zu verzichten, weil die Einwohner darauf ab und an mit ihren Steinschleudern reagieren.

Auf einmal kam eine Horde Kinder an die Umzäunung gerannt, gefolgt von einer Frau, deren Aufgabe es war, darauf zu achten, dass sie nicht aus dem Dorf liefen oder Touristen ihnen ins Dorf folgten. Bisher hatten wir nur männliche Kogi-Indianer getroffen, die uns keines Blickes würdigten. Diese Frau war nicht so herablassend, aber sehr zurückhaltend. Mit prüfendem Blick musterte sie uns. Jetzt oder nie, dachte ich mir. Ich bat unseren Führer in der Sprache der Kogis zu fragen, ob ich für die Kinder zaubern dürfte. Die Frau nickte, wobei ich bezweifle, ob sie tatsächlich wusste, was mit »Zaubern« gemeint war. In meiner Tasche steckte ein halbes Dutzend roter Schwammbällchen, die wie Clownsnasen aussehen. Ich holte sie hervor, ließ sie aus meinen Händen verschwinden und in den Händen der Kinder wieder auftauchen. Das sind einfach zu verstehende Kunststücke, die auch ohne Sprache funktionierten. Die Reaktion war geradezu umwerfend: Die Kinder fingen an zu lachen, als hätte ich die lustigste Nummer der Welt gezeigt, und wahrscheinlich war es für sie auch so. Danach änderte ein Tuch seine Farbe, Münzen verschwanden und erschienen hinter kleinen Ohren wieder, und die ganze Zeit erschallte das fröhliche Lachen der Kinderschar. Währenddessen verwandelte sich die Miene der Kogi-Frau über ein schüchternes Lächeln zu einem breiten Grinsen. Wieder einmal erlebte ich die magische Kraft der universellen Sprache der Magie. Es war wunderbar.

Nach einer Viertelstunde brachen wir auf und stiegen alte, von Moos überwucherte Steintreppen hinauf. An mächtigen Bäumen vorbei ging es zu den Ruinen von Ciudad Perdida, in meiner Erinnerung ein ebenso magischer Ort wie Tikal. Und doch sind die Bilder davon überlagert von dem zauberhaften Ereignis, das uns auf der Rückkehr widerfuhr.

Auf halber Strecke zum eingezäunten Dorf kam uns ein älterer Mann mit zwei Frauen entgegen. Mit der untersetzten Figur eines stattlichen Ringers strahlte er die Würde eines Häuptlings aus. Unser Führer wurde unsicher, denn dieser Mann war das Oberhaupt des Dorfes und bekannt für seine abschätzige Haltung allen Fremden gegenüber. Mitten auf dem Weg blieb er stehen, sodass wir anhalten mussten.

»Wer von denen ist der Wundertäter?«, wandte er sich an den Führer. Der zeigte stumm auf mich. Der Häuptling warf mir einen Blick zu. Sein Gesicht war starr wie eine Maske, es war unmöglich herauszufinden, was er dachte. Dann trat er ein paar Schritte auf mich zu.

»Ich möchte dich in unser Dorf einladen«, sagte er. »Wir wollen das sehen.«

Wir folgten schweigend, nur unser Führer murmelte immer wieder voller Staunen diesen einen Satz vor sich hin, den ich so häufig höre: »Das gibt's doch gar nicht!« Noch nie hatte der Häuptling Fremde ins Dorf eingeladen, wir sollten die Ersten sein.

Dort angekommen, stellten sich alle Bewohner, die nicht auf dem Feld beschäftigt waren, im Halbkreis auf. Dann warteten sie darauf, dass ich loslegte. Ich griff in die Tasche und begann mit meiner kleinen Show: Tücher verschwinden zu lassen, Clownsnasen in die Hände der Kinder zu zaubern, ein paar Gummibandtricks. Es waren einfache Dinge, die leicht verständlich waren und die ich ohne Sprache vorführen konnte. Trete ich bei Naturvölkern auf, agiere ich stets vorsichtig, weil ich nicht wissen kann, wie diese Menschen auf Zauberei reagieren. Ich will auf keinen Fall »gottähnlich« wirken, was passieren kann. Hier waren die Reaktionen allerdings verhalten. Anders als die Kinder verzogen die Männer keine Miene, und auch die Kleinen passten sich ihren Vätern an. Ich spielte vor einer Wand aus Schweigen.

Jeder, der auf der Bühne steht, weiß, wie verunsichernd das sein kann. Wenn ich keine Reaktion von den Zuschauern bekomme, und sei es nur ein Schmunzeln oder ein Stirnrunzeln, kann ich meine Kunst nicht mit Leben füllen. Ich muss mich dem Publikum anpassen, und ein stilles Publikum kann nur ein stilles Programm erleben. Das konnten die Kogis natürlich nicht wissen.

Es muss doch etwas geben, womit ich ihre Emotionen wecken kann, dachte ich. Ich nahm eines der Blätter der Wachspalmen, die bis an den Dorfrand wuchsen, und verwandelte es in einen Geldschein. Da hatte ich meine Reaktion! Die Männer sahen sich an und fingen an zu diskutieren, alle mit breitem Grinsen auf dem Gesicht. Der Häuptling nickte in stummer Zustimmung, dann fragte er: »Kannst du mehr davon machen?«

Wie komme ich nur aus dieser Nummer wieder raus, überlegte ich fieberhaft. Dann gab ich zur Antwort: »Gott erlaubt nur einen Schein.«

Von welchem Gott ich sprach, blieb unerwähnt, aber die Kogis akzeptierten den Einwand. Am Ende brachte ich sie doch noch zum Lachen, als ich den Frauen an der Seite des Häuptlings Clownsnasen in die Hand zauberte. Danach war sogar Fotografieren erlaubt. Für diese Menschen ist ein Foto ein großartiges Geschenk. Ich sorgte deswegen nach Ende der Reise dafür, dass alle im Dorf ihre Abzüge bekamen, auch wenn das mit einigem Aufwand verbunden war.

Der Abschied war herzlich. Wir verließen das Dorf der Kogi-Indianer mit einem ganz anderen Gefühl als wir es betreten hatten: nämlich dem, auf eine magische Weise Freundschaft geschlossen zu haben. Auf dem Weg zurück wiederholte unser Führer sein neu gefundenes Mantra: »Das gibt's doch nicht!«

Ich selbst befand mich ebenfalls in Hochstimmung, die noch lange anhielt. Dazu mischte sich die Vorfreude, bald meine vielköpfige Verwandtschaft wiederzusehen.

Tante Gabi, die Schwester meiner Mutter, hatte als junge Frau einen Kolumbianer geheiratet und danach ihre Heimat Brasilien verlassen. Heute lebt sie mit ihrem Mann und drei Kindern in Cartagena, der wohl schönsten Stadt des Landes. Gleich als sie mich vom Busbahnhof abholte, erzählte sie, dass sie ein Abendessen zu meinen Ehren plane. »Das macht man hier so, wenn ein Verwandter zu Besuch kommt.«

»Und viele Leute kommen?«

»Kaum der Rede wert. Fünfundzwanzig vielleicht. Alles Freunde und Geschäftspartner. Ach ja, fühl dich nicht verpflichtet.«

»Zu was denn?«

»Zum Zaubern natürlich!«

Ich lachte. »Einverstanden, Tante. Aber nur, wenn der Bürgermeister persönlich erscheint …«

Meine Tante erwiderte darauf nichts, und am Abend hatte ich die Sache vergessen. Bis es an der Tür klingelte und der Bürgermeister in Begleitung seiner Bodyguards erschien.

Nach dem Essen setzten sich alle im Wohnzimmer zusammen, in Erwartung einer lustigen Zaubershow. Da ich aber kaum mehr als ein Kartenspiel und einige Münzen dabeihatte, wollte ich ein Experiment wagen. Meine Verwandten hatten mich lange nicht mehr gesehen und wussten nichts von meiner Begeisterung für die Hypnose. Daher wollte ich klassische

Zauberkunst mit hypnotischen Phänomenen kombinieren: Als ein junges Mädchen in Trance seinen eigenen Namen vergaß, dafür aber die PIN-Nummer des Bürgermeisters kannte, sah ich in fassungslose Gesichter. Einer der Gäste murmelte: »Teufelswerk!« Offenbar ging es ihnen kaum anders als den Kogis, was mich insgeheim freute. Immerhin zeigt es, dass wir unabhängig von unserer Bildung im Grunde unseres Wesens alle gleich sind.

Carlos, einer meiner Vettern, war ganz aufgeregt. »Warum bleibst du nicht hier? Glaub mir, Kolumbien wartet auf einen Magier wie dich!«

Offenbar waren Illusionskünstler rar gesät, und Carlos versprach, eine landesweite Tournee auf die Beine zu stellen. Ich wiegelte ab, schließlich wollte ich erst einmal Karriere in Deutschland machen. Heute ertappe ich mich aber hin und wieder bei dem Gedanken, die Sache doch noch mal auszuprobieren. Schließlich gibt es kaum etwas Schöneres, als Neuland zu betreten.

Das Erlebnis bei meinen Verwandten war wieder ein Impuls, ein Zeichen, ein Schlüsselerlebnis: Aus Mangel an Zauberutensilien hatte ich zum ersten Mal Magie mit Hypnose verknüpft. Das Ergebnis war überwältigend und sollte später als Grundlage für mein Bühnenprogramm »Der Magier« dienen.

Bevor meine Reise durch Kolumbien endete, machte ich einen eintägigen Abstecher in die Wüste La Guajira. Dort lebt das Volk der Wayuu von ihren Ziegenherden und dem traditionellen Fischfang, weil zwischen El Cabo de la Vela und El Pilon de Azucar die Wüste bis ans Meer reicht. Die Anfahrt war unbequem: acht Stunden in der Gluthitze auf der Ladefläche eines Pick-ups, zusammen mit einer Handvoll Mitreisender, setzten meinen Lendenwirbeln ganz schön zu. Als wir am Cabo de la Vela ankamen, sah die Landschaft trostlos aus: Die Sonne steckte hinter tiefen Wolken und tauchte Wüste wie Ozean in graues Licht. Meine Stimmung war nicht die beste, als wir vom Pick-up kletterten.

»Gehe ich wenigstens mal ins Wasser«, dachte ich. Kaum hatte ich ein paar Schritte getan, durchzuckte mich ein furchtbarer Schmerz an der Ferse. Ich sah Blut und fragte mich, ob das wohl ein Krebs war. Ein Einheimischer malte mit dem Stock ein anderes Tier in den Sand, und schnell wurde klar: Ich war in einen Stachelrochen getreten.

»Muss ich jetzt sterben?«

Meine Frage war durchaus ernst gemeint. Die Stacheln dieser Tiere sind mit Giftdrüsen verbunden, und mir waren Fälle bekannt, bei denen Menschen an solchen Verletzungen gestorben sind. Auch gibt es kein Gegenmittel für Rochengift. Man spült die Wunde am besten mit heißem Wasser aus, legt einen Druckverband an und begibt sich umgehend in medizinische Hände. Heißes Wasser gab es nicht, Material für einen Druckverband war auch keines da, außerdem war ich Hunderte von Kilometern vom nächsten Arzt entfernt. Kein Wunder, dass ich nervös war, als ich versuchte, die Blutung zu stoppen.

»Nein, nein«, lachte der Einheimische, »daran stirbst du nicht. Aber der Schmerz wird zunehmen.«

Damit behielt er Recht. Er nahm zu, und zwar mächtig. Als ich mich in eine Hütte schleppte, um nicht auch noch von der Hitze ausgetrocknet zu werden, beschlossen meine Mitreisenden, die Fahrt fortzusetzen. Sie hatten von einer Düne gehört, wo das Meer in der Sonne besonders verführerisch glitzern sollte. Natürlich verbesserte es meine Laune nicht, dass sie mich zurückließen. Was mir selten passiert, passierte mir jetzt: Ich jammerte und stöhnte vor mich hin. Irgendwann nickte ich ein. Als ich aufschreckte, waren ein paar Wayuus im Raum. Sie hatten einen Mann im Schlepptau, den sie »El Chamán« nannten, den Schamanen. Er hatte eine Zigarre im Mund, setzte sich neben mein verletztes Bein und legte ein paar in Wasser eingeweichte Tabakblätter auf die Wunde. Das tat höllisch weh, aber El Chamán kümmerte das nicht. Er beugte sich hinab und blies immer wieder den Zigarrenrauch darauf. Dann erhob er sich und verschwand.

Auf einmal fühlte ich eine enorme Erschöpfung, schloss die Augen und war kurz darauf eingeschlafen. Als ich eine Stunde später wieder zu mir kam, war der Schmerz verschwunden. Wie abgestellt. Wie konnte das so schnell passieren? Ich trat aus der Hütte und wandte mich an die Wayuus.

»Seht mal her«, rief ich. »Keine Schmerzen mehr! Ein Wunder!«

Sie lachten. »Kein Wunder. El Chamán!«

»Wo ist er? Ich will mich bedanken!«

Sie zuckten mit den Schultern. El Chamán war einer, der kam und ging, ohne Spuren zu hinterlassen. Nach meiner Behandlung war er weitergezogen.

»Was mach ich jetzt?«, fragte ich voller Tatendrang. Schließlich ging es mir wieder gut. Einer der Wayuus wusste Rat. »Wie wäre es mit einem Motorradtaxi? Du setzt dich hinten drauf, und ich fahre dich, wohin du willst.«

Kurz darauf brausten wir mit dem Motorrad durch die Wüste, und mein Fahrer zeigte mir die schönsten Stellen. Wann immer ich anhalten wollte, hielten wir, ganz so, wie ich es mag. Das wäre mit dem Jeep und der Gruppe von 12 Leuten nicht möglich gewesen. Irgendwann erreichten wir die Düne am Meer. Dort traf ich auf den Rest der Gruppe. Sie sahen erschöpft aus, denn sie waren mit dem Jeep in ein Treibsandloch geraten und hatten lange gebraucht, um sich daraus zu befreien. Ich musste lachen und merkte, wie sich das Gedankenrad zu drehen begann: War El Chamán tatsächlich bei mir gewesen? Wie kam es, dass ich in so kurzer Zeit vom tiefsten Unglück zum höchsten Glück geführt worden war? Konnte ich etwas daraus lernen?

Am Ende stieß ich auf ein Wort, das die Magie dessen, was geschehen war, am besten ausdrückte: Akzeptiere! Akzeptiere, was geschieht, denn du weißt nie, wohin es dich führt. Hab Vertrauen. In diesem Zusammenhang denke ich immer wieder an eine wundervolle Geschichte:

Es war einmal ein alter Bauer, der mit seinem Sohn in einer kleinen Hütte am Rande des Dorfes lebte. Ihr einziger Besitz war ein wunderschöner Hengst, um den sie von allen im Dorf beneidet wurden. Es gab unzählige Kaufangebote, diese wurden aber strikt abgelehnt. Schließlich brauchten sie das Pferd bei der Arbeit, und es gehörte zur Familie, fast wie ein Freund.

Eines Tages aber war der Hengst verschwunden. Nachbarn kamen und sagten: »Du Dummkopf, warum hast du das Pferd nicht verkauft? Nun ist es weg, die Ernte ist einzubringen, und du hast nichts mehr, weder Pferd noch Geld für einen Helfer. Was für ein Unglück!« Der Bauer schaute sie an und sagte nur: »Ob Glück oder Unglück, wer weiß das schon?«

Ein paar Tage später war der Hengst wieder da, und mit ihm war ein Wildpferd gekommen, das sich ihm angeschlossen hatte. Jetzt waren die Leute im Dorf begeistert. »Du hast Recht gehabt«, sagten sie zum alten Mann. »Das Unglück war in Wirklichkeit ein Glück. Dieses herrliche Wildpferd als Geschenk des Himmels, nun bist du ein reicher Mann …« Der Alte aber sagte: »Ob Glück oder Unglück, wer weiß das schon?«

Die Dorfbewohner schüttelten den Kopf über den wunderlichen Alten. Warum konnte er nicht sehen, was für ein unglaubliches Glück ihm widerfahren war? Am nächsten Tag begann der Sohn des Bauers, das neue Wildpferd zu zähmen und zuzureiten. Beim ersten Ausritt warf ihn dieses ab, dass er sich beide Beine brach. Die Nachbarn im Dorf versammelten sich und sagten: »Du hast Recht, alter Mann. Das Glück hat sich als Unglück erwiesen, dein einziger Sohn ist nun ein Krüppel. Wer soll auf deine alten Tage für dich sorgen?« Doch der Alte blieb gelassen und antwortete: »Ob Glück oder Unglück, wer weiß das schon?«

Er musste nun allein die Ernte einbringen. Zumindest war das neue Pferd so weit gezähmt, dass es mitarbeiten konnte. So sicherte sich der Alte das Auskommen für sich und seinen Sohn.

Ein paar Wochen später begann ein Krieg. Der König brauchte Soldaten, und alle wehrpflichtigen jungen Männer im Dorf wurden zur Armee gezwungen. Nur der Sohn des alten Mannes blieb verschont, ihn konnte man wegen seiner Krücken nicht gebrauchen. Und der Alte sagte: »Ob Glück oder Unglück, wer weiß das schon?«

Über Hypnose, Phobien, Raucherentwöhnung und Heilkunst

»Ich glaube nicht an Hypnose. Das funktioniert nicht, schon gar nicht bei mir!«

Ich grinste, als mich Alex schon zum zweiten Mal an diesem Abend darauf ansprach. Sie ist eine erfolgreiche Jazzsängerin, doch offenbar war heute nicht Musik ihr Thema, sondern dieses seltsame Phänomen Hypnose. Wie gesagt, hypnotisiere ich keinen, der es nicht möchte, doch davon war keine Rede gewesen.

»Möchtest du es ausprobieren?«, fragte ich.

Sie wollte.

Nach ein paar kleinen Tests zu ihrer Empfänglichkeit gegenüber Hypnose war schnell klar, dass sie äußerst suggestibel war. Es dauerte fünfzig Sekunden, und sie befand sich in tiefer Trance.

»Du wirst gleich für uns singen«, suggerierte ich ihr, »doch wenn ich huste, verschwindet deine Stimme. Deine Lippen bewegen sich zwar, aber es kommt kein Ton heraus.«

Alex öffnete die Augen und begann ein Lied aus ihrem Repertoire zu singen: »Ain't No Sunshine When She's Gone.« Ich schmunzelte, ein passenderes hätte sie nicht aussuchen können. Ich hustete, und sie machte nur noch Mundakrobatik. Es sah aus, als wenn jemand einen Stummschalter gedrückt hätte. Danach sagte ich: »Wenn ich mit den Fingern schnippse, kannst du so schön wie zuvor singen.« Ich schnippste, und alles war wieder normal.

Wenn man so etwas erlebt, stellt man sich die Frage, wofür man Hypnose noch einsetzen kann. Auch Alex wollte das wissen. Nachdem ich sie aus der Hypnose ins volle Bewusstsein zurückgeholt hatte, überwog das Staunen.

»Wie hast du das gemacht?«

»Ich habe dir eine Idee angeboten«, erwiderte ich.

»Das war seltsam. Hab ich das geträumt, oder war meine Stimme wirklich weg?«

»Sie war weg.«

»Könnte ich auch etwas anderes verschwinden lassen? Etwas, das ich im Gegensatz zu meiner Stimme nicht so mag?«

»Was könnte das sein?«

»Spinnen!« Das Wort platzte geradezu aus ihr heraus. Wie viele Menschen – man schätzt, rund 35 Prozent der Bevölkerung – litt Alex unter einer Spinnenphobie. Immer wieder stellte sie sich vor, wie diese Tiere über ihren Körper krabbelten oder in Nase oder Ohren hineinkrochen. Keller und andere Räume, in denen Spinnen gerne leben, musste sie meiden. Sah sie eine, hatte sie das Gefühl, die Kontrolle zu verlieren. Sie bekam Herzrasen und Schweißausbrüche, Schwindel, Atemnot und ein Engegefühl in der Brust. Diese Symptome lesen sich wie die Anzeichen eines Infarkts. Das war keine »Spinnerei vor Spinnen«, wie ein Bekannter von Alex die Sache bezeichnete, sondern ein ernstzunehmendes Problem.

Phobien entstehen auf unterschiedlichste Weise, durch ein traumatisches Erlebnis, durch eine Angst, die in der Kindheit normal war, aber später nie überwunden worden ist, oder als etwas von den Eltern Erlerntes.

In der Realität sind diese Phobien oft irrational, weil die unbewusste Assoziation mehr Angst erzeugt, als es durch die tatsächliche Gefahr gerechtfertigt ist. Die Reaktion des Körpers soll uns eigentlich warnen, zum Beispiel vor dem gefährlichen Säbelzahntiger. Der ist zwar längst ausgestorben, trotzdem produzieren uralte Phobien noch immer Angst und Panik.

Wenn Sie einen Beinahe-Absturz mit dem Flugzeug erleben mussten, kann das zu einer anhaltenden Phobie in Form von Flugangst führen. Die Wahrscheinlichkeit, dass es eine Wiederholung des Beinahe-Absturzes oder sogar einen wirklichen Absturz gibt, ist allerdings so gering, dass der Schutzmechanismus fehl am Platze ist. Eigentlich ist er dazu da, dass wir uns nicht mehr einer lebensbedrohlichen Situation aussetzen – doch meist stellt er bloß ein Hindernis dar, weil die besagte Situation nicht eintrifft.

Was man sich klarmachen muss, ist, dass Phobien im Grunde genommen nichts anderes als Suggestionen sind. Suggestionen, die Sie sich selbst gegeben oder die von außen auf Sie eingewirkt haben.

Sie befinden sich sozusagen in einer Trance, in der Sie Angst vor Spinnen, Höhe, Wasser oder dem Fliegen haben. Hypnose kann Ihnen dabei helfen, diese Angst zu überwinden, indem Sie einfach aus der alten Trance herausgenommen werden und in eine neue gesetzt werden. In dieser neuen Trance sind Spinnen dann zwar immer noch hässlich, aber sie lösen keine Panikattacken mehr aus. Das Gleiche gilt auch für alle anderen Phobien.

»Du musst nicht damit leben«, führte ich aus. »Wir können, technisch ausgedrückt, ein Update deines Systems vornehmen.«

Ohne ihre positive Erfahrung mit Hypnose wäre Alex niemals auf die Idee gekommen, die größte Angst ihres Lebens in einem Trancezustand kurieren zu wollen. Doch weil alles so gut geklappt hatte – dank ihrer verlorenen Stimme! –, konnte sie sich dem Wagnis stellen.

»Es gibt eine Technik namens Fast Phobia Cure«, fuhr ich fort, »die schnelle Phobieheilung. Sie wäre eine Möglichkeit, unter Hypnose mit deinem Unterbewusstsein zu arbeiten. Wir tauschen dabei die Bilder und die Emotionen, die es bisher mit Spinnen verbunden hat, gegen neue und positive Bilder aus.«

Bei Phobien vor Spinnen oder ähnlichen Ängsten funktioniert die Fast Phobia Cure in einer kurzen Sitzung gut, bei anderen Themen oder tiefer liegenden Problemen wird der Hypnosetherapeut erst ein längeres Klientengespräch führen, um das richtige Vorgehen festzulegen. Alex vertraute mir und war mit dem raschen Ansatz einverstanden.

»Schnell ist gut!«

»Bevor wir anfangen, möchte ich, dass du die Augen schließt und dir vorstellst, neben dir läuft eine Spinne entlang.« Schon zuckte Alex panisch zusammen. »Okay, mach wieder die Augen auf, die Spinne ist weg. Auf einer Skala von eins bis zehn: Wie groß würdest du deine Angst vor Spinnen einstufen, wenn zehn das Höchste ist?«

»Zehn!«

»Dann schauen wir, dass wir das jetzt ändern.«

Ich sah in Alex' Gesicht und erkannte, dass sie bereit war. Ich versetzte Alex in Tiefenentspannung. Dann sagte ich: »Stell dir vor, du bist im Kino und sitzt in der Mitte des Saals. Alle anderen Plätze sind leer. Jetzt trittst du aus deinem Körper heraus und fliegst rückwärts durch die kleine Scheibe in den dahinterliegenden Projektionsraum. Dort siehst du dich selbst durch die kleine Scheibe im Kino sitzen. Nun startest du den Film und erkennst, dass du darin selbst die Hauptrolle spielst. Du siehst dich auf der Leinwand vor einer Tür stehen. Du siehst, wie du jetzt die Tür öffnest und vor dir ein Raum liegt, der voll mit Spinnen ist. Es ist aber nur ein Film. Du siehst jetzt, wie du in dem Film durch diesen Raum gehst, bis ans andere Ende, wo du wieder auf eine Tür stößt. Du öffnest sie und gehst hindurch. Dahinter ist reine Natur. Nun spulst du den Film zurück und startest ihn erneut. Du siehst dich im Film erneut vor der Tür stehen. Du machst die Tür wieder auf und gehst wieder durch den Raum voller Spinnen. Doch dieses Mal sehen die Spinnen aus wie lustige Comicfiguren. Ein paar von ihnen spielen Karten, zwei andere rauchen Zigarren. Du schmunzelst über dieses merkwürdige Bild und gehst sicher durch den Raum, bis du die andere Tür erreichst und hindurchgehst. Jetzt spulst den Film erneut zurück und startest ihn noch einmal von vorne. Du machst die Tür auf. Du siehst dich durch den Raum gehen, dort sind überall Spinnen, die aussehen wie lustige Comicfiguren. Doch gleichzeitig hörst du auch noch eine passende lustige Musik dazu. Eine der lustigen Spinnen ist sehr nahe, und du bist gut drauf, reichst ihr die Hand. Ihr schüttelt euch die Hände. Du gehst weiter, du kommst wieder an die Tür. Du öffnest sie und verlässt den Raum. Jetzt spulst du ein letztes Mal den Film zurück und hältst ihn an. Nun schwebst du wieder aus dem sicheren Projektionsraum durch die kleine Scheibe in den Kinosaal zu dem Platz, auf dem dein Körper sitzt, und dringst wieder in ihn ein. Du stehst auf und gehst zur Leinwand, wo immer noch dein anderes Ich zu sehen ist. Jetzt greifst du in die Leinwand und ziehst dich aus dem Film heraus. Diese Person, die all die neuen Erfahrungen mit Spinnen gemacht hat, positive Erfahrungen, die neue Bilder von Spinnen erschaffen hat und einen neuen Umgang mit diesen Lebewesen erlebt hat, ziehst du in dich hinein. Wirst eins mit ihr.«

Behutsam holte ich Alex aus der Trance. Der Ausdruck »Fast Phobia Cure« vermittelt den Eindruck, dass von diesem Moment an die Phobie verschwunden ist, als habe es sie nie gegeben. Doch es hat sie gegeben, und daher ist bei manchen Menschen die Wiederholung des Rituals sinnvoll. Bei Alex war das nicht der Fall. Als ich sie bat, die Augen erneut zu schließen und sich noch einmal vorzustellen, dass eine Spinne neben ihr krabbelte, zuckte sie nicht mehr zusammen. »Auf einer Skala von eins bis zehn, wie groß schätzt du nun deine Angst vor Spinnen ein?«

Sie versuchte die Angst zu spüren, doch sie war verschwunden. »Null!«, strahlte sie.

Zwar wurde Alex nie ein Fan von krabbelnden Spinnentieren, doch ihre Panik und die damit einhergehenden starken körperlichen Reaktionen hatten sich aufgelöst.

Da sie eine Freundin von mir ist, habe ich mich dieses Problems angenommen. Außerhalb meines persönlichen Umfeldes gebe ich momentan keine therapeutischen Sitzungen. Dafür stehen ausgebildete Hypnotherapeuten zur Verfügung.

Was für die Spinnenphobie gilt, gilt auch fürs Rauchen. Als überzeugter Nichtraucher gebe ich gerne Tipps, wenn sich aus meinem Freundeskreis jemand von dieser Last befreien will. Und Rauchen ist eine Last – wahrscheinlich hat es kaum jemand prägnanter ausgedrückt als der Schauspieler Woody Allen, als er im Film »Manhattan« auf die Frage seiner Geliebten Tracy, warum er nicht rauche, schlicht und einfach antwortet: »Weil es Krebs erzeugt.« Diese Krankheit ist eine der häufigsten Folgen des Rauchens. Trotzdem: Würde man alle Studien über die gesundheitsschädigenden Folgen des Nikotinkonsums aufeinanderstapeln, würde der wolkenkratzerhohe Turm keinen Raucher zum Nichtraucher machen. Schließlich ist Rauchen eine Sucht – und Süchte brauchen andere Waffen.

Ich habe die Sache mit dem Rauchen in meine Show »SecretCircle« integriert, weil sie auf einen interessanten Aspekt unseres Unterbewusstseins hinweist. Anthony Jacquin drückt es so aus: »It wants you to be safe and happy.« Das Unterbewusstsein will dafür sorgen, dass wir uns sicher und glücklich fühlen.

So erstaunlich das klingt, beim Rauchen ist es nicht anders. Wer damit beginnt, sieht die Zigarette erst einmal positiv. Vielleicht sorgt sie dafür, dass man in eine Gruppe integriert wird. Vielleicht wirkt man erwachsener, wenn man zum Glimmstängel greift, und bekommt dadurch mehr Selbstbewusstsein. Im Anschluss passieren gleich mehrere Dinge: Der Raucher will die positiven Gefühle wieder aufrufen und greift immer häufiger zur Zigarette – auch dann, wenn der Anlass der guten Gefühle wie das Essen, die Liebe, das Zusammensein mit Freunden nicht länger der Ausgangspunkt ist. Die Wirkungsweise von Zigaretten unterstützten diesen Reflex: Um die Aufnahme des Nikotins zu erleichtern, stecken in Zigaretten jede Menge Zusatzstoffe. Neueste Studien zeigen auf, dass im Tabakrauch schwindelerregende 4800 Chemikalien enthalten sind, davon

90 krebserregende wie Arsen, Blei, Cadmium, Formaldehyd und Blausäure. Viele dieser Chemikalien machen süchtig – kein Wunder, dass Aufhören schwieriger ist als Anfangen.

Fragen mich Menschen, ob sie in der Lage sind, sich mit Hilfe der Hypnose das Rauchen abzugewöhnen, frage ich: »Warum willst du aufhören?« Lautet die Antwort, »Meine Freundin schickt mich«, oder meine Frau, ein Freund, die Eltern, ein Bekannter, müssen wir an dieser Stelle leider gleich wieder abbrechen. Denn wer seine Sucht fremdbestimmt bekämpfen will, steht von Anfang an auf verlorenem Posten. Wer dagegen sagen kann: »Mir geht's um meine Gesundheit« oder »Ich will mein Leben nicht länger von Glimmstängeln bestimmen lassen«, hat eine Chance.

Gehen wir einen Schritt zurück:

Wie entsteht eine Rauchersucht, und welche Möglichkeit gibt es, von ihr loszukommen? Stellen Sie sich einmal vor, Sie würden eine Firma gründen. Natürlich braucht diese Firma auch eine Putzkraft. Also stellen Sie eines Tages diesen Mann an, der den Maschinensaal sauber halten soll. Das macht er auch richtig gut, und Sie behalten ihn. Nach und nach wächst die Firma, Sie stellen weitere Mitarbeiter ein und kaufen neue Maschinen. Nach vielen Jahren stagniert die Produktion Ihrer Firma, und Sie wissen nicht warum. Da kommt Ihr Vorarbeiter zu Ihnen ins Büro und sagt: »Ich kenne jetzt das Problem. Da gibt es diesen Mann, der den Maschinenraum putzt. Der hält den ganzen Laden auf. Die Angestellten stolpern ständig über ihn.«

Ihnen fällt der Mann wieder ein. Sie gehen runter, sprechen den Mitarbeiter an und sagen: »Vielen Dank, dass Sie all die Jahre hier geputzt haben. Sie haben einen super Job gemacht, aber wir brauchen Sie nicht mehr.«

»Was heißt das, Sie brauchen mich nicht mehr? Was soll ich denn jetzt tun? Sie können mich doch nicht einfach feuern. Ich werde von nun an jeden Morgen an Ihre Tür klopfen, bis Sie mir meinen alten Job wiedergeben.«

Sie merken, dass es so nicht geht. Dem Mitarbeiter gefällt das gar nicht, er wird Sie weiter belagern. Und Sie sind auch nicht glücklich mit Ihrer Entscheidung. Schließlich hat er seine Sache prima gemacht. Also sagen Sie: »Hören Sie. Warum gehen Sie nicht hoch ins Personalbüro und fragen nach, ob die nicht etwas für Sie haben. Eine Tätigkeit, die Ihnen genauso viel Spaß macht. Aber etwas, bei der Sie die Produktion nicht behindern. Wenn Sie etwas finden, rufen Sie mich an.«

Tatsächlich läutet bald darauf Ihr Telefon. Der Mitarbeiter ist dran. »Die haben mir einen Job angeboten, bei dem ich die Post ausfahren kann. Das könnte Spaß machen.«

»Sehr gut«, loben Sie. »Legen Sie los!«

Sie sind happy, und ihr Mitarbeiter ist es auch.

Ähnlich verhält es sich mit dem Rauchen. Das Unterbewusstsein des Rauchers hat die Zigarette als etwas Positives eingestuft.

Lange Jahre haben die Glimmstängel dafür gesorgt, dass es Ihnen gut ging. Doch weil ihr Körper nun Probleme signalisiert oder Sie keine Lust mehr darauf haben, möchten Sie sie loswerden. Das geht aber nicht, weil das Programm, das sich im Laufe der Jahre entwickelt hat, Sie im Hintergrund immer wieder daran erinnert, sich eine anzuzünden. Es lässt sich nicht einfach abschalten, es wird so lange anklopfen, bis Sie nachgeben.

Unter Hypnose haben Sie die Möglichkeit, mit Ihrem Unterbewusstsein zu kommunizieren, genauer gesagt, mit dem Teil des Unterbewusstseins, der für das Rauchen verantwortlich ist. Diesen Teil bitten Sie, im kreativen Zentrum des Rauchers – also dem Teil, der Ideen hat und Lösungen findet – nachzuschauen, ob es nicht eine andere Möglichkeiten gibt, wie er sich ausdrücken kann. Etwas, mit dem er sich ebenso wohlfühlt wie mit dem Rauchen, was jedoch in Harmonie mit Ihrer Gesundheit steht. Also weder Essen, Alkohol trinken noch andere Drogen zu sich nehmen. Sobald dieser Teil fündig geworden ist, wird er Sie nicht länger daran erinnern, sich eine Zigarette anzustecken. In diesem Augenblick hat der ehemalige Raucher die Wahl. Er kann weiterrauchen oder es für immer sein lassen. Der Drang zur Zigarette wird auf jeden Fall verschwunden sein.

Wir kümmern uns also darum, dass sich Anthony Jacquins Aussage in Realität verwandelt: »Das Unterbewusstsein will dafür sorgen, dass wir uns sicher und glücklich fühlen.«

Milton H. Erickson, ein amerikanischer Psychotherapeut und der bedeutendste Hypnotiseur des 20. Jahrhunderts, legte Wert auf den individuellen Ansatz. Wörtlich sagte er: »Jeder Mensch ist ein Individuum. Die Psychotherapie sollte so definiert werden, dass sie der Einzigartigkeit der Bedürfnisse des Individuums gerecht wird.« Er wies nach, dass Patienten in der Hypnose nicht passiv ausgeliefert sind, sondern durch ihr unbewusstes Wissen zur Lösung des Problems beitragen. Das sind auch meine Erfahrungen: Unter Hypnose finden Menschen Zugang zu ihren unbewussten Ressourcen und vergessenen Fähigkeiten. Daher findet die therapeutische Hypnose mittlerweile Anwendung in der Suchtbehandlung, etwa der Raucherentwöhnung, aber auch in der Gynäkologie, der Kardiologie, bei Allergieerkrankungen, in der Onkologie, der neurologischen Rehabilitation, der Orthopädie, bei Essstörungen, zur Suizidprophylaxe, in der Psychosomatik und bei Traumata.

Ich bin weder Arzt noch praktizierender Hypnosetherapeut, verhehle aber nicht mein Interesse daran, Menschen beim Zugang zu ihren unbewussten Ressourcen und vergessenen Fähigkeiten zu helfen. Vielleicht, weil ich selbst nie daran geglaubt habe, dass wir nur so etwas wie biologische Maschinen sind. Mir gefällt der Gedanke, dass der Glaube an Heilung körperliche Veränderungen hervorrufen kann. Der Einfluss der Psyche, der Hoffnungen, der Wünsche, des Willens, der Lebensbejahung wird mittlerweile von der Neurowissenschaft erforscht. Schon jetzt zeigt sich, dass unser Gehirn, die Drüsen mit ihrer Vielzahl an Botenstoffen und das Immunsystem eng miteinander verbunden sind. Daher kann positiver Glaube Stress reduzieren, und die Veränderung der inneren Haltung beeinflusst die Körperfunktionen. Das ist keineswegs davon abhängig, wie alt Sie sind, denn unser Gehirn hat die Fähigkeit, sich bis ins hohe Alter weiterzuentwickeln.

In Wien, wo Sigmund Freud die Macht des Unbewussten beschrieb, arbeitet der Onkologe Dr. Thomas Schmitt in der Krebstherapie erfolgreich mit archaisch anmutenden Ritualen. Da werden Patienten mit monotonen Trommelklängen in eine Trance versetzt, um Heilung zu fördern. Die Rhythmen der Trommeln verschieben die Gehirnströme in die sogenannte Theta-Funktion, einen schlafähnlichen Zustand. Die dadurch entstehenden Traumbilder und die damit verbundenen tiefen Gefühle lösen positive körperliche Veränderungen aus. Weil diese inneren Bilder im Gehirn an denselben Stellen verarbeitet werden wie die über die Augen empfangenen äußeren Bilder, entwickeln sie eine körperliche Kraft. Außerdem führt der veränderte Bewusstseinszustand zu einer Verlangsamung der

Körperfunktionen. Daher wird Hypnose mittlerweile auch in der Anästhesie eingesetzt. Das kann vor, während oder nach einer Operation geschehen. Hier belegen klinische Studien den Stressabbau: Nach dem Eingriff tritt bei Patienten nicht die typische Übelkeit der Narkose auf, sie benötigen weniger Medikamente und profitieren von einer kürzeren Erholungsphase.

Manchmal werde ich gefragt, wie sicher all diese Erkenntnisse sind. Mein Antwort lautet: Gewissheit gibt es keine, aber sehr viele Erfahrungen. Vielleicht liegt darin das Geheimnis. Wir müssen erst die Schwelle des Glaubens überschreiten, um zu beweisen, dass wir es wollen. Dann klappt es mit der Hypnose.

Wenn Sie erleben möchten, wie eine positive Veränderung in Ihrem Körper durch eine leichte Selbsthypnose ausgelöst werden kann, probieren Sie einmal folgende Übung der Revivifikation aus.

Wie bei dem Augenschlusstest im Kapitel *Über Hypnose und Trance* habe ich diese Übung für Sie auf meiner Internetseite eingesprochen. Den Link finden Sie im Kapitel »Zugabe!« am Ende des Buches. Wenn Sie Zugang zum Internet haben, rate ich Ihnen, diese Audiodatei anzuhören. Ich werde Sie anleiten, während Sie sich ganz bequem zurücklehnen dürfen. Falls Sie keinen Internetzugang haben, können Sie sich den folgenden Text wieder von einem Freund oder einer Freundin *langsam* vorlesen lassen. Die Pünktchen zwischen den Worten »…« geben an, dass der Vorlesende kurz innehalten soll, um Ihnen die nötige Zeit zu geben, sich das Gelesene vorzustellen. Je mehr Pünktchen, desto länger die Pause.

Anders als beim Augenschlusstest wird bei der Revivifikation kein hypnotisches Phänomen ausgelöst, sondern ein positives Körpergefühl induziert. Setzen Sie sich wieder bequem auf einen Stuhl oder ein Sofa und legen Sie die Hände entspannt auf Ihre Oberschenkel.

Sind Sie bereit? Dann kann es losgehen.

»Atme tief ein … und aus … noch einmal ein … und aus … und ein letztes Mal ein … warte einen kurzen Moment, und wenn du gleich ausatmest, dürfen sich deine Augen dabei schließen … während du jetzt ganz normal weiteratmest, merkst du vielleicht … dass sich dein ganzer Körper mit jeder Ausatmung mehr entspannt … … jedes Mal, wenn du ausatmest, dürfen deine Muskeln weiter nachgeben … … und du entspannst dich dabei noch tiefer und tiefer … … lass alles los … …

Und jetzt reise zurück in die Vergangenheit … … reise zurück zu einem positiven Erlebnis, an das du dich gerne erinnerst … … einer Situation, in der du dich sehr wohlgefühlt hast … … oder bei der du reine Freude gespürt hast … oder Liebe … vielleicht aber auch reines Selbstbewusstsein … wenn dir jetzt mehrere Situationen durch den Kopf gehen und du dich nicht entscheiden kannst, ist das ganz normal … du brauchst nicht an das wichtigste Erlebnis in deinem Leben zu denken … es genügt … einen Moment zu wählen … der einfach nur schön war … leicht … ungezwungen … entscheide dich einfach für den ersten, der dir spontan in den Sinn kommt … … nimm dir die Zeit, die du brauchst, um diesen Moment zu finden … … und wenn du ihn gefunden hast, dann nicke mit dem Kopf, und ich lese weiter …

Erinnere dich daran, wo du dich damals befunden hast … an die Umgebung … … an das Gebäude oder die Natur … … eventuell gab es da auch bestimmte Gegenstände oder sonstige Objekte … … welche Farben hatten sie? … … sieh alles so deutlich wie möglich vor dir … … war es damals still? … Oder konntest du Geräusche wahrnehmen? … was hast du damals gehört? … vielleicht hast du auch etwas berührt, geschmeckt oder gerochen … … du bist noch einmal dort, mit jeder Zelle deines Körpers … … und du fühlst jetzt ganz genau das, was du damals gefühlt hast … … … und dieses Gefühl verwandelt sich jetzt in ein Licht … … dort, wo du es am stärksten fühlst, leuchtet es auch am stärksten … … und von da aus breitet sich das Licht jetzt langsam über deinen ganzen Körper aus … … es wandert durch deinen ganzen Körper … durch deine Beine bis in die Zehen … … es strahlt auch nach oben, durch den Kopf zum Scheitel hin … durch die Arme bis in die Fingerspitzen … … dein ganzer Körper wird von diesem Licht durchleuchtet … … du bist nur noch reines Licht … … genieß diesen Augenblick eine Weile … … … … und jetzt komm langsam wieder ins Bewusstsein zurück, ganz sanft … … ich zähle gleich von eins bis drei … und bei drei öffnest du deine Augen und bist wieder im Hier und Jetzt … … das Licht und dieses einzigartige Gefühl des Friedens nimmst du jedoch mit … du nimmst es mit in die Gegenwart, in deinen Wachzustand … und trägst es weiter in dir … den ganzen Tag lang … es begleitet dich und schenkt dir Gelassenheit.

Eins … zwei … drei.«

Was geschieht bei der Revivifikation? Unser Gehirn kann nicht unterscheiden, ob etwas tatsächlich gerade passiert oder wir es uns nur vorstellen.

Innere Bilder werden im Gehirn am gleichen Ort verarbeitet wie die Wahrnehmung äußerer Wirklichkeiten. Das bedeutet, dass unser Körper dieselben Empfindungen spürt. So können wir zu jeder Zeit, allein durch Erinnerungen an erlebte Situationen, unser Körpergefühl maßgeblich beeinflussen.

Brauchen Sie für einen Vortrag, eine Rede, einen Geschäftstermin mehr Selbstsicherheit? Rufen Sie sich eine Situation ins Gedächtnis, in der Sie selbstsicher waren. Durch die Erinnerung spürt Ihr Körper noch einmal diese Selbstsicherheit, und Sie können das als strahlendes Licht mit in die Gegenwart nehmen. In der Revivifikation wird tatsächlich Erlebtes durch unsere Erinnerung daran noch einmal erlebt.

»SecretCircle« und »Der Magier«

Sechs Jahre war Harry August Jansen alt, als er 1889 die lange Reise von Kopenhagen nach St. Paul im amerikanischen Minnesota antrat. Bald stellte sich in seiner neuen Heimat heraus, dass der Junge ein äußerst kreativer Kopf war, dazu technisch begabt und mit dem Willen ausgestattet, der beste Zauberkünstler seiner Zeit zu werden. 1927 begab er sich unter dem Namen Dante auf eine Tournee, die ihn und seine Show »Sim Sala Bim« zehn Jahre lang rund um die Welt führte. Als Dante am Ende der Reise ins Mekka der Zauberkunst nach London kam, berichtete die Zeitung Evening News *von einer »atemberaubenden Orgie aus Tricks und Taschenspielereien, Illusionen und Geisterspuk«, die das Publikum von den Stühlen riss. Dantes vornehmes Auftreten und eine Zaubershow, in der wie bei einer geölten Maschine alles perfekt ineinandergriff, sorgten dafür, dass die Worte »Sim Sala Bim« in aller Munde waren. Auf die Frage, was sie eigentlich bedeuten, gab der Magier einer Theaterzei-*

tung aus New York zur Auskunft: »Für mich heißt Sim Sala Bim tausend Mal Dankeschön an alle Menschen.«

Nach meiner Rückkehr aus Kolumbien hatte ich eine genaue Vorstellung davon, wie mein erstes Soloprogramm »SecretCircle« auszusehen hatte. Die intime Situation im Wohnzimmer meiner Tante Gabi gab mir den nötigen Impuls. Nur wenige Zuschauer sollten sich zu einem Abend treffen, bei dem es nicht nur um Magie, sondern auch um Begegnungen bei gutem Essen und erlesenen Getränken gehen sollte. Der nahe Kontakt zum Publikum würde der besondere Reiz sein. Dadurch sind die Zuschauer keine Zuschauer mehr, sondern Teilnehmer. Ich entschied mich für eine Anzahl von 23 Gästen, die magische Zahl der Illuminaten. Der geheime Kreis sollte in einem besonderen Ambiente stattfinden, daher wählte ich das Hotel de Rome in Berlin aus. Dessen Direktor Thies Sponholz war angetan von der Idee und stellte mir die historische Präsidentensuite zur Verfügung. Der »SecretCircle« war geboren. Später kamen noch weitere Hotels dazu, darunter das Brenners Park Hotel in Baden-Baden und das East Hotel in Hamburg.

In der Show wollte ich meine Gäste nicht nur mit der Kunst der Zauberei zum Staunen bringen, sondern auch besondere Geschichten erzählen. Anekdoten von meinen Rucksackreisen hatte ich reichlich, und orientalische Märchengeschichten, die zum Nachdenken anregen, sind ein Teil meiner Leidenschaft. Es war ein Experiment, doch der Plan ging auf, und der erste Abend wurde ein voller Erfolg. Im Laufe der Jahre entwickelte sich die Show weiter, und bis zum heutigen Tag ist sie fester Bestandteil meiner jährlichen Tournee.

Natürlich trat ich weiterhin bei Galas auf, bei denen ich immer wieder auf Menschen traf, die mein weiteres Leben entscheidend beeinflussten. Einmal sollte ich eine Show im Ritz Carlton Hotel in Bahrain anlässlich des Formel-1-Rennens geben. Ich rechnete natürlich damit, auf jede Menge Prominenz zu stoßen. Den älteren Herrn, der alleine an seinem Tisch in der Club Lounge saß, kannte ich allerdings nicht. Er sah einsam aus, und als ich mich zu ihm gesellte, zeigte er sich sehr erfreut. Nachdem ich seine Augen mit meinen Kunststücken zum Leuchten bringen konnte, tauschten wir uns anschließend weiter über Magie und Illusionskunst aus. Einige der Phänomene, die Sie in diesem Buch entdecken konnten, kamen zur Sprache, und ich war überrascht darüber, wie scharfsinnig die Fragen und Schlussfolgerungen meines Gesprächspartners waren. Fast hätte ich über unserem Gespräch vergessen, dass ich zum Zaubern engagiert worden war. Mein Gegenüber schien es ebenso zu bedauern wie ich, als ich mich erhob, um meinen Gang durch die Lounge fortzusetzen.

»Do you have a card?«, fragte er und reichte mir seine Visitenkarte. Ich warf einen Blick darauf: Da stand »Tony Buzan«, mehr nicht. Der Name weckte eine Erinnerung, doch da nahm mich eine Handvoll arabischer Gäste in Beschlag. Es dauerte ein paar Stunden, bis ich eine Pause einlegen konnte, und da erinnerte ich mich: Tony Buzan, na klar! Der britische Mentaltrainer, Mitbegründer der Denksport-Olympiade und der Gedächtnisweltmeisterschaften und wahrscheinlich einer der klügsten Köpfe unseres Planeten. Ich machte mich wieder auf den Weg in die Club Lounge, doch der einsame Mann war verschwunden. Auch in den kommenden Tagen sollte ich ihn nicht wiedersehen. Diese kurze Begegnung aber brachte mich zu Tony Buzans genialer Erfindung des Mind Mappings. Seine Gedächtnislandkarten helfen dabei, die eigenen Gedanken frei zu entfalten und die Fähigkeiten des Gehirns zu nutzen. Bis heute nutze ich das Mind Mapping, um meine Shows zu inszenieren. Vielen Dank, Tony!

Diese Fähigkeiten hätte ich wenig später gut gebrauchen können, als ich zu einem Auftritt nach Travemünde fuhr. Möglicherweise war ich in meinen Gedanken noch in Bahrain. Dort, wo der Fluss Trave in die Ostsee mündet, fand ein Kongress des französischen Unternehmens Guerlain statt. 1828 hatte der Chemiker Pierre-François-Pascal Guerlain die ersten Duftwässer und Seifen hergestellt und mit ihnen den Grundstein zu einer der führenden Parfümmarken der Welt gelegt. Nun waren sich die Organisatoren sicher, dass ein wenig Magie und Zauberei in den Kontext ihrer Veranstaltung passen würden. Ich hatte mir eine besondere Nummer zurechtgelegt, mit der ich die Teilnehmer – überwiegend Frauen – überraschen wollte. Als ich eine der Damen auf die Bühne bat, begann ich mit einer Geschichte, die mich an mein Erlebnis in Bahrain erinnerte:

»Manchmal ereignen sich Dinge in unserem Leben, an die wir uns ewig zurückerinnern. Sie haben mit unseren Wünschen zu tun, auch mit denen, die wir uns nicht eingestehen. Fragt man Frauen, was sie sich von Männern wünschen, lautet die Antwort häufig: Vertrauen. Stellt man Männern dieselbe Frage, bekommt man meist zu hören: Abenteuer.«

Ich wandte mich an die Dame. »Was meinen Sie? Könnte es uns gelingen, Vertrauen und Abenteuer zusammenzubringen?«

Vor uns stand ein Tisch mit fünf Bechern.

Neben ihnen lag ein acht Zentimeter langer Zimmermannsnagel, der durch ein Stück Holz mit der Spitze nach oben getrieben war. Während ich das gerade niederschreibe, erinnert mich dieser Nagel an den Stachelrochen aus Kolumbien. Ich bat die Dame, den Nagel unter einem Becher zu verstecken, ohne dass ich es sehen konnte. Dann sagte ich: »Ich möchte, dass Sie jetzt an die Becher denken, unter denen der Nagel *nicht* versteckt ist. Tun Sie das bitte sehr intensiv, denn ich werde einen Becher nach dem anderen eliminieren, indem ich mit der flachen Hand daraufschlage. Kann ich Ihnen vertrauen?«

Das Spiel funktioniert ähnlich wie Russisches Roulette, entsprechend reagierte das Publikum: Alle hielten gespannt den Atem an. Normalerweise passiert auch nicht, was an diesem Tag passierte, denn die Unversehrtheit meiner Hände ist mir heilig. Doch ich schlug mit der flachen Hand auf den Becher, unter dem sich der Nagel versteckte. Das war ein Schock, ich musste den Nagel aus meiner Hand ziehen. Seltsamerweise floss kein Blut. Was war da nur passiert? Meine Assistentin lachte verstört, wahrscheinlich, weil sie nicht wusste, ob das echt war oder ich das Missgeschick nur vorgab. Ich atmete tief durch, während ich versuchte, das Ganze herunterzuspielen.

»Keine Sorge«, wandte ich mich an das Publikum. »Der Nagel ist nicht spitz, das ist nur ein Kratzer. Danke für Ihre Hilfe. Nehmen Sie doch bitte wieder Platz im Publikum.« Meine Spielpartnerin verließ mich zitternd. Ich muss nicht gut ausgesehen haben, denn im Saal war es totenstill, und manche Frauen hielten sich schockiert die Hand vor dem Mund. Ich atmete noch einmal tief durch und leitete die letzte Nummer ein. Ich wollte die Stimmung nicht weiter kaputt machen, indem ich alarmiert die Bühne verließ. Schließlich ging es um die Markteinführung des neuen Duftes »L'Instant Magic« – der magische Augenblick … Doch gleich nach der Show rannte ich so schnell wie möglich zum nächsten Taxistand. Heute kann ich mein Verhalten schwer nachvollziehen: Ich stoße mir einen spitzen Nagel in meine Hand, und alles, woran ich denke, ist »L'Instant Magic« …

Die folgenden Stunden verbrachte ich im Krankenhaus. Während meine Hand genäht wurde, hatte ich Zeit, darüber nachzudenken, was eigentlich geschehen war: Ich hatte mich in meiner eigenen Routine verloren. Ich war nicht achtsam und bewusst gewesen. Ich hatte meine Fähigkeiten, den Nagel zu finden, als selbstverständlich genommen, und mich deswegen nicht länger konzentriert. Gleichzeitig hatte ich Glück im Unglück. Wenn meine Hand steif geworden wäre, hätte ich mich von meiner Karriere verabschieden können.

Neben der Erkenntnis, in Zukunft stets achtsam zu sein, hat die Sache noch etwas Gutes: Ich habe eine weitere Geschichte zu erzählen. Genauso wie die Anekdote mit dem Stachelrochen oder die vom Lying Dutch Man, die ich Ihnen gerne schildere, wenn wir uns persönlich kennenlernen.

Im »SecretCircle« habe ich die Kraft des Geschichtenerzählens erfahren, bei meiner Tante Gabi die Besonderheit, Zauberkunst mit Hypnose zu verbinden. Dazu kam, dass mich immer mehr Menschen auf meine Fotografien ansprachen. Eine Leidenschaft, die ich mit jeder Reise mehr auslebte und die heute für mich ebenfalls eine Ausdrucksform der Magie ist. Ich verspüre großes Vergnügen darin, Momente, die eine außergewöhnliche Schönheit in sich tragen, jedoch nach einem Wimpernschlag schon der Vergangenheit angehören, für die Ewigkeit festzuhalten und allen Menschen zugänglich zu machen.

All diese Erfahrungen inspirierten mich, einen Schritt weiterzugehen. Der Salonzauberei gehört zwar noch immer mein

Herz, doch reizte mich auch, ein größeres Bild der Magie zu erschaffen, um mehr Menschen zu erreichen. So kam es, dass ich meine erste Bühnenshow »Der Magier« inszenierte. Eine Show, mit der ich mein Publikum rund um die Welt führe – natürlich auch nach Indien.

Über Hypnose und Halluzinationen

Zu den schönsten Dingen im Leben eines Magiers gehört die Kunst, Unsichtbares sichtbar zu machen und Sichtbares unsichtbar. Man spricht von positiven und negativen Halluzinationen, und um diese hervorzurufen, setze ich meine Zuschauer in eine tiefe Trance. In der sogenannten Somnambulanz können dann zum Beispiel Personen wahrgenommen werden, die nur der Hypnotisant sieht. Ich und das Publikum bleiben außen vor. Trotzdem läuft alles sehr real ab, selbst dann, wenn meine Gäste den Wunsch äußern, einen Star kennenzulernen. Kürzlich hatte ich ein Ehepaar auf der Bühne, und die Frau wünschte sich, den kanadischen Sänger Michael Bublé zu treffen. Ich sorgte dafür, dass sie in Trance in ihrem Mann Michael Bublé sah. Inbrünstig bat sie ihn, ein Lied für sie zu singen. Ihr Mann wehrte ab: Er könne gar nicht singen.

»Alles, was er singt, ist für Sie wunderschön«, wandte ich mich an die Frau. Dann motivierte ich ihn: »Singen Sie ruhig. Ihrer Frau wird es gefallen!«

Mit brüchiger Stimme intonierte er »Alle meine Entchen«, und seine Frau lächelte so verzückt, als habe er Bublés Nummer-1-Hit »Save the Last Dance for Me« angestimmt. Sie bat ihn um ein Autogramm, und ihr Mann, mittlerweile davon überzeugt, dass seine Frau in ihm den Sänger sah, gab es ihr gerne.

»Es ist das erste Autogramm, das ich für dich schreibe«, scherzte er.

»Ich will Heidi Klum treffen«, sagte ein junger Mann, der mit seinem Kumpel auf die Bühne kam. Ich versetzte ihn in eine tiefe Trance. Zur unserer Freude sah er in seinem Freund die schöne Heidi. »Sie schauen ihr dauernd ins Dekolleté«, neckte ich ihn, und selbst das wurde für ihn zur Wahrheit. Er entschuldigte sich und machte Heidi schöne Komplimente.

Natürlich beschränken sich diese Treffen nicht nur auf prominente Menschen. Als ein junger Mann mit forschen Schritten auf die Bühne trat und kundtat, er sei bereit für die aufregendste Begegnung seines Lebens, versetzte ich ihn in eine tiefe Trance und sagte: »Neben dir sitzt ein sehr netter Außerirdischer. Er ist zu uns gekommen, um unsere Lebensgewohnheiten zu studieren und von uns zu lernen.«

Mit Bedacht verwendete ich nicht das Wort »Alien«, weil der Begriff negativ belegt ist. Dann könnte passieren, dass der Hypnotisand im Unterbewusstsein ein Bild aufruft, welches dem Angst und Schrecken verbreitenden Ungeheuer aus den *Alien*-Filmen ähnelt. Stattdessen führte er ein lebhaftes Gespräch mit dem netten Außerirdischen, erzählte von seinem Tagesablauf und fragte, wo er weiterhelfen könne. Hätte tatsächlich ein Außerirdischer der Show beigewohnt, wäre ihm möglicherweise ein Stein vom Herzen gefallen: Ein Treffen mit Menschen kann also auch aufgeschlossen und friedsam verlaufen, geprägt von der Neugier auf das Fremde. Das brachte mich auf die Idee, einen Schritt weiterzugehen. Ich bat einen Mann und eine Frau auf die Bühne. In tiefer Trance wurde der Mann selbst zum Außerirdischen, der in einer von uns nie gehörten Sprache kommunizierte. Der Frau sagte ich unter Trance, sie sei die Einzige, die diese Sprache verstünde, und sie sollte sie bitte für uns alle übersetzen. Das tat sie auch. Die beiden unterhielten sich so perfekt miteinander, als wäre die lustige Sprache ihre eigene Muttersprache.

Wenn es möglich ist, dass ich vor einem Menschen stehe und er mich nicht sehen kann, weil er »negativ« halluziniert, oder ich für jemand anderes gehalten werde, weil er »positiv« halluziniert, dann stelle ich mir die Frage: Ist unsere Wahrnehmung der Welt vielleicht auch nur eine Interpretation unserer Glaubenssätze? In einer Auseinandersetzung sind wir mitunter felsenfest von unserem Standpunkt überzeugt und lassen andere Meinungen nicht zu. Aber vielleicht liegen wir falsch und nehmen Möglichkeiten zur Konfliktlösung nicht wahr?

Deshalb stelle ich mir in Konflikten die Frage, wie sicher ich mir meiner Realität sein kann. Könnte es sein, dass sich die Situation auch anders auslegen lässt, als ich es gerade tue? Vielleicht macht diese Fragestellung es leichter, die Wahrheit des Konfliktpartners besser verstehen zu lernen.

Gehen wir noch einen Schritt weiter: Wenn jemand eine Spinnenphobie oder Höhenangst hat, kann er sich die Frage stellen, ob er mit dieser Überzeugung weiterleben möchte. Oder ob er sich nicht einfach dafür entscheidet, seine Glaubenssätze zu ändern. In diesem Fall führt sein Weg zu einem guten Hypnosetherapeuten.

Alle hypnotischen Phänomene bergen für mich Weisheiten, die wir auf unser ganzes Leben übertragen können. Sie regen mich zum Nachdenken und zum Hinterfragen unserer Wahrheiten an.

Nehmen wir die Katalepsie. Das ist eine Muskelstarre, mit der man Menschen in starre Bretter verwandeln oder sie auf einem Stuhl festkleben lassen kann. In meiner Show »Der Magier« sage ich zu einem Gast, der sich in Trance befindet: »Stell dir vor, du klebst am Stuhl fest und kannst nicht mehr aufstehen.« Ich werde ihm sogar 100 Euro geben, wenn es ihm gelingen sollte. Er schafft es trotzdem nicht. Dabei habe ich ihm lediglich das Angebot gemacht: »Stell dir vor, du kannst nicht mehr aufstehen.« Weil er sich das intensiv vorstellt, reagiert sein Körper darauf. Das ist für mich der Beweis, dass unsere Gedanken einen direkten Einfluss auf unser Körpergefühl haben.

Nun haben wir zwar 60 000 Gedanken pro Tag, aber nur gut drei Prozent davon sind aufbauend. 25 Prozent unserer Gedanken sind dagegen vollkommen destruktiv. Jedes Mal, wenn wir uns sagen: »Das schaffe ich nicht«, »Das kann ich nicht« oder »Was ist, wenn ich versage?«, geben wir einen Befehl an unser Unterbewusstsein, und unser Körper reagiert darauf. Wir blockieren uns selbst, wie der Zuschauer, der nicht mehr aufstehen kann. Dann fehlen uns der Elan und die innere Kraft, es überhaupt noch zu probieren.

Die Lösung liegt in einem solchen Fall darin, zielorientiert zu denken: »Ich kann das schaffen« oder »Ich werde alles geben«. Wenn Sie sich also wieder einmal bei einem negativen Gedanken ertappen, denken Sie anders. Stoppen Sie den Strudel, der Sie nach unten zieht, und schweben Sie stattdessen auf der Wolke, die Sie nach oben trägt.

In der Amnesie lasse ich die Menschen für kurze Zeit ihren Namen vergessen. Wenn Sie in der Lage sind, Ihren eigenen Namen zu vergessen, können Sie auch andere Dinge vergessen – zum Beispiel unerfreuliche Erlebnisse, die Ihnen widerfahren sind. Sie haben Panik vor dem Zahnarzt? Ein Hypnosetherapeut schafft es, dass Sie diese Angst verlieren. Er trennt Ihre negative Emotion, die Sie bisher mit einem Zahnarztbesuch verbunden haben, und lässt Sie diese Emotion vergessen. Danach können Sie einen Zahnarzt aufsuchen, ohne dass Ihre alte Emotion Sie heimsucht.

Bei der posthypnotischen Suggestion setzt man einen Anker, der auch nach der Hypnose noch wirkt. Dazu folgendes Beispiel: Einmal kam eine junge Frau auf die Bühne. Ich versetzte sie in Hypnose und sagte: »Jedes Mal, wenn ich huste, stehst du auf, drehst dich um 360 Grad und setzt dich wieder. Auch nachdem ich dich aus der Trance herausgeführt habe, wirst du nach dieser Suggestion handeln.« Danach holte ich sie aus der Trance, und wir unterhielten uns eine Weile lang. Während des Gesprächs hustete ich. Die junge Frau stand auf, drehte sich einmal um die eigene Achse und setzte sich wieder. Das Ganze wiederholte ich während des Gesprächs dreimal. Dann fragte ich: »Warum tust du das? Warum stehst du immer wieder auf und drehst dich um?«

Sie hatte eine Antwort parat: »Ich suche meine Handtasche.« Ein interessantes Argument. Sie erfand eine Rechtfertigung, warum sie aufstand und sich umdrehte. Obwohl ihr das Publikum versicherte, dass der einzige Grund mein Husten war, blieb sie bei ihrer Überzeugung. Das zeigt, wie reflexartig wir manchmal reagieren und noch nicht einmal wissen, warum wir das tun. Manchmal sagen wir: Meine Güte, wir sind halt so, und stellen uns nicht die Frage, weshalb wir diesen Reflex haben. Dabei kann es sich um einen Reflex handeln, der uns gar nicht gefällt. Gerade bei Ticks und Phobien ist das häufig der Fall. Irgendwann in unserem Leben haben wir eine Suggestion erfahren, und nun erfinden wir Argumente und Ausreden, um ihre Auswirkungen zu rechtfertigen. Ein Hypnotherapeut kann Abhilfe verschaffen, weil dieser von einer alten Suggestion herrührende Reflex veränderbar ist. Anders gesagt: Wir *müssen nicht* mit unseren Ängsten und schlechten Angewohnheiten weiterleben.

Vielleicht haben Sie Lust, einen ersten Schritt zu wagen, um sich von einer alten Angst oder einer unguten Angewohnheit zu befreien? Es beginnt immer mit Fragen, die wir uns stellen: Gibt es ein Verhalten oder eine Gewohnheit in meinem Leben, die mich daran hindern, frei zu sein? Könnte ich mir vorstellen, das Verhalten abzulegen? Wie würde ich mich dann fühlen? Wenn Sie mit Logik und Verstand nicht weiterkommen, dann vielleicht mit Ihrem Unterbewusstsein. Hypnose kann Ihnen dabei helfen. Ganz so, wie Anthony Jacquin sagte: »Get rid of limited beliefs.«

Reise nach Indien

Maurice Saunders alias der Große Raymond begann seine Karriere im zarten Alter von neun Jahren. Nachdem er 1886 seinen Onkel, Addison den Zauberer, auf einer Tournee durch Kalifornien begleitet hatte, war es um ihn geschehen. Im Laufe der Jahre entwickelte sich der Große Raymond zu einem der erfolgreichsten Magier, Illusionisten und Hypnotiseure seiner Epoche. Er sprach sieben Sprachen fließend, was ihm auf ausgedehnten Reisen durch Südamerika, Europa, den Vorderen Orient und Indien zugutekam: Wo immer er auftrat, konnte er sich mit seinem Publikum unterhalten. Das machte ihn zu einem beliebten Gast bei den Mächtigen. Kein Zauberer trat vor mehr Königen und Staatspräsidenten auf als er. Dabei hegte er eine besondere Liebe zu Indien. Vor allem Fakire hatten es ihm angetan, denen man alle möglichen Wunder nachsagte, die selbst einen Großen Raymond in Staunen versetzen konnten.

Angenommen, ein Mensch hat das Staunen verlernt; vielleicht einer von denen, die behaupten, alles schon gesehen zu haben.

Ich bin mir sicher, säße dieser Mensch in einem indischen Zug, würde er das Staunen wiederfinden, denn dort zeigt sich das ganze Kaleidoskop des Lebens.

Die Indische Bahngesellschaft unterhält das weltweit größte Schienennetz mit über 10 000 Zügen täglich, was für einen Zugliebhaber wie mich das Paradies bedeutet. Allerdings musste ich erst lernen, wie man in einen typischen indischen Zug einsteigt. Während er in den Bahnhof einrollt, rennen alle los und versuchen, durch Türen und Fenster ins Wageninnere zu gelangen. Als ich schließlich meinen Platz ergattert hatte, zog bereits ein endloser Strom von Händlern, Bettlern und Musikanten vorbei, die in den Zügen ihren Lebensunterhalt verdienen. Erst der Chai-Verkäufer, immer willkommen für einen Schluck Tee zwischendurch. Ihm folgte ein Bettler mit eiterndem Hautausschlag, abgelöst von einer Gesangstruppe mit kräftigen Lungen, die von einem weiteren Bettler verjagt wurde, der als Affengott Hanuman verkleidet war. Schon kam der nächste Chai-Verkäufer, dann ein Nussverkäufer und ein Bettler ohne Beine, der auf dem Bauch durch den Zug robbte. Mehr Aufmerksamkeit schenkten die Fahrgäste allerdings dem Eiermann. Geschickt schälte dieser hartgekochte Eier, schnitt sie mit einem dünnen Nylonfaden in Stücke, gab auf Wunsch feuriges Curry darauf, wickelte das Ganze in Zeitungspapier und reichte es für zwei Rupien den hungrigen Passagieren. Ein mobiler Schuhmacher bot seine Dienste an, eine Frau schöpfte aus Dutzenden Töpfen heiße Suppe. Einem kleinen Jungen kaufte ich Kekse ab, die härter als Stein waren. Zwei Bettler stritten, wurden aber übertönt von einem Mann, der auf einer Schalmei spielte. Und über alldem drehten sich Dutzende Ventilatoren in dem vergeblichen Bemühen, die stickige Luft der Waggons in Bewegung zu bringen. Gegen

Abend verwandelten sich Sitze in Schlafkojen, während Beamte in akkuraten Uniformen Bettwäsche austeilten. Ein paar Hundert Frauen, Männer und Kinder benutzten dieselbe Toilette, die bald einem Ort glich, der Alpträume verursacht. Das alles störte mich nicht, weil das rhythmische Stampfen des Zuges mich in einen tiefen Schlaf wiegte. Am nächsten Morgen sollten wir Vārānasi erreichen.

Vārānasi ist eine der ältesten Städte der Welt und der heiligste Pilgerort für Hindus. Mir wurde erzählt, dass man hier den besten Einblick in die Lebendigkeit und Vielfalt hinduistischer Rituale bekommt. Die Stadt liegt direkt am Ganges, dessen Ufer kilometerweit mit Tempeln und steinernen Treppen gepflastert ist, die zum Fluss hinabführen, die sogenannten Ghāṭs. Das religiöse Leben konzentriert sich auf diese Treppen. Täglich strömen 60 000 Gläubige dorthin, um im Fluss zu baden und so ihr Seelenheil zu erlangen. Ich würde dieses Ritual jedoch niemandem empfehlen, da die Wasserqualität einem die Haare zu Berge stehen lässt. In sicheren Badegewässern sollten sich weniger als 500 fäkale Kolibakterien pro Liter befinden. Proben aus diesem Teil des Ganges weisen jedoch 1,5 Millionen auf!

Ich nahm mir einige Tage Zeit, um das geschäftige Treiben an den Ghāṭs aufzusaugen. Ich genoss es, einfach nur zu verweilen und mich den fremdartigen und faszinierenden Bildern hinzugeben. Alle Rituale, von religiösen Waschungen bis hin zu Leichenverbrennungen, finden dort öffentlich statt. Man kann sehen, wie Yogis meditieren, Fakire ihre schmerzhaften Praktiken vollziehen, Pilger im Ganges baden oder Opfergaben darbringen und Priester heilige Formeln rezitieren. Dazwischen drängen sich Bettler, Straßenkünstler und Souvenirverkäufer, die auf gute Einnahmen hoffen.

Am meisten hat mich die Stimmung am Manikarnika Ghāṭ berührt. Es ist das größte jener 3 von insgesamt 84 Ghāṭs, die für das öffentliche Schauspiel der Leichenverbrennung reserviert sind. Die Dimensionen dieses Ritus klingen für westliche Ohren geradezu ungeheuerlich: Pro Tag werden in diesen drei Ghats 200 bis 300 Leichen verbrannt. Gemäß dem hinduistischen Glauben wird ein Mensch aus dem Kreislauf der Wiedergeburten erlöst, wenn seine Leiche in Vārānasi am Ganges-Ufer verbrannt und seine Asche in den Ganges gestreut wird. Es war das erste Mal, dass ich so unmittelbar mit dem Tod in Berührung kam. Ich konnte direkt miterleben, wie Angehörige ihre Verstorbenen, die mit Tüchern und Blumen dekoriert waren, erst in den Fluss tauchten und nach der Trocknungsphase auf dem offenen Scheiterhaufen verbrannten. Die Luft war stets von diesem ganz eigenen Geruch erfüllt, der sich daraus entwickelte. Gegenüber alldem empfand ich keine Abneigung, eher Ruhe. Ich wurde mit einem Teil des Lebens konfrontiert, den ich in meinem Alltag völlig ausklammere, dem ich mich jedoch nicht entziehen kann.

Aus irgendeinem Grund war ich plötzlich der Lehre vieler Philosophen sehr nah: Wenn du mit deinem ganzen Körper spüren kannst, dass du einmal sterben wirst, lebst du intensiver. Und derjenige, der sein Leben total gelebt hat, intensiv, leidenschaftlich, authentisch, spontan, fürchtet den Tod nicht mehr. Denn er hat das Leben voll ausgekostet und nichts ausgelassen, dem er nachtrauern könnte.

Dazu fielen mir einige Verse aus einem Gedicht ein, die ich lange vergessen hatte:

Und das war der Moment, als mir der Engel des Todes erschien.
Er stand direkt vor mir und schaute mir tief in die Augen.
»Alles, was du besitzt, alles, was du liebst, gehört mir.
Es ist meins, und ich kann es dir jederzeit wegnehmen.
Ich brauche nur mit den Fingern zu schnipsen.
Aber weißt du was? Ich lass sie dir noch etwas,
all die schönen Dinge deines Lebens.
Du darfst noch eine Weile damit spielen.«

Vārānasi ist auch der Ort, an dem ich den ersten Sâdhus begegnete, den heiligen Männern Indiens. Sie haben das weltliche Leben aufgegeben und sich ganz dem religiösen, teilweise streng asketischen Leben verschrieben. Viele von ihnen ziehen als Bettelmönche durch das Land, andere leben abgeschieden in Höhlen oder Wäldern. Der Anblick dieser Menschen ist faszinierend. Sie scheinen mit ihren Gewändern, Bemalungen, Haartrachten und Schmuck aus einer anderen Welt zu stammen. Ich konnte meinen Blick nicht von ihnen wenden. Besonders die Naga Sâdhus hatten es mir angetan. Es gibt verschiedene hinduistische Orden, denen die Sâdhus angehören, und zahlreiche Kennzeichen der Zugehörigkeit. Die Naga Sâdhus beispielsweise gehören der Shiva-Sekte an. Sie haben lange, verfilzte Haare, wie Dreadlocks, sind völlig nackt, höchstens mit einem Lendenschurz bekleidet, und ihr Körper ist mit heiliger Asche eingerieben. Damit repräsentieren sie Gott Shiva. Eingehüllt in den Rauch ihrer Marihuana-Pfeife wirkten sie auf mich wie Geister, denen man nicht zu nahe kommen durfte. Als ich später die *Kumbh Mela,* das gigantische religiöse Reinigungsfest der Hindus besuchte, sollte ich noch weitere Sâdhus mit viel extremeren Praktiken kennenlernen.

Neben den hinduistischen Traditionen faszinierte mich das pralle Leben, das in Indien nicht wie bei uns im Verborgenen geführt wird. In diesem Land wird öffentlich geliebt und gestorben, getrauert und gefeiert, meditiert und gestritten. Vor allem in den Städten, von denen keiner weiß, ob dort zehn, zwanzig oder dreißig Millionen Menschen auf engstem Raum leben, können diese Emotionen durchaus in Aggression umschlagen. Dann schnauzen sich die Leute an, prügeln sich, und sofort bildet sich ein Kreis Schaulustiger. Während wir in Deutschland lieber wegschauen, sehen die Inder grundsätzlich hin. Doch schon ein paar Meter weiter kümmert sich ein anderer rührend um eine heilige Kuh, während eine Gruppe junger Frauen riesige Körbe handgezupfter Blüten herbeischleppt, um diese dem Fluss Ganges zu übergeben.

Man sagt, dass es in der hinduistischen Welt 33 Millionen götterähnliche Wesen gibt. In der alten vedischen Schrift der *Brihadraranyaka-Upanishad* fragt Vidagdha den Weisen Yajnavalkya: »Wie viele Götter gibt es dann?«

»3306«, antwortet Yajnavalkya, um diese dann auf jede Nachfrage hin zu reduzieren, bis er am Ende bei drei Göttern angelangt ist: den »Zerstörer« Shiva, den »Schöpfer« Brahma, sowie Vishnu, den »Erhalter« der Welt. Diese hinduistische Weltordnung ist für uns nur schwer zu verstehen, aber das war es auch nicht, was ich in dem Land suchte. Eher die Erkenntnis, dass es in Indien zwar eine Wahrheit, aber viele Wege dorthin gibt.

Ein Weg führte mich zum Rattentempel Shri Karni Mata in Bikaner. In diesem Tempel laufen Tausende als heilig geltende Ratten herum. Ich fühlte mich wie Indiana Jones. Mir gefiel der schräge Gedanke, Ratten anzubeten – unvorstellbar in Deutschland, und gerade deshalb beschäftigte mich der Gedanke: Warum haben wir nicht so was Ungewöhnliches? Dabei sind es doch oft die schrägen Dinge, die faszinieren.

Wunderbar sind die vielen Legenden, die sich um solche Orte ranken, wie die vom Tempel von Konark. Dort sollen 1200 Künstler zwölf Jahre lang im Auftrag von König Narasimhadeva unzählige Steinfiguren in fantasievollen Tantrastellungen geschaffen haben. Der Legende nach wurde dieser Tempel nach einem langen Krieg erbaut. Das Land war menschenarm, doch man kannte die tantrischen Stellungen für erhöhte Fruchtbarkeit und schulte mit den Reliefs die Leute aus der Umgebung, ganz nach dem Motto: »Seid fruchtbar und mehret euch.«

Eine andere schöne Geschichte betrifft die Entstehung des *Kama Sutra*, die rund um Konark erzählt wird: Demnach wurde dieses Werk von einem zölibatären Mönch geschrieben, was zeigt, dass die Fantasie ein guter Lehrmeister ist. Oder die Sage um Loloreak Kund, einen Wassertempel in Vārānasi, dessen steile Stufen in die Tiefe führen. Sein Wasser soll gut für Kindersegen sein, daher werfen Frauen ihren Schmuck hinein. Um diesen Tempel stehen Banyanbäume, die mit ihren ineinander verschlungenen Stämmen selbst aussehen, als seien sie dem *Kama Sutra* entsprungen. Dort unter einem der Bäume sitzend fiel mir eine Textstelle aus den *Veden* ein, der mehrere Tausend Jahre alten hinduistischen Textsammlung: »Das Leiden ist nicht die Grundnatur des menschlichen Wesens, sondern *Ananda* – das heißt: die Freude. Freude ist die Wurzel von Liebe, Frieden und Glückseligkeit. Wir leiden dann, wenn wir es uns nicht ermöglichen, zu leben und zu sein, wie wir möchten.«

Ich mag diese Aussage, weil sie zur Eigenverantwortung aufruft. Gerade in Indien dachte ich immer wieder darüber nach. Kurz vor meiner Abreise absolvierte ich einen Auftritt in einem Theater. Dort stolperte ich über einen dunklen Treppenabsatz, woraufhin der Intendant den Bühnentechniker zur Schnecke machte. So wollen es die Regeln des Theaterbetriebs: Der Techniker war nun einmal dafür verantwortlich, die Stufen zu kennzeichnen. Meine Eigenverantwortung kam gar nicht zur Sprache. Doch es gibt im Leben nicht immer einen Bühnentechniker, der uns die Verantwortung abnimmt, und das ist gut so. Gerade in einem Land wie Indien genieße ich diesen Zustand, in voller Eigenverantwortung die unzähligen nicht gekennzeichneten Schwellen des indischen Alltags zu meistern. Die Menschen dort legen eine oft unfassbare Gastfreundschaft an den Tag.

Manchmal scheinen die Worte selbst für einen Magier nicht auszureichen. Wie lässt sich die *Kumbh Mela* am besten beschreiben? Allein die Anzahl der Menschen, die sich dieser Reinigung unterziehen, um beim rituellen Bad im Ganges von Sünden gereinigt zu werden, sprengt alle Dimensionen: Es gibt vier Städte, welche dieses größte Pilgerfest der Erde ausrichten, in einem Rhythmus von drei, sechs, zwölf und 144 Jahren. Einer der Höhepunkte ist die Kumbh Mela in Haridwar. Dort treffen die heiligen Flüsse Ganges und Yamuna aufeinander, was 120 Millionen Menschen dazu bringt, zur Pilgerreise aufzubrechen. Dafür organisierten die Inder eine Zeltstadt, die größer war als alles, was ich jemals gesehen habe. Es gab unzählige Zeremonien, Rituale und Meditationen, doch im Grunde genommen warteten alle auf den Tag, an dem die Astrologen verkündeten, dass die Sterne für die Reinigung im Fluss günstig stünden. Dann machen sich 35 Millionen Menschen gleichzeitig auf den Weg. Die hinduistischen Götter müssen ihre schützende Hand darüberhalten, anders ist es nicht zu erklären, dass junge Familien und uralte Menschen es schaffen, ohne größere Zwischenfälle das Wasser zu betreten und wieder herauszukommen. Selbst an Tagen, an denen der Andrang nicht ganz so groß war, staunte ich über die fließend gleichförmigen Bewegungen, mit denen unzählige Menschen auf langen Stegen auf den Fluss und wieder zurück zur Zeltstadt gelangten. Ein Anblick, den ich nie vergessen werde.

Später mache ich mich selbst auf zu den Lagern. Ich war auf der Suche nach einem Standing Baba, von dem ich gehört hatte, er stünde Tag und Nacht abwechselnd auf einem Bein. Man schickte mich durch Straßen und Gassen, bis ich ihn in der für ihn seit Jahren üblichen Position antraf: stehend. Diese Sâdhus mit ihren außergewöhnlichen körperlichen Fähigkeiten sind es gewohnt, dass man sie anstarrt, es gehört zu ihrem Alltag. Schließlich zeigen sie, was durch die Fokussierung des menschlichen Willens möglich ist. Sie selbst glauben daran, dass durch die Schmerzen dieser körperlichen Bestrafung ihr schlechtes Karma abgelegt wird und sie den ständigen Kreislauf von Leben, Tod und Wiedergeburt durchbrechen. Die spirituelle Erleuchtung ist oberstes Streben aller Sâdhus.

Als ich auftauchte, rief mich der Standing Baba gleich näher. »Touch my leg«, sagte er. »It's strong.«

Das stimmte. Als ich sein Bein berührte, spürte ich seine harten Muskeln und wie das Blut darin pochte. Ich hatte eine Menge Fragen: »Was machst du, wenn du müde wirst?«

Der Baba forderte mich auf, in sein Zelt zu treten. Darin hing eine Art Schaukel mit einem Kissen darauf. Der Standing Baba zeigte mir, wie er seinen Oberkörper darüberbeugte, wenn ihn die Müdigkeit überkam. Auf diese Weise blieb er weiter stehen, denn sich hinzusetzen oder gar hinzulegen ist nicht erlaubt. Laufen dagegen schon.

»Für mich ist deine Willensstärke Magie«, sagte ich, »ich möchte dir auch gerne etwas zeigen, nämlich meine Magie.«

Wie bei den Kogi-Indianern in Kolumbien verwandelte ich einen 50-Rupien-Schein in einen 100-Rupien-Schein und schenkte ihn ihm. Das habe ich gern gemacht, denn die Sâdhus sind abhängig von Spenden, und ich wollte ihm meine Spende auf eine besondere Weise überreichen. Er freute sich darüber: »Auf diese Art habe ich noch nie Geld bekommen. Dafür zeige ich dir auch etwas Besonderes. Komm mit.«

Ich war gespannt, was er im Schilde führte.

»Ich werde dich mit meinem Penis hochheben.«

Ich glaubte, mich verhört zu haben. »Wie bitte?«

»Sei unbesorgt, das habe ich schon unzählige Male gemacht.«

Allein beim Gedanken daran durchzuckte mich ein Schmerz.

Der Sâdhu nahm einen Bambusstab, rollte seinen Penis darum und zog ihn durch seine Beine nach hinten. Dann wies er mich an, meine Füße nahe den beiden Enden des Bambusstabs zu stellen. Falls Ihnen, liebe Leserin, und Ihnen, lieber Leser, nun der Schweiß auf die Stirn tritt aus Furcht um das gute Stück des Sâdhus: Mir ging es genauso. Doch der Sâdhu grinste nur und hielt den Stab und mich in der Luft.

In der Tat sind diese Männer in der Lage, Teile ihres Körpers zur ungewöhnlichen Demonstration ihrer Willenskraft zu verstümmeln. Als ich später noch einen ek-bahu Baba kennenlernte, der seit über 35 Jahren einen Arm in die Luft streckte, war ich über den Anblick zunächst erschrocken. Dieser Arm sah aus wie ein dürrer Ast, die Fingernägel rollten sich ab zu langen Spiralen von der verwachsenen Hand. Selbst ich, der in der Jugendzeit jahrelang Körperbeherrschung trainiert hatte, konnte über diese Fokussierung nur staunen.

Nachdem ich von dem Bambusstab herabgeklettert war, wurde ich zu einem Feuer geleitet, an dem weitere heilige Männer saßen. Nach langem Schweigen nahm ich etwas Asche und sagte zu einem der Sâdhus: »Bitte reibe die Asche in deine Hand.« Daraufhin zauberte ich sie ihm in die andere Hand. Die Wirkung war verblüffend. War ich bisher als Außenseiter behandelt worden, hatte ich nun einen »Test« bestanden und war jetzt am Feuer jederzeit willkommen. Ich durfte meine Fragen stellen, um die Hingabe der Sâdhus an ihre Aufgabe besser zu verstehen. Da mich stets interessiert, was wir aus anderen Kulturen für uns selbst lernen können, verfestigten sich am Ende zwei Aussagen: »Wo ein Wille ist, ist ein Weg« und »Der Weg ist das Ziel«. Zusammengebracht entfalten diese Sätze eine starke magische Wirkung: »Der Wille ist das Ziel.«

Ich hatte noch einen weiteren Gedanken, als ich die Sâdhus in ihrem schmerzhaften Streben nach Erleuchtung beobachtete: Je seltener wir Momente erleben, in denen uns etwas schmerzt oder wir deprimiert sind, desto selbstverständlicher nehmen wir unser Glück hin, desto weniger sind wir uns des Glückes bewusst. Manchmal brauchen wir wie die Sâdhus Bezugspunkte, damit wir es spüren können. Von da an begann ich, Unpässlichkeiten oder unangenehme Ereignisse zu nutzen, um mich zu erinnern, wie gut es mir geht. Ich stellte fest: Leid wird dadurch ein wenig erträglicher.

Über Hypnose und Telepathie

Zwischen 1872 und 1879 traf man den österreichischen Maler Hans Makart in seinem Atelier in der Wiener Gußhausstraße 25 an, das mit Möbeln, Teppichen, Antiquitäten und Waffen üppig ausgestattet war. Wenn nicht gerade eins seiner legendären Feste stattfand, an denen Franz Liszt Klavier spielte und Richard Wagner aus Bayreuth zu Besuch kam, sah man ihn in tiefer Auseinandersetzung mit den menschlichen Sinnen. Nach jahrelanger Arbeit hatte er den Zyklus »Die fünf Sinne« vollendet: fünf Gemälde, die in allegorischen Bildern den Tastsinn, das Hören, das Sehen, das Riechen und das Schmecken zeigen.

Haut, Ohren, Augen, Nase, Zunge: Damit nehmen wir unsere Umwelt wahr. Die moderne Physiologie geht einen Schritt weiter und meint, der Temperatursinn, das Schmerzempfinden, der Gleichgewichtssinn und die Körperempfindung sollten getrennt davon betrachtet werden. Nach der Lehre von Rudolf Steiner kommen noch ein paar Sinne hinzu, unter anderem für die Sprache, das Ich und das Leben.

Den meisten Menschen reichen fünf Sinne, um genügend Eindrücke zu erhalten, worauf auch die Redewendung abzielt,

»ob wir noch alle Sinne beieinanderhaben«. Trotzdem fasziniert ein Thema sehr: Wie wäre es, wenn wir Fähigkeiten besäßen, bei denen wir Phänomene ohne die uns bekannten Sinne erfassen könnten? Der Mitbegründer und spätere Präsident der Society for Psychical Research zur Erforschung parapsychologischer Phänomene, Frederic W. H. Myers, prägte um das Jahr 1900 den Begriff »Telepathie«: Gemeint ist das Gedankenlesen, die Gedankenübertragung, oder »das Zweite Gesicht«.

Die Literatur, der Film, überhaupt die Künste sind voller Geschichten, in denen Telepathie eine große Rolle spielt. Science-Fiction-Romane oder das Fantasygenre leben davon. Doch auch im Internet gibt es zahlreiche Anleitungen zum Erlernen der Telepathie. Da stehen dann Sätze wie: »Wer sich die Gedankenübertragung visuell vorstellen kann, wird auch Erfolg haben.« Dann beschäftigt sich der Autor der Zeilen damit, wie man mit solchen Techniken andere Menschen beeinflussen kann.

Wie würde unsere Welt aussehen, wenn wir die Gedanken der anderen lesen könnten? In dem alten, schönen Volkslied »Die Gedanken sind frei« heißt es: »Kein Mensch kann sie wissen«, und eigentlich sind doch alle froh darüber. Dabei können wir heutzutage die Augen nicht länger davor verschließen, dass eine Menge Leute unsere Gedanken wissen möchten und dafür einen enormen technischen Apparat in Bewegung setzen. Die Mentalpolizei ist uns bisher erspart geblieben, doch der Film *Männer, die auf Ziegen starren* mit George Clooney in der Hauptrolle weist augenzwinkernd darauf hin, dass die amerikanischen Streitkräfte immer wieder Versuche starten, auch in diesem Bereich Erfolge zu generieren.

In den USA wurde im Jahr 1935 auch das weltweit erste parapsychologische Laboratorium gegründet, an der Duke Universität in Durham. Dort betrieb Joseph Banks Rhine umfassende Forschungen zur Psychokinese und zu außersinnlichen Wahrnehmungen, und zwar so wissenschaftlich wie nur irgend möglich. Er entwickelte standardisierte Verfahren, die man statistisch auswerten konnte. Zusammen mit seinem Mitarbeiter Karl Zener entwarf er die sogenannten Zener-Karten. Diese Karten haben immer dieselbe Grundfarbe, tragen aber fünf verschiedene Symbole: einen Kreis, ein Kreuz, drei Wellenlinien, ein Quadrat und einen fünfzackigen Stern. Diese Zener-Karten sollen potentielle telepathische Fähigkeiten einer Versuchsperson nachweisen. Leider brachten die Forschungen von Rhine keinen echten Nachweis, dass Telepathie existiert. Ich persönlich habe auch noch niemanden getroffen, der zweifelsfrei in der Lage ist, jeden Gedanken im Detail zu lesen. Ich schließe trotzdem nicht aus, dass es möglich ist. Schließlich demonstriere ich auf der Bühne selbst diese Fähigkeit, jedoch nur zu Unterhaltungszwecken und um Emotionen auszulösen, die meinem Publikum zeigen sollen, dass wir nicht glauben sollten, wir wüssten schon alles. Dinge, die heute unmöglich sind, werden es in einigen Jahren schon nicht mehr sein.

Interessanterweise fallen die Reaktionen auf das Gedankenlesen dabei immer sehr unterschiedlich aus. Frauen sagen: »Das ist unheimlich. Mit Ihnen könnte ich nicht zusammenleben.« Dabei sollen wir ihnen doch jeden Wunsch von den Augen ablesen. Und Männer sagen: »Das will ich auch können!« Vielleicht, um den Frauen jeden Wunsch von den Augen ablesen zu können?

Ich treffe immer wieder auf Menschen, die eine ausgeprägte Empathie besitzen. Und das ist für mich nichts anderes als Gedankenlesen. Wie dort geht es bei der Empathie darum, die Gedanken und Emotionen eines Mitmenschen zu erkennen. Wer auf die Gefühle anderer reagiert, sei es mit Mitleid, Trauer, Freude oder Lust, zeigt Empathie. Wie sie entsteht, ist – ähnlich wie beim Gedankenlesen – von der Wissenschaft noch nicht restlos geklärt. Da ist von Spiegelneuronen die Rede, die kleine Botschaften zwischen Menschen übermitteln können. Für mich hat Empathie vor allem mit Selbstwahrnehmung zu tun: Wenn ich offen für meine eigene Gefühlswelt bin, dann bin ich auch in der Lage, die Gefühle meiner Mitmenschen zu verstehen. So versuche ich zum Beispiel in meinem eigenen Leben, mich immer wieder von meinen eigenen Überzeugungen zu distanzieren, um mich in mein Gegenüber hineinzuversetzen. »Beurteile nur denjenigen, in dessen Mokassins du gegangen bist«, besagt eine alte indianische Weisheit. Da ist was dran, selbst im Falle eines Streites: Angemessen reagieren kann derjenige, der aus hitzigen Emotionen auszusteigen vermag, um empathisch die andere Seite nachzuempfinden. Versuchen Sie das doch einmal, wenn es zu Diskussionen kommt. Bevor Sie Ihre eigenen Interessen vertreten, überlegen Sie, was dem Gegenüber eigentlich wichtig ist. Was er braucht, um glücklich zu sein. Dann finden Sie vielleicht schneller einen Zugang zu einer Lösung, die beiden gerecht wird.

Und wenn das nicht klappt, gibt es immer noch ein Wundermittel. Ich habe es selbst erfolgreich mehrmals angewendet und kann es Ihnen bei einer Auseinandersetzung mit Ihrem Partner nur ans Herz legen. Manchmal kostet es allerdings etwas Überwindung. Halten Sie im Moment des Dramas inne und gehen Sie in sich. Stellen Sie sich die Frage, was Ihnen dieser Mensch wirklich bedeutet. Was Sie wirklich für ihn empfinden, wenn sie nicht mit ihm streiten. Gehen Sie voll in Ihr Gefühl hinein. Und in diesem Gefühl nehmen Sie Ihren Partner in den Arm. Ohne Hintergedanken, etwas erreichen zu wollen, ohne Entschuldigung für das, was Sie denken. Seien Sie gespannt, was dann passiert.

Reise nach Madagaskar

Claude Alexander Conlin wurde 1880 im amerikanischen Dakota geboren – dort, wo der Wilde Westen noch wild war. Er wurde Goldgräber, schloss sich einer Bande Falschspieler an, schmuggelte Whisky über die Grenze nach Kanada, heiratete zur gleichen Zeit mehrere Frauen, darunter eine Vierzehnjährige, und machte erste Erfahrungen als Zauberer und Entfesselungskünstler. Als bei einem Auftritt in El Paso aufgrund eines heftigen Schneesturms seine Requisiten nicht eintrafen, improvisierte er den ganzen Abend mit Gedankenlesen und hellseherischen Fähigkeiten – und das mit durchschlagendem Erfolg. Von da an trat er unter dem Namen »Alexander – der Mann, der alles weiß« auf. In Kristallkugeln sah er das Leben seiner Zuschauer »from the cradle to the grave«, also von der Wiege bis zur Bahre. Bald bezahlte der Theatermagnat Pantages die damals unvorstellbare Summe von 100 000 Dollar, damit Alexander exklusiv in seinen Häusern spielte. Der Gedankenleser häufte ein riesiges Vermögen an und konnte sich, wie er vorausgesagt hatte, im Alter von 47 Jahren zur Ruhe setzen.

Als ich vor Jahren meine erste Rucksackreise durch Myanmar unternahm, traf ich einen Franzosen, der schon mehr von der Welt gesehen hatte als ich. Irgendwann sagte er: »Ist schön hier, nicht?«

Das konnte ich nur bestätigen.

»Dann geh nie nach Madagaskar. Wenn du mal dort warst, hast du das Schönste gesehen, und überall anders wird es schwierig.«

Ich wies mit dem Arm über die großartige Landschaft, die vor uns lag. »Das hier eingeschlossen?«

Der Franzose nickte und schwieg. Er hatte gesagt, was er zu sagen hatte. Ich vergaß seine Worte bis zu dem Augenblick, als ich in der Hauptstadt des zweitgrößten Inselstaates der Welt aus dem Flugzeug stieg.

Antananarivo erwies sich als energiegeladene Stadt mit einer bunten architektonischen Mischung. Schön konnte man das nicht unbedingt nennen, aber wie in allen Ländern, die ich bisher bereist hatte, sollte eine prächtige Natur den ersten Eindruck wettmachen. Ein Gedanke aus dem Roman *Die Vermessung der Welt* von Daniel Kehlmann kam mir in den Sinn: Bauwerk-Wunder taugen nur für Menschen, die den Kontakt zur Natur verloren haben.

Ich lernte bald, was der Rucksacktourist aus Frankreich in Myanmar gemeint hatte. Weil sich vor rund 150 Millionen Jahren Madagaskar von Afrika getrennt hat und 60 Millionen Jahre später auch vom indischen Subkontinent, konnte sich hier eine Pflanzen- und Tierwelt isoliert von fremden Einflüssen entwickeln. Deshalb bezeichnen manche die Insel als »Achten Kontinent«, mit einer Vielzahl unterschiedlicher Ökoregionen wie Regenwälder und Savannen. Mir gefiel der

Gedanke, auf der Reise einen ganzen Kontinent durchqueren zu dürfen.

Im Nationalpark Tsingy de Bemaraha mit seinen wunderschönen Kalksteinfelsen, die man hier Tsingy nennt, fand ich die Möglichkeit, den Tsiribihina-Fluss in einem Baumstammkanu zu befahren. Nachts lagerte ich an Flussbiegungen, spannte meine Hängematte auf und zählte die Sterne. Ab und zu kamen Menschen von naheliegenden Dörfern, setzten sich zu mir ans Feuer, manche schweigsam und in sich verschlossen, manche vor Begeisterung sprühend. Hatte ich das Gefühl, es passt, zeigte ich ein paar Kunststücke. Im Gegenzug fragte ich sie dann über die Wirkungen des *Fady* aus, eines Worts, das in Madagaskar allgegenwärtig ist. »Fady« ist mit dem indonesischen Begriff »Padi« verwandt und dieser wiederum mit dem polynesischen »Tabou«. Dieses Wort kennen wir auch: das Tabu, das Verbotene, etwas, von dem man die Finger lassen soll – häufig ohne zu wissen, warum eigentlich. Auf Madagaskar kann das Fady in allen lebenden Dingen vorkommen, wozu neben Menschen auch Tiere und Pflanzen zählen. Es sind die Dorfältesten, die das Fady definieren, und ihren Anweisungen ist Folge zu leisten. Die Magie besteht darin, dass die Bedeutung des Fady in einem Grauschleier von Geheimnis und Mysterium verschwindet.

Ich begann, einige besonders skurrile Fadys zu sammeln: Schwangeren ist es verboten, Knoblauch zu essen, weil sonst Babys fingerlos auf die Welt kommen. Es ist verboten, ein *Amboalava*, das ist ein Chamäleon, besonders der Art *Rantotro* zu berühren, denn das bringt Unglück. Man muss darauf achten, nicht auf den Kopf des Schattens einer Person zu treten, denn auch das bringt Unglück. Und bei den *Merina* ist es untersagt, gleichzeitig zu essen und zu singen, bestimmte Gegenstände mit der linken Hand aufzuheben oder einen Verstorbenen an einem Dienstag zu beerdigen.

Südlich von Antananarivo liegt Ambositra. Von dort aus wollte ich zu den einsamen Bergdörfern der *Zafimaniry* wandern, um mich eine Weile bei ihnen aufzuhalten. Ein Ortskundiger, der mich zu den Dörfern führen wollte, trug den lustigen Namen Roger Rinarisoamandimby. Nach einer langen Wanderung über Berge aus rotbrauner Erde trafen wir im ersten Dorf der Zafimaniry ein. Sie leben in traditionellen Holzhütten, und ich durfte in der Hütte des Ältesten zusammen mit seiner Familie auf dem Boden übernachten. Eine Bastmatte sollte mich vor dem Ungeziefer schützen. Auf ihr hockte ich in der Dunkelheit, sah meinen Gastgebern bei ihren täglichen Verrichtungen zu, während immer wieder Kinder den Kopf hereinstreckten, jedoch nicht wagten einzutreten. Auf einmal trat eine alte, zahnlose Frau an die Fensterluke. Sie litt unter starkem Husten und verlangte Medizin. Meine Reiseapotheke ist überschaubar, doch mit Aspirin und einem immunstärkenden Mittel konnte ich behilflich sein. Danach war der Bann – vielleicht das Fady – gebrochen. Meine Gastgeber stellten Holztöpfe her und wollten mir jetzt zeigen, wie das geht. Dann wurde auf dem Boden Essen zubereitet und dabei gescherzt und gelacht.

Ein kleiner Junge nahm mich bei der Hand und führte mich ins nächstgelegene Dorf. Rasch kamen seine Freunde angelaufen und begleiteten uns. Als ich alles gesehen und bewundert hatte, sagte ich: »Ich zeig euch mal was.« Natürlich verstanden sie nichts, denn im Gegensatz zu einigen Erwachsenen sprachen sie die einstige Kolonialsprache Französisch nicht. Kaum hatte ich das erste Zauberkunststück gezeigt, stoben sie schreiend auseinander. So etwas hatten sie noch nie gesehen. Ich blieb an meinem Platz und wartete. Langsam kehrten die ersten Neugierigen zurück, darunter auch mein kleiner Führer. Ich bedeutete ihm mit Gesten, seine Freunde zu holen. Wieder wurde die Sprache der Magie zur universellen Sprache, in die sich nach und nach eine weitere allgemein gültige Sprache mischte: die des Lachens. Später zeigten mir die Kinder ihre einfachen Spiele. Dabei trieben sie mit Stöcken einen Stein den Berg hinauf und freuten sich daran, wenn er von dort nach unten rollte.

Ich dachte darüber nach, was wir brauchen, um uns zu beschäftigen, und wie sich in einem so mystischen Land wie Madagaskar Zauberei auswirkte. Als ich es ausprobierte, reagierten die Erwachsenen genauso emotional wie die Kinder – denn auch sie erlebten es zum allerersten Mal. Mir gefiel das Gefühl, diese wunderbare Emotion eines außergewöhnlichen Erlebnisses zu hinterlassen. Durch die Zauberei war es mir wieder einmal möglich geworden, einen nahen menschlichen Kontakt aufzubauen.

Im Anschluss wartete ein weiteres Abenteuer auf mich: der berühmt-berüchtigte Zug von Fianarantsoa nach Manakara. Von diesem Zug kennt man zwar die Abfahrts- und Ankunftszeit, was aber nicht bedeutet, dass er sich daran hält. Immer wieder fällt der uralte Triebwagen aus, und keiner weiß, wie lange die Reparaturen dauern. Obwohl ich mir die première classe gönnte, also die erste Klasse, saß ich auf unbequemem Holzbänken. Immer wieder blieb der Zug stehen, und die technisch versierten Maschinenkünstler versuchten, ihn irgendwie zum Weiterfahren zu bewegen. Währenddessen stiegen alle Passagiere aus, um sich die Beine zu vertreten. Das gab mir die Gelegenheit, mit den Einheimischen Hütchen zu spielen und mich über die politische Situation im Land auszutauschen.

Dabei spürte ich etwas wahrlich Magisches: Geduld. Ein wunderbares Gefühl, das ich selbst viel zu wenig zulasse.

Das Wort »Geduld« bezeichnet eine Fähigkeit, die in unserer schnelllebigen Zeit nicht den höchsten Stellenwert genießt, nämlich die Fähigkeit, warten zu können. Wenn ich auf Tournee bin, im Stau stecke und weiß, ich sollte schon längst an meinem Zielort sein – denn um 20.00 Uhr startet die Show, und die können wir nicht zwei Stunden später beginnen lassen –, dann spüre auch ich, wie sehr die Geduld mit ihren Widersachern Hast, Unruhe und Stress ringt. Dabei weisen Verhaltensforscher darauf hin, dass in vielen Fällen Geduld und Ausdauer stärkere Erfolgsfaktoren sind als Talent. Geduldige Menschen, das belegen die neuesten Studien, haben bessere Bildungsabschlüsse, verdienen mehr Geld und führen stabilere Beziehungen als ihre ungeduldigen Vergleichspersonen. Sie sind zufriedener bei ihrer Arbeit und haben mehr Freizeit. Wie wir Geduld erlernen – und damit Selbstkontrolle, Frustrationstoleranz und Ausdauer –, können uns die Wissenschaftler noch nicht mit letzter Sicherheit sagen. Vielfach wird vermutet, dass wir im frühen Kindesalter, ungefähr ab dem dritten Lebensjahr, diesbezüglich geprägt werden. Auch soll sich an dieser Prägung in unserem späteren Leben nicht mehr viel ändern, doch mag ich daran nicht so richtig glauben.

Als ich endlich in Manakara ankam und ein paar Tage später in Antananarivo ins Flugzeug stieg, um nach Deutschland zurückzukehren, fielen mir die Worte des französischen Backpackers ein: Wenn du in Madagaskar warst, werden alle weiteren Reisen schwierig, weil du dann das Beste gesehen hast. Ich musste lächeln. Nein, so funktioniert das Leben nicht, und so funktioniert auch die Magie nicht. Zweifelsohne wird dieses

Land zu den schönen Erfahrungen meines Lebens zählen. Doch bin ich mir sicher, schon morgen, übermorgen und an jedem Tag, der folgen mag, weitere solche Erfahrungen sammeln zu dürfen. Denn wer mit Neugier durch den Alltag geht, schafft es allein durch die Vorstellungskraft, sein Leben lustvoll zu gestalten.

Über Hypnose und Dankbarkeit

Dankbarkeit eignet sich ausgezeichnet dazu, um in Kontakt mit der eigenen Gefühlswelt zu kommen. Als ich begann, dieses Buch zu schreiben, war mir zunächst nicht bewusst, wie tief ich in die magischen Themen einsteigen würde, die mich seit so vielen Jahren intensiv beschäftigen: beginnend mit der Neugier über die Frage nach unserem Schicksal bis hin zu Überlegungen darüber, wie wir mit Staunen unser Leben verbessern und durch Rituale unsere Welt ordnen können. Als ich die Kapitel über Vergleiche, Kraft und Glück schrieb, spürte ich tiefe Dankbarkeit dafür, dass ich mich diesen wichtigen Lebensthemen widmen darf. Die Als-Ob-Methode öffnet uns völlig neue Möglichkeiten, unsere Welt nach unseren Vorstellungen zu gestalten, und die Kunst der Hypnose ist unser Fenster zu ungeahnten Aha-Erlebnissen, die so manche unserer alten Glaubenssätze erschüttern. Ich war dankbar dafür, noch einmal meine Reisen nacherleben zu dürfen ebenso wie den Beginn meiner Karriere. Ich empfand Dankbarkeit für die Erkenntnis, wie mich Impulse von einer Handlung zur nächsten führen.

An dieser Stelle möchte ich meinem Co-Autor Daniel Oliver Bachmann danken, ohne den dieses Buch nicht existieren würde. Du warst davon überzeugt, dass mein Schaffen die Herzen der Menschen auch in Buchform berühren wird.

Zu großem Dank bin ich meinem engen Freund Jan Becker verpflichtet. Du hast meine Arbeit mit deiner Wahrhaftigkeit und Poesie bedeutend beeinflusst. Danke, dass du stets dein Wissen der Magie mit mir geteilt hast.

Danke Karin Kuschik, als Coach und Freundin, die in unzähligen Stunden an meiner Sprache und Wirkung gefeilt hat, damit ich das, was ich zu geben habe, auf die Bühne bringen kann.

Besonderer Dank gilt meinem Management PRIMA, das nie aufhört, mich anzutreiben, und mit Herzblut daran arbeitet, mein Potenzial in die Welt hinauszutragen.

Danke Sarah Alles, für ihre unendliche Liebe. Durch dich erfahre ich jeden Tag, was im Leben wirklich zählt.

Natürlich danke ich weiterhin allen Menschen, die in diesem Buch erwähnt worden sind. Jede einzelne Begegnung hat dazu beigetragen, wie sich mein Leben bis zum heutigen Tag entwickelt hat. Es ergreift mich Demut, wenn ich in die Vergangenheit blicke und erkenne, dass jede Begegnung perfekt in die nächste gegriffen hat, wie die Zahnräder eines Uhrwerks. Es hätte anders kommen können, und weil das nicht der Fall war, erfüllt es mich mit großer Dankbarkeit.

Ich bin nicht nur den Menschen dankbar, sondern auch dem Land Deutschland, das mir so viel ermöglicht. Meine Reisen zeigen mir immer wieder auf, dass es keineswegs selbstverständlich ist, dass ich Freiheit jeden Tag aufs Neue erleben darf. Ich bin dankbar dafür, dass ich die Möglichkeit habe, um die Welt zu reisen. Es ist ein Privileg, das vielleicht eines Tages nicht mehr möglich sein wird. Dankbar bin ich für meine Gesundheit und dass mein Körper es mir ermöglicht, meine Träume umzusetzen.

Es gibt noch viele Dinge, für die ich dankbar bin und die mich glücklich und gelassen machen. Darin liegt die besondere Kraft der Dankbarkeit. Wenn wir erkennen, was wir schon alles haben. Und sich diese Wahrnehmung in Zufriedenheit ausdrückt.

Deshalb möchte ich Sie am Ende unseres magischen Zusammentreffens in diesem Buch zu einem meiner Lieblingsrituale einladen. Ich nenne es das Dankbarkeitsritual. Nach allem, was Sie in diesem Buch über mich und meine Arbeit erfahren haben, ahnen Sie vielleicht schon, dass es sich um Hypnose, besser gesagt um Selbsthypnose drehen wird.

Denken Sie morgens als Erstes an alles Gute im Leben. Richten Sie Ihre Aufmerksamkeit auf die Dinge, für die Sie dankbar sind. Beginnen Sie Ihren Tag in einer höheren Schwingung, indem Sie fünf Dinge aufschreiben, die Sie glücklich machen und für die Sie dankbar sind; fangen Sie am besten gleich heute damit an. Schreiben Sie daneben, *warum* Sie für eine Sache, einen Menschen oder eine Situation dankbar sind.

Wenn Sie mit Ihrer Liste fertig sind, gehen Sie sie nochmals durch und halten bei jedem Punkt inne. Fühlen Sie Ihre ganze Dankbarkeit dabei.

Das Ganze wiederholen Sie am nächsten Tag und fahren damit die folgenden 27 Tage fort. Füllen Sie auf diese Art und Weise Ihr persönliches Glückstagebuch.

Sie können für Ihre Familie, Ihre Freunde, Ihren Job oder für Ihre Gesundheit dankbar sein. Sie können aber auch für Ihre Talente, Ihren Humor, Ihre Stimme oder Ihren Namen dankbar sein. Sogar für Ihre Heizung, weil Sie durch sie nicht frieren müssen. Für die Luft, die Sie atmen, das Wasser, das Sie trinken. Für Ihre Kindheit oder für das Essen, das Sie sich zubereiten. Sie können im Grunde genommen für alles dankbar sein, das Ihnen in den Sinn kommt. Es kommt nicht auf die Größe des Ereignisses an, auch die kleinste Kleinigkeit zählt.

Bei diesem Ritual geht es darum, seine Aufmerksamkeit darauf zu richten, was wir jeden Tag für selbstverständlich nehmen. Als ich begann, meine Liste zusammenzustellen, wollte sie gar kein Ende nehmen. Damals wurde mir bewusst, wie reich beschenkt wir sind und dass wir es mitunter vergessen. Als Magier weiß ich aber: In dem Moment, in dem wir etwas für selbstverständlich nehmen, verliert es seine Magie.

Die Wertschätzung, die Sie den Dingen durch Ihre Dankbarkeit entgegenbringen, wird Sie den ganzen Tag begleiten. Sie werden wieder an die Magie im Leben erinnert. Es wird Sie erfrischen und Ihr Gemüt erfreuen.

Epilog

Mit Neugier und Vorstellungskraft die Welt zu verändern bedeutet, die Magie des Alltags auch in kleinen Dingen wahrzunehmen und dafür Dankbarkeit und Freude zu empfinden. Es bedeutet, Magie in der Tätigkeit zu finden, die man gerade verrichtet. Bei mir ist es momentan das Verfassen dieses Buches. Sie wiederum lesen gerade diese Worte. Dazwischen liegen Zeit und Raum, und trotzdem treffen sich unsere Gedanken, und wir werden ähnliche Gefühle empfinden. Das ist nichts anderes als Telepathie und Magie.

Mit Neugier und Vorstellungskraft die Welt zu verändern bedeutet, nichts für selbstverständlich zu nehmen. Es bedeutet, nicht zuzulassen, dass langweilige Routine von uns Besitz ergreift. Es bedeutet stattdessen, jeden Tag neu zu entdecken. Die Hinduisten glauben, dass die Atemzüge eines jeden Menschen vorgegeben sind – wenn das stimmt, wird jeder unserer Atemzüge zum wertvollsten Atemzug.

Mit Neugier und Vorstellungskraft die Welt zu verändern heißt, Neues zu wagen. Als ich mit meiner Frau durch Neuseeland reiste, gabelte uns ein Paar auf, das beiläufig gehört hatte, dass uns noch ein Nachtquartier fehlte. Ich bedankte mich bei den beiden mit einer kleinen magischen Darbietung. Am nächsten Morgen sagten unsere Gastgeber: »Es war das erste Mal, dass wir Fremde bei uns übernachten ließen. Wir mussten uns einen gehörigen Ruck geben! Und dann wurde es zum schönsten Abend seit langer Zeit.« Uns war es genauso ergangen, denn die Hausherren hatten aus ihrem abenteuerlichen Leben erzählt und uns mit köstlichen Anekdoten unterhalten. Dadurch, dass sie etwas Neues wagten, hatten wir alle etwas Unvergessliches erlebt.

Mit Neugier und Vorstellungskraft die Welt zu verändern heißt zu lachen. Lachen hat eine magische Kraft und kann etwas Ernstes in Spiel verwandeln.

Diese Welt ist das, was du von ihr denkst. Glaube ich daran, dass die Welt böse ist, nehme ich irgendwann nur noch Böses wahr. Glaube ich daran, dass die Welt gut ist, nehme ich Gutes wahr, und alles erstrahlt im Licht. Unsere Glaubenssätze erschaffen unsere Realität, ihre magische Kraft ist enorm. Wollen wir mit Neugier und Vorstellungskraft unsere Welt verändern, brauchen wir neue Glaubenssätze, die unsere Wunschwelt erschaffen. Schließlich wusste schon meine Großmutter Marie-Louise: »Niemand kann sagen, wohin es einen im Leben verschlägt.« Was wir dann daraus machen, ist die wahre Magie.

Zugabe!

Fotos –
Erinnerungen
fotos.thimonvonberlepsch.de

Sir Ken Robinson –
»How school kills creativity«
robinson1.thimonvonberlepsch.de

Sir Ken Robinson – »Bring on the learning revolution!«
robinson2.thimonvonberlepsch.de

Linda Zervakis –
»Das Gedankenlesen«
zervakis.thimonvonberlepsch.de

Bettina Tietjen & Rudi Carrell
»Der 6. Sinn«
sinn.thimonvonberlepsch.de

Johannes B. Kerner –
»Das Uhrenkunststück«
kerner.thimonvonberlepsch.de

Derren Brown –
»The secret of luck«
glueck.thimonvonberlepsch.de

Audiostream –
»Augenschlusstest«
augen.thimonvonberlepsch.de

Daniel J. Simons – »Test zur selektiven Wahrnehmung«
wahrnehmung.thimonvonberlepsch.de

Fotos –
»Standing Baba«
baba.thimonvonberlepsch.de

Audiostream –
»Revivifikation«
revivifikation.thimonvonberlepsch.de

Thimon von Berlepsch –
»Tourneedaten«
tournee.thimonvonberlepsch.de

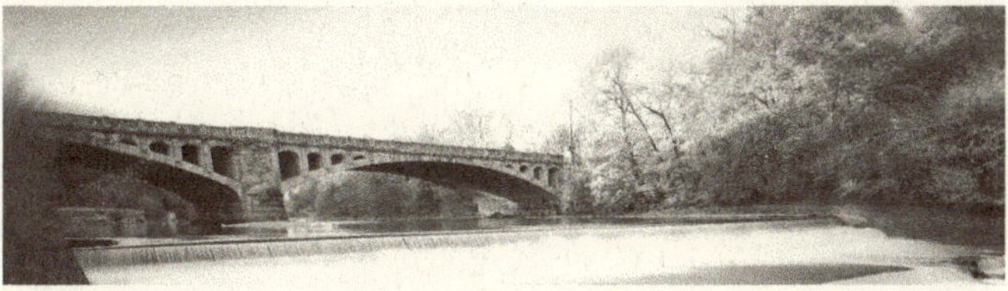

Um die ganze Welt des
GOLDMANN-*Sachbuch*-Programms
kennenzulernen, besuchen Sie uns doch
im Internet unter:

www.goldmann-verlag.de

Dort können Sie
nach weiteren interessanten Büchern ***stöbern***,
Näheres über unsere ***Autoren*** erfahren,
in ***Leseproben*** blättern, alle ***Termine*** zu Lesungen und
Events finden und den ***Newsletter*** mit interessanten
Neuigkeiten, Gewinnspielen etc. abonnieren.

Ein ***Gesamtverzeichnis*** aller Goldmann Bücher finden
Sie dort ebenfalls.

Sehen Sie sich auch unsere ***Videos*** auf YouTube an und
werden Sie ein ***Facebook***-Fan des Goldmann Verlags!